中等职业教育项目化教学精品教材——财经商贸类

人力资源管理

Human Resources Management

王金华　主编

暨南大學出版社
JINAN UNIVERSITY PRESS

中国·广州

图书在版编目（CIP）数据

人力资源管理/王金华主编．—广州：暨南大学出版社，2012.11（2024.9 重印）
（中等职业教育项目化教学精品教材．财经商贸类）
ISBN 978－7－5668－0352－8

Ⅰ．①人…　Ⅱ．①王…　Ⅲ．①人力资源管理—中等专业学校—教材　Ⅳ．①F241

中国版本图书馆 CIP 数据核字(2012)第 221350 号

人力资源管理
RENLI ZIYUAN GUANLI
主　编：王金华

出 版 人：阳　翼
责任编辑：郑小燕
责任校对：王嘉涵
责任印制：周一丹　郑玉婷

出版发行：暨南大学出版社（511434）
电　　话：总编室（8620）31105261
　　　　　营销部（8620）37331682　37331689
传　　真：（8620）31105289（办公室）　37331684（营销部）
网　　址：http：//www.jnupress.com
排　　版：广州市新晨文化发展有限公司
印　　刷：广东虎彩云印刷有限公司
开　　本：787mm×1092mm　1/16
印　　张：14.5
字　　数：380 千
版　　次：2012 年 11 月第 1 版
印　　次：2024 年 9 月第 7 次
定　　价：36.80 元

前　言

在中职学校从事人力资源管理课程的教学已有多年，教学过程中深受无可用教材的困扰。目前，虽然高职高专的人力资源管理教材不少，但没有针对中职教育的人力资源管理教材；且现有的高职高专教材偏重理论阐述，实操性不强，仍然难以摆脱传统教材的桎梏，与职业教育的需求相距甚远。鉴于人力资源管理在经济和社会生活中的重要性，许多中职学校都陆续开设了人力资源管理课程，并把具备人力资源管理技能作为学生的通用技能培养目标。因此，编写一本适合中职学生的《人力资源管理》教材成为当务之急。

编写该教材的信心主要源于三个方面：一是多年的教学经历，对中职学生的知识水平、接受能力和年龄特征都有一定的了解，教材的编写将有较强的针对性，这本教材就是在编者们多年来积累和总结的讲义的基础上扩展而成的；二是多年职业教育领域的耳濡目染，对职业教育的特征和要求有较为深刻的体会；三是多年企业人力资源管理工作的实战经验，对学生的就业领域及人力资源管理岗位的要求有较为清晰的了解。这些因素为编写一本兼具基础性和实操性、适合中职教学的《人力资源管理》教材奠定了良好的基础。

本书的编写思路是：以学生为主体，以任务为核心，以“在干中学”为手段，重点培养学生的实操技能；以项目模块法编排教材内容，运用任务引领法实施教学流程，充分体现职业教育的需要，同时结合学生的学习习惯，方便教师组织实施教学。

全书共分为十个模块，即人力资源管理概述、工作分析、员工招聘、员工培训、员工激励、绩效考核、员工工资、社会保险、员工福利、劳动关系管理。内容基本按照人力资源管理的六大模块展开，其中的人力资源规划部分，对于中职学生而言，学习难度较大，故在本书中不涉及。

具体说来，本书编写特色如下：

1. 体例新

全书采用了模块化的结构形式，结合项目导向、任务驱动教学法，以若干具体任务为中心展开，脉络清晰，重点突出；各模块均设置了知识目标和技能目标，学习目的明确；各模块的内容形式多样，有任务引导、案例引导、案例分析、知识链接、阅读材料、小贴士、任务互动、练习、实训等。这些都使得全书特色鲜明、体例新颖。

2. 实操性强

本书以理论够用、注重技能培养为原则，侧重人力资源技能和实操的训练；各模块任务具体明确，贴近人力资源实务；书中选用了大量的案例和阅读材料，且多为实际工作岗位中的典型案例，形象生动；任务互动、案例分析、实训在本书占有较大的比重，多种实训手段的运用，可以将学生专业技能的训练落到实处。

3. 针对性强

本书主要针对中职学生和初学者进行编写，突出了对人力资源实务的学习和训练，没有深奥难懂的理论，在内容与难度的设计上能够较好地满足中职人力资源管理课程的需要。

本教材由广东省财政职业技术学校王金华老师担任主编，参编人员为该校樊福生老师和杜佩芬老师。全书各模块的编写分工为：第一、二、三、四、五、六、九模块由王金华老师编写；第七、第八模块由樊福生老师编写；第十模块由杜佩芬老师编写。全书的编写思路、结构体系和统筹定稿由王金华老师完成。

本书参考和引用了众多专家和学者的珍贵资料，在此谨致以诚挚的谢意。

由于编者水平有限，加之时间紧迫，书中难免存在不足和疏漏之处，还请专家和读者提出宝贵意见，以便于进一步修订。

编　者

2012 年 8 月

目　录

模块一 人力资源管理概述

【知识目标】

1. 了解人力资源的内涵和外延
2. 了解人力资源的作用
3. 掌握人力资源的特点
4. 理解人力资源管理的内涵
5. 了解人力资源管理的职能
6. 掌握人力资源管理和人事管理的关系
7. 了解人力资源管理的理论基础

【技能目标】

掌握人力资源管理的基本原理

【案例引导】

弥勒佛和韦陀

去过庙里的人都知道，一进庙门，首先看到的是弥勒佛，他笑脸迎客。而在他的背面，则是黑头黑脸的韦陀。相传在很久以前，他们并不在同一个庙里，而是分别掌管不同的庙。弥勒佛掌管的是A庙，韦陀掌管的是B庙。

弥勒佛热情快乐，所以前来进香祈福的人非常多，但他什么都不在乎，丢三落四，没有好好地管理账务，所以A庙依然入不敷出。而韦陀虽然管账是一把好手，但成天阴着个脸，太过严肃，使得前来B庙进香祈福的人越来越少，最后香火断绝。

佛祖在查香火的时候发现了这个问题，就将他们俩都放在C庙里，由弥勒佛负责公关，笑迎八方客，于是香火大旺。而韦陀铁面无私，锱铢必较，则让他负责财务，严格把关。在两人的分工合作中，C庙呈现出一派欣欣向荣的景象。

其实在用人大师的眼里，没有废人，关键看如何运用。

思考：

1. 为什么A庙和B庙生意不佳，而C庙会欣欣向荣？
2. 该案例中人力资源管理的高手是谁？

项目1　认识人力资源

任务一　了解人力资源的内涵和外延

资源是人类赖以生存的物质基础，是财富的来源，如森林、草地、矿藏、河流等自然资源。在所有资源中，还存在着一种特殊的资源，即人力资源。相对于其他资源，人力资源最为独特也最为重要。

从内涵上说，人力资源又称劳动力资源或劳动力，是指能够推动整个经济和社会发展、具有劳动能力的人口总和。人力资源的本质是“力”，即劳动能力，而劳动能力则是人所具有的脑力、体力、知识、技能的总和。

资料链接

管理大师彼得·德鲁克于1954年在《管理实践》中首先提出了人力资源概念并加以明确界定。他之所以提出，是想表达传统人事所不能表达的意思。他认为，与其他资源相比，人力资源是一种特殊的资源，它必须通过有效的激励机制才能被开发利用，并为企业带来可观的经济价值。

在我国，最早使用人力资源概念的文献是毛泽东于1956年为《中国农村社会主义高潮》一书所写的按语。他在按语中写道：“中国的妇女是一种伟大的人力资源，必须发掘这种资源，为建设一个社会主义中国而奋斗。”

（资料来源：董克用，叶向峰．人力资源管理概论．北京：中国人民大学出版社，2004.）

从外延上说，人力资源既包括劳动年龄内具有劳动能力的人口，也包括劳动年龄外参加社会劳动的人口。

由于各国的社会经济条件不同，对劳动年龄的规定也不尽相同。一般国家把劳动年龄的下限规定为15岁，上限规定为64岁。我国招收员工规定一般要年满16周岁，员工退休年龄规定男性为60周岁（到60岁退休，不包括60岁），女性为55周岁（不包括55岁），所以我国的劳动年龄区间应该为男性16—59岁，女性16—54岁。

具体来说，人力资源的数量构成包括以下八个方面：

（1）处于劳动年龄之内、正在从事社会劳动的人口，它占据人力资源的大部分，可称为“适龄就业人口”。

（2）尚未达到劳动年龄、已经从事社会劳动的人口，即“未成年劳动者”或“未成年就业人口”。

（3）已经超过劳动年龄、继续从事社会劳动的人口，即“老年劳动者”或“老年就业人口”。

（4）处于劳动年龄之内、具有劳动能力、要求参加社会劳动但尚未从事社会劳动的人口，即“失业人口”或“待业人口”。

（5）处于劳动年龄之内、正在从事学习的人口，即“就学人口”。

（6）处于劳动年龄之内、正在从事家务劳动的人口。

（7）处于劳动年龄之内、正在军队服役的人口。

（8）处于劳动年龄之内的其他人口。

【任务互动】

思考并回答：以下人员属于人力资源吗？

A. 30 岁的植物人　B. 1 岁的婴儿　C. 42 岁的聋哑人　D. 啃老族

E. 50 岁的全职家庭主妇　F. 70 岁的老人　G. 中小学生

H. 在监狱服刑并工作的青年

任务二　了解人力资源的作用

作为一种最具创造性、最为特殊的资源，人力资源的作用如下：

（1）人力资源是财富形成的关键要素。

（2）人力资源是经济发展的主要力量。

（3）人力资源是企业的首要资源。

资料链接 1

统计数据表明，在许多产品中，人力资源的价值在其中所占的比例越来越大，而物质资源的原材料价值所占的比例越来越小。

集成电路的价值中，原材料价值仅占 2%；

计算机的价值中，原材料价值不到 5%；

乐器的价值中，原材料价值已从原来的 60% 降至 20%；

汽车的价值中，原材料价值所占的比重也不足 40%。

（资料来源：陆国泰．人力资源管理．北京：高等教育出版社，1999.）

资料链接 2

真知灼见

■你可以接管我的工厂，烧掉我的厂房，但只要留下我的那些人，我就可以重建 IBM 公司。

——［美］IBM 公司创建人沃森

■将我所有的工厂、设备、市场、资金全夺去，但只要保留我的组织人员，四年以后，我仍将是一个钢铁大王。

——［美］“钢铁大王”卡内基

■为政之要，惟在得人。凡事皆须务本，国以人为本。

——李世民

■间于天地之间，莫贵于人。

——孙膑

■我最大的成就是发现人才，发现一大批人才。他们比绝大多数的首席执行官都要优秀。这些一流的人物在GE（通用电气公司）如鱼得水。

——［美］通用电气公司前CEO杰克·韦尔奇

■所谓企业管理，最终就是人事管理。人事管理，就是企业管理的代名词。

——［美］彼得·德鲁克

■优秀公司之所以优秀是因为他们能把普通人组织起来做出不普通的事业。

——［美］汤姆·彼得斯　小罗伯特·沃特曼

任务三　掌握人力资源的特点

人力资源的本质是劳动能力，是人所具有的脑力、体力、知识和技能的总和，这决定了人力资源具有以下特点：

1. 能动性

人力资源是“活”的资源，是有意识、有目的、积极主动的一种资源。它既能适应环境，也能积极地改造环境。这是人力资源与其他一切资源最根本的区别。在经济活动中，自然资源总是处于被发现、被利用、被改造的地位，人力资源总是处在发起、操纵和控制其他资源的位置。

2. 资本性

人力资源是特殊的资本性资源。它具有资本属性，与一般的物质资本有共同之处。即①人力资源是社会、组织和个人投资的产物，其质量高低主要取决于投资程度。从根本上说，人力资源的这个特点源于人的能力获得的后天性。因为任何人的能力都不是先天就有的，为了形成能力，必须接受教育和培训，必须投入财富和时间。②人力资源是在一定时期内可以源源不断地带来收益的资源，它一旦形成，一定能够在适当的时期内为投资者带来收益。③人力资源在使用过程中会出现有形磨损和无形磨损。例如，劳动者自身的衰老就是有形磨损，劳动者知识和技能的老化就是无形磨损。

3. 增值性

一般来说，随着人力资源的逐步形成和使用，劳动者的知识不断增加，工作经验和阅历不断丰富，技能也不断增强，其劳动能力也会随之不断提升，人力资源的价值也不断增值。在一定范围和时间内，人力资源的价值呈现出不断增长的趋势。劳动者刚刚参加工作的价值通常会低于工作五年后的价值，同一个人20岁时的价值通常会低于30岁时的价值。

4. 时效性

人力资源的本质是劳动能力，而劳动能力是以人为载体的，因为人是有生命周期的，这就导致人力资源也具有一定的时效性。人的生命周期一般分为发育成长期、成年期和老年期三个阶段。发育成长期是劳动能力的形成和培养阶段，成年期是劳动能力最强、人力资源价值最高的阶段，而进入老年期后，人的劳动能力逐渐衰退，在社会劳动中的价值会日渐降低。因此，为避免人力资源的浪费，组织应该在人力资源的成年期对其进行充分的开发和利用。

5. 再生性

人力资源是再生性资源。这种再生性主要体现在：①人口的再生产，即通过人口的自然繁衍而使人力资源再生；②劳动能力的再生产。人的脑力和体力可以暂时消耗殆尽，但通过合理的休息、调整和补充，人的脑力和体力又得以恢复和再生。这一点使之与矿藏等不可再生的自然资源区分开来。

【任务互动】

以下情形体现了人力资源的哪些特征？

1. 当小王从技术员提升到助理工程师时，他的工资也由 3 500 元增加到 4 000 元。
2. 42 岁的部门经理赵先生，有个儿子 17 岁了。
3. 李小姐被公司送出去参加了为期一个月的培训，回来后就被提升为主管。
4. 小王大学毕业 2 年，跳槽 4 次后终于找到了他喜欢的工作。
5. B 型血的赵丽很不喜欢枯燥的财务工作，整天唉声叹气；后来自己申请调到销售岗位，工作如鱼得水。
6. 高工老丁 45 岁后发现自己眼睛老花了，记忆力和动手能力也明显不如从前了。
7. 人类的发明创造不计其数。

项目 2　认识人力资源管理

任务一　理解人力资源管理的内涵

人力资源管理（Human Resource Management，HRM）是指运用现代化的科学方法，对与一定物力相结合的人力进行合理的培训、组织和调配，使人力和物力经常保持最佳的比例；同时对人的思想、心理和行为进行恰当的诱导、控制和协调，充分发挥人的主观能动性，使事得其人、人尽其才、人事相宜，以实现组织目标。

这一内涵主要包含以下三方面的内容：

（1）人力资源管理是对人力资源数量的管理。在数量关系上，应使得人力和物力之间经常处于一种最佳的比例状态。如果物力变化，人力也应做出相应的调整。即当岗位出现冗员时，需考虑减员或调整；当岗位出现空缺时，需及时增加和补充人员。

（2）人力资源管理是对人力资源质量的管理。人力和物力之间在质量上应经常处于一种最佳的比例状态。岗位要求与任职者能力之间须是相宜的、适合的。如果岗位要求提高了，任职者的素质与能力也须与之快速匹配，这就要求对人力资源进行相应的培训与调配。在选才和用才时要强调“适合的就是最好的”，既不能低配（降低对任职者的要求），也不能高配（任职者能力大大高于岗位要求）。同时，把人力资源配置到适合的岗位上，并不意味着员工就会自觉、主动并持续地发挥工作的积极性。这就要求在人力资源使用的过程中，需要特别关注和重视员工的思想、心理和行为，通过适当的方式去引导和激励员工，使其高效率地完成本职工作，达成组织目标。

资料链接1

“人才高消费”现象

近年来，在人才市场上出现“人才高消费”的倾向，不少单位聘用人才，不是根据工作需要，而是相互攀比，竞相以高文凭、高学历为条件，大材小用，用非所学，用非所长。人才市场形成了“博硕多多益善，本科等等再看，大专看都不看，中专靠一边站”的畸形局面。

山东某市环卫处招聘的5名大学生淘粪工，分别毕业于信息与计算机科学、土木工程、会计、工商管理和法学专业，是从391名报考者中经过严格的考核“脱颖而出”的，在半年的试用期之后正式签订劳动合同并上岗。

某市一家星级饭店到当地一所名牌大学招聘人才，而饭店提供的职位却是接待员、餐厅服务员和公关部工作人员等。类似这样的现象不是个别的，比如，殡仪馆聘请大学副教授当领班；学自然科学的研究生进入银行后被分配在营业部站柜台；化学系本科生到单位看厕所；有的招聘幼儿园园长、博物馆解说员也要博士生；有的单位招聘门卫、擦鞋工、清洁工也非要大学毕业的不可，还有非“名校血统”不得进等。

（资料来源：①广州日报，2010-03-29. ②http：//www. hudong. com/wiki/% E4% BA% BA% E6% 89% 8D% E9% AB% 98% E6% B6% 88% E8% B4% B9.）

思考：“人才高消费”有哪些弊端？为什么会出现“人才高消费”现象？

资料链接2

松下的“70分人才观”

世界著名企业日本松下公司对某一岗位的人员进行选择，或选择某一产品开发人员时，一般不用“顶尖”人才，而是取中等的、可以打“70分”的人才。

松下电器创业之初，公司的名气还不大，它只能吸收三井、住友、三菱等大企业不要的人成为职员。松下认为，公司事业迅速成长，是这些被视为次级人才的人一手建造出来的。

他们认为，“顶尖”人才中，有些人自负感很强，他们往往容易抱怨环境影响自己的发挥，抱怨职务、待遇与自己的才能不相称，看不起下面的人，听不进下属的意见，于是常常不能很好地融入团队。而“70分人才”一般很容易融入团队，有追逐“顶尖”者的动力，对主管和公司容易心存感激，也更加忠诚于公司。

（资料来源：http：//www. huicaihunter. com/shownews. asp？id=256.）

（3）人力资源管理的基本目标是：事得其人、人尽其才、人事相宜。这里的“事”指的是岗位或工作。让适合的人做适合的事，每个岗位的员工都是最适合该岗位的，每位员工在岗位上都能充分发挥自己的才干，岗位和员工完全匹配，这就是人力资源管理要实现的基本目标。

【任务互动】

西邻有五子：长子憨傻，次子奸猾，三子目盲，四子背驼，五子脚跛。按常理看，这家的日子很难过。可是西邻管理有方，日子过得不仅不差，反而是很不错。

原来，他对自己的儿子各有安排：老大纯朴，正好让他务农；老二聪慧，正好让他经商；老三目盲，正好让他按摩；老四背驼，正好让他搓绳；老五足跛，正好让他纺线。

思考：西邻是人力资源管理的高手吗？为什么？

【小贴士】

人员配置的小常识

- 爱钻牛角尖者——安排去当质量检查员
- 处理问题头脑呆板者——安排去记考勤
- 脾气太倔、争强好胜者——做攻坚突击队长
- 办事婆婆妈妈、爱磨蹭者——做劳保工作
- 能言善辩、喜聊天者——安排做公关接待工作

任务二　了解人力资源管理的职能

人力资源管理的职能主要有以下诸多方面：

（1）人力资源规划。即对组织在一定时期内人力资源的需求和供给进行预测，根据预测结果制订出相应的人力资源计划。

（2）工作分析。工作分析是人力资源管理的基础和重要环节。即对组织内的各个职位进行分析，明确各职位存在的价值、工作内容与职责、任职资格，并做出清晰的界定。工作分析的最终结果主要体现为职位说明书。职位说明书既是招聘工作的依据，也是对员工进行培训、调配、晋升和考核等工作的依据。

（3）招聘与选拔。即通过适合的招聘渠道和方式吸引、选拔、录用所需员工的过程。

（4）培训与开发。培训是进行人力资源开发的重要手段。它包括培训需求分析、培训计划和方案的制订、培训计划的实施、培训评估等工作。

（5）绩效考核与管理。即按照既定的考核指标，对员工的工作态度、工作表现、业务能力和工作绩效进行评价和量化处理的过程。绩效考核结果是员工晋升、工资发放和调级

调档、奖金发放、奖惩和培训等工作的有效依据和基础。

（6）薪酬与福利。它包括进行组织内外部的薪酬福利调查、实施工作评价、确定薪酬与福利的结构与水平，建立薪酬福利制度等。

（7）员工激励。激励是人力资源管理的重要职能和基本功能。它包括人性假设及其管理、激励理论研究，并根据激励规律，调查了解员工的实际需要，从而建立有效的激励制度。

（8）劳动关系管理。包括劳动合同的签订与管理、企业文化建设、劳动争议等。

（9）员工职业生涯管理。通过关注和鼓励员工的个人发展，帮助员工做好企业需要和个人发展需要的平衡和匹配，制订促进员工个人的职业生涯规划。

【小贴士】

人力资源管理的六大模块包括：

1. 人力资源规划；
2. 招聘与配置；
3. 培训与开发；
4. 绩效管理；
5. 薪酬福利管理；
6. 劳动关系管理。

资料链接

在实际工作中，也有学者把人力资源管理的各项职能简化为八个字：“选才、育才、用才、留才”。这八个字分别代表不同的人力资源管理工作。具体如下：

选才：指根据工作分析和职位说明书，进行人才的招聘、面试、测试、选拔和配置等。

育才：指人才的培训与培养、工作设计和工作参与等。

用才：指人才的使用、匹配、考核、晋升等。

留才：指合理的薪酬、社保与福利待遇、有效的激励措施、科学的绩效考核、顺畅的职业发展通道等。

任务三　掌握人力资源管理与人事管理的关系

在日常的企业管理中，人们通常会将人力资源管理与人事管理混为一谈，或者认为从人事管理到人力资源管理，不过是名称的改变，其实是“换汤不换药”。在很多企业里，虽然挂牌是人力资源部，但传统人事管理的色彩浓厚，人力资源管理的成分很少。而事实上，人力资源管理与人事管理既有联系，也存在着较大的区别。一方面，人力资源管理是从人事管理演变而来，依然承担着人事管理的诸多职能，是对人事管理的继承；另一方面，人力资源管理又是对人事管理的发展，二者的理念、地位和方式等都有明显的区别。这些区别如表 1-1 所示。

表 1-1　人力资源管理与人事管理的区别

比较项目	人事管理	人力资源管理
管理视角	视员工为负担、成本	视员工为第一资源、资产
管理目的	组织短期目标的实现	组织和员工利益的共同发展
管理活动	重使用、轻开发	重视培训开发
管理内容	简单的事务管理	非常丰富
管理地位	执行层	战略层
部门性质	单纯的成本中心	效益部门
管理模式	以事为中心	以人为中心
管理方式	命令式、控制式	民主式、参与式
管理性质	战术性、分散性	战略性、整体性

下面通过分析两个例题来进一步理解人力资源管理与人事管理的区别。

(1)“我说什么，你就干什么，不要问为什么。”请问这种观点与理念是人事管理还是人力资源管理?

(2)“你会干什么?你想干什么?我能帮你做些什么?”请问这种观点与理念是人事管理还是人力资源管理?

传统的人事管理概括为一句话:“我说什么，你就干什么，不要问为什么。”这无疑将员工当作一种工具来使用，管理者对员工的要求是“服从”，并伴之以干预和限制。一旦违背了管理者的意图或指令，员工就会受到责难或惩罚。这种集权式、官僚式的传统人事管理势必会削弱员工的工作积极性和创造性。

现代人力资源管理则崇尚和谐与合作，注重“你会干什么?你想干什么?我能帮助你些什么?”强调以员工为主导，强调员工与企业间的沟通、合作，为共同的目标、共同的利益而和衷共济、风雨同舟。

项目 3　人力资源管理理论

任务一　了解人力资源管理的理论基础

任何一门学科都有科学的理论基础，人力资源管理这门学科也不例外。伴随着企业管理实践和人事管理实践的不断发展与变化，大量的人力资源管理经典理论不断产生。从 20

世纪早期的科学管理理论和人际关系理论，到20世纪中期的需要层次理论和组织行为学理论，再到20世纪后期提出的战略性人力资源管理理论，它们都成为人力资源管理理论的重要基石。西方的人力资源管理理论较多，其中应用较为广泛的代表性理论如下：

一、泰勒的科学管理理论

“科学管理之父”弗里德里克·温斯罗·泰勒（Frederick Winslow Taylor，1856—1915）是美国古典管理学家，科学管理的创始人。他18岁时从一名学徒工开始，先后做过车间管理员、技师、小组长、工长、维修工长、设计室主任和总工程师。在他的管理生涯中，他不断在工厂进行试验，系统地研究和分析工人的操作方法和动作所花费的时间，逐渐形成其科学管理体系。泰勒的主要著作是《科学管理原理》（1911年）。

泰勒科学管理的根本目的是谋求最高的工作效率。最高的工作效率是雇主和雇员达到共同富裕的基础，把较高的工资和较低的劳动成本统一起来，能够扩大再生产，促进生产的发展。要达到最高的工作效率，就要用科学化、标准化的管理方法代替旧的经验管理。为此泰勒提出了一些基本的管理制度，可以概括为五个方面，即工作定额原理、能力与工作相适应原理、标准化原理、差别计件付酬制、计划与执行相分离原理。

（1）工作定额原理。通过对工人时间和动作的研究，确定劳动时间定额以提高工效。所谓时间研究，就是研究人们在工作期间各种活动的时间构成，它包括工作日写实与测时。所谓动作研究，是研究工人干活时动作的合理性，即研究工人在干活时，其身体各部位的动作，经过比较、分析之后，去掉多余的动作，改善必要的动作，从而减少人的疲劳，提高劳动生产效率。

（2）能力与工作相适应原理。即主张一改工人挑选工作的传统，而坚持以工作挑选工人，每一个岗位都挑选一流的工人，以确保较高的工作效率。

（3）标准化原理。制定工作方法的标准，使机器、设备、工艺、工具、材料和工作环境尽量标准化。

（4）差别计件付酬制。泰勒认为，工人“磨洋工”的重要原因之一是付酬制度不合理，计时工资不能体现按劳付酬，干多干少在时间上无法确切地体现出来。因此应该实行计件工资制，实现超额劳动超额报酬。

（5）计划与执行相分离。泰勒认为应该用科学的工作方法取代经验工作方法，把计划和执行分离开来。计划由管理当局负责，执行由工长负责，这里的计划包括三方面的内容：①时间和动作研究；②制定劳动定额和标准的操作方法，并选用标准工具；③比较标准和执行的实际情况，并进行控制。

科学管理不仅仅是将科学化、标准化引入管理，更重要的是泰勒所倡导的精神革命，这是实施科学管理的核心问题。许多人认为雇主和雇员的根本利益是对立的，而泰勒所倡导的科学管理却相信双方的利益是一致的。对于雇主而言，追求的不仅是利润，更重要的是事业的发展。正是事业使雇主和雇员联系在一起，事业的发展不仅会给雇员带来较丰厚的工资，而且意味着充分发挥其个人潜质，满足自我实现的需要。只有雇主和雇员双方互相协作，才会达到较高的绩效水平，这种合作观念是非常重要的。

知识链接1

1885年，泰勒在米德维尔钢铁公司和贝瑟恩钢铁公司进行实验。其中最著名的是对一位名叫施米特的铲装工人进行的实验。

泰勒使用一只跑表对施米特的劳动进行了细致、准确的研究，通过对其工作的无效部分的去除和对技术的改进，使其劳动生产率由每天的12长吨增至47.5长吨。泰勒对施米特的每一个工作细节都作了具体规定，如铲的大小、铲斗重量、堆码、铲装重量、走动距离、手臂摆弧及其他工作内容。

将工作分为最基本的机械元素并进行分析，然后再把它们最有效地加以组合的过程，这就是科学管理的实质内容所在。

知识链接2

弗兰克·吉尔布雷思（Frank Gilbreth）的动作研究

弗兰克以一个砌砖学徒工的身份开始了职业生涯。后来，他成为建筑工程师，被晋升为承包公司总管，不久又成为独立经营的建筑承包商。在工作中，弗兰克发现工人们砌砖的动作各不相同，速度也有快有慢。由此，他对砌砖动作和速度的关系产生了兴趣。他仔细观察砌砖工在工作中所用的各种动作模式，探索究竟哪种动作模式是最好，即效率最高的。在此基础上，他联系工人所做的工作和使用的工具对工人的动作进行了进一步研究，并制定了一种经过改进的工作方法。

例如，在砌外层砖时，他把砌每块砖的动作从18个减少到4.5个；在砌内层砖时，把动作从18个减少到2个，使每个工人一小时的砌砖数从120块增加到350块。他还想出了一种堆放砖的方法，使工人不用像往常那样检查砖的哪一面最好。他设计出一种可调整的支架，使得工人不必像往常那样弯腰取砖。他还调制了一种有精确浓度的灰浆，使得砌砖时不必多余地用泥刀涂抹。

弗兰克通过对工人的动作进行科学的研究和分析，制定出更有效而省时间的砌砖方法，并不知不觉地开始以研究进行任何工作的最好方法作为终生事业。

二、梅奥的人际关系理论

乔治·埃尔顿·梅奥（George Elton Mayo，1880—1949），美国心理学家、社会学家。他是霍桑试验的领导者和组织者，人际关系理论的创始人，其主要著作有《工业文明中人的问题》（1933年）。

梅奥在美国西方电器公司的霍桑工厂进行了长达九年的实验研究，即著名的霍桑实验，真正揭开了作为组织中的人的行为研究的序幕。霍桑实验的初衷是试图通过改善工作条件与环境等外在因素，找到提高劳动生产率的途径。从1924年到1932年，梅奥先后进行了四个阶段的实验：照明实验、继电器装配工人小组实验、大规模访谈和对接线板接线工作室的研究。但实验结果却出乎意料：无论工作条件（照明度强弱、休息时间长短、工厂温度等）是改善还是取消改善，实验组和非实验组的产量都在不断上升；在试验计件工资对生产效率的影响时，发现生产小组内有一种默契，大部分工人有意识地限制自己的产量，否则就会受到小组的冷遇和排斥，奖励性工资并未像传统的管理理论认为的那样使工人最大限度地提高生产效率；而在历时两年的大规模的访谈试验中，员工由于可以不受拘束地谈自己的思想，发泄心中的闷气，从而态度有所改变，生产率相应地得到了提高。

霍桑实验的研究结果否定了传统管理理论对于人的假设，表明了工人不是被动的、孤立的个体，他们的行为不仅仅受工资的刺激，影响生产效率的最重要因素不是待遇和工作条件，而是工作中的人际关系。

据此，梅奥提出了自己的观点：

（1）工人是“社会人”而不是“经济人”。梅奥认为，人们的行为并不单纯出自追求金钱的动机，还有社会方面和心理方面的需要，即追求安全感、归属感和受人尊敬等，而后者更为重要。因此，不能单纯从技术和物质条件着眼，而必须首先从社会心理方面考虑合理的组织与管理。

（2）企业中存在着非正式组织。非正式组织与正式组织有重大差别，在正式组织中，以效率逻辑为其行为规范，而在非正式组织中，则以感情逻辑为其行为规范。如果管理人员只是根据效率逻辑来管理，而忽略工人的感情逻辑，必然会引起冲突，影响企业生产率的提高和目标的实现。因此，管理当局必须重视非正式组织的作用，注意在正式组织的效率逻辑与非正式组织的感情逻辑之间保持平衡，以便管理人员与工人之间能够充分协作。

（3）提高工人的满意度是提高劳动生产率的首要因素，生产条件、工资报酬只是第二位的。满意度来源于工人个人需求的有效满足，不仅包括物质需求，还包括精神需求。

三、马斯洛的需要层次理论

马斯洛（Abraham H. Maslow，1908—1970），美国心理学家，他提出了著名的需要层次理论（Need-Hierarchy Theory），其代表作为《企业的人性方面》。需要层次理论是研究组织激励时应用最为广泛的一种理论。

该理论将人的需要分为五种，像阶梯一样从低到高，按层次逐级递升。分别为：生理需要、安全需要、社交需要、尊重需要和自我实现需要。马斯洛认为，只有最基本的需要得到满足后，其他的需要才能成为新的激励因素，而到了此时，这些已相对满足的需要也就不再成为激励因素了。

四、人力资本理论

现代人力资源管理理论以人力资本理论为根据，人力资本理论是人力资源管理理论的基础部分和重要内容。

第一次正式提出“人力资本”这个概念的是美国经济学家沃尔什。他于 1935 年出版的《人力资本观》中阐述了从个人教育费用和收益相比较来计算教育的经济效益，从而明确地提出了人力资本的概念。人们普遍认为真正比较完善地提出人力资本概念的是 20 世纪 50—60 年代的明塞尔、舒尔茨、贝克尔等人。

舒尔茨认为，所谓人力资本是指体现在人身上的技能和生产知识的存量，是后天投资而形成的劳动者所拥有的知识、技能和健康等的总和，它反映了劳动力的质的差别。

人力资本理论主要包括：

（1）人力资源是一切资源中最主要的资源。

（2）在经济增长中，人力资本的作用大于物质资本的作用。人力资本投资与国民收入成正比，比物质资源增长速度快。

（3）人力资本的核心是提高人口质量，教育投资是人力投资的主要部分。高技术知识的人力带来的产出明显高于技术程度低的人力。

（4）以人力市场供求变化为依据，以不同类型人力资源的价格水平为衡量尺度，对教育投资进行调节。

资料链接

1979 年诺贝尔奖获得者西奥多·W·舒尔茨（Theodore W. Schults）是公认的人力资本理论的构建者。1960 年，他在美国经济协会的年会上作了题为“人力资本投资”的演说，阐述了许多无法用传统经济理论解释的经济增长问题，明确提出人力资本是当今时代促进国民经济增长的主要原因，认为“人口质量和知识投资在很大程度上决定了人类未来的前景”。

1945 年“二战”结束以后，战败国德国和日本受到很大的创伤。很多人认为，这两个国家的经济恐怕要很长时间才能恢复到原有的水平。但实际上，大约只用了 15 年左右，德国和日本的经济就奇迹般地恢复了，而且 20 世纪 60 年代以后，这两个国家继续以强大的发展势头赶超美苏，并最终使经济实力上升至世界第二和第三的位置，这其中的原因让许多人迷惑不解。

舒尔茨认为，两国战后之所以出现经济复兴的奇迹，最主要就是人力资本的原因。战争虽然破坏了这两国的物质资本，但并未破坏其充裕的人力资本；再加上这两国悠久的文化传统和重视教育的现代国策为经济发展提供了大量高素质的劳动力，使得两国的经济发展得以建立在高技术水平和高效益基础上。

任务二 掌握人力资源管理的基本原理

人力资源管理作为管理学的一个分支，和其他管理领域一样，也必须遵循相应的规律。人力资源管理的基本原理包括：

1. 投资增值原理

对人力资源的投资可以使人力资源增值。我们知道，人力资源的本质是劳动能力，而劳动能力的提高主要靠两方面的投资，即医疗保健投资和教育培训投资，其中更为重要的是教育培训投资。要想不断提高企业员工的劳动能力，就必须通过多种培训方式对其进行开发和投资。

2. 激励强化原理

员工在工作过程中是否有积极性，或积极性有多高，很大程度上影响其能力的发挥。激励强化原理就是通过不断满足员工物质的或精神的需求，来强化员工为获得满足而必须努力工作的心理动机，从而达到充分调动员工工作积极性的效果。

3. 能级对应原理

由于先天和后天条件的不同，每个人的劳动能力有高有低。同时，组织内的职位或岗位不同，工作的难易程度、责任大小各异，对各职位的任职者的要求各有不同。要做到事得其人、人适其事、人事相宜，就需要坚持能级对应原理。即将具有不同能力层次的人，安排在相应能级层次的职位上，并赋予其该职位应有的权力和责任，使个人能力水平与岗位要求相适应。实现大材大用，小材小用，各尽所能，人尽其才。

4. 分类管理原理

分类是管理的基础和前提。人力资源的管理可按不同的标准分类。如按管理的主体，可分为行政机关的人力资源管理、事业单位的人力资源管理、企业的人力资源管理、其他组织的人力资源管理。如企业员工可分为管理人员和非管理人员两类，管理人员又可分为高层、中层和基层管理人员三类，非管理人员又可分为技术人员、销售人员、生产人员和后勤保障类人员。分类不同，管理方式和手段也会有很大的差异。对不同的人员，也需因人而异，采用不同的方式进行管理。

5. 互补增值原理

没有无用之人，只有不用之人。任何一个有劳动能力的人都可以在不同的组织和工作岗位上发挥作用。但是人各有长短，“智者千虑，必有一失”，“尺有所短，寸有所长”，这就要求我们在人力资源管理的过程中，要能够合理地把各有长短的劳动者科学地组织在一起，取长补短，产生1+1>2的整体效果，从而达到互补增值的目的。人力资源的互补主要体现在以下几方面：

（1）知识互补。即把不同知识领域、深度和广度的员工组合到一起，实现互补，使该群体的知识结构比较科学和合理。

（2）能力互补。即把不同能力类型、能力大小的员工组合到一起，实现互补，使该群体形成合理的能力结构。

（3）性格气质互补。即把不同性格气质特征的人组合到一起，实现互补，使该群体形成良好的人际关系和性格气质结构。

（4）年龄互补。一般来说，年轻人冲动、热情，敢于开拓；中年人精力充沛、反应果断；老年人经验丰富、性格沉稳。老、中、青相结合，既形成合理的人才梯队结构，又能较好地处理各类问题。

（5）性别互补。俗话说：“男女搭配，干活不累。”女性比较细心和耐心，男性较为粗犷和果断，不同性别的合理搭配，可以实现优势互补，把工作做得更好。

运用互补增值原理时，需注意的是：互补增值的基础是群体中的成员必须有共同的理想、事业和追求，有合作精神、宽容的品质和开放的胸怀，否则容易钩心斗角、互相拆台、内耗不断，使群体出现零价值甚至负价值的状况。

6. 动态管理原理

对人才的配置和管理很难做到一步到位、一劳永逸，人事相宜是人力资源管理的永恒追求。一方面，劳动者的能力会因为各种主客观条件的变化、随着工作经验和年龄的变化而不断变化；另一方面，因内、外部环境的变化，企业中的职位、工作的内容也会不断出现调整和变化，这就要求人力资源管理者时刻关注人和事的变化，及时地做出相应的调整和安排，如职位说明书的定期修改等。人力资源的管理通常是动态的、发展的、变化的，而不是静止不变的。

【任务互动】

《西游记》讲述了唐僧师徒四人历尽艰险、降妖除魔、前往西天取经的故事，同时也为我们提供了一个生动而成功的人力资源管理案例。这个耳熟能详的故事向我们展示了一个团队如何圆满地完成组织目标和任务的过程。毋庸置疑，西游记团队是一个成功而优秀的团队。

思考并分组讨论：

1. 在西游记团队中，你最欣赏的是哪一位？为什么？
2. 你认为西游记团队是最佳组合吗？为什么？
3. 你认为西游记团队有增员的必要吗？为什么？
4. 如果要裁员的话，你认为西游记团队中裁掉谁最合适？为什么？
5. 一个仅仅只有四位成员的团队，却能完成到西天取经的重大任务，是哪些因素促使了西游记团队的成功？
6. 这个团队的建设与管理体现了哪些人力资源管理原理？

讨论25分钟。讨论完毕，请各组代表上台陈述讨论结果。

实　训

一、每日一练：赞美她/他

请同学们自由地选择班上的一位同学进行赞美，可赞美她/他的某项才能、特长、性格优点或品德等，但需要运用具体的实例加以说明。

练习目的：培养自己的一双慧眼，挖掘和发现他人的优点，这是人力资源管理者必备的一项能力。

二、了解自我

请上网查找星座、属相与血型的相关资料，对自我性格进行分析，并按下表格式逐一列出自己性格中的优缺点。

	类　型	优　点	缺　点	备　注
血　型				
星　座				
属　相				
气　质				

三、案例分析

案例1：人事管理与人力资源管理

A公司是个人合股企业。乔是公司董事长兼总经理，傅是副总，主管生产。手下还有一个生产厂长叫刘，是傅总自己找来的。创业之初，全厂一切事务全由傅总包揽。第一批生产工人中不少人也是他招考进来的。乔总并未全力关注公司发展的全局战略，好在当时公司规模不大，市场也有利，这么干下来效益也不错。从一开始，公司的做法就是大胆放权，各车间主任和科室负责人都各自包下自己部门的人事职能，部门内招聘、委派、考核、升迁、奖惩都由他们自己说了算，公司领导基本不过问。经过7年发展，公司规模扩大，业务也复杂起来。乔总发现当初公司和睦的气氛消退了，员工士气在不断下降。领导班子开会研究决定专门设一个管人事职能的办公室，设在生产厂长之下，设主任一名，并配一名秘书。

公司财务科成本会计师叫郭，6年前大学工商管理专业毕业后来公司财务科工作。他聪明能干，科长让他管成本控制，不久他就熟练了。工作中，他跟生产与营销两方面的人都有接触，人缘甚佳，乔总和傅总都觉得这小伙工作自觉。但小郭常说自己并不喜欢干财会，而是爱搞人事工作。当他从总经理秘书小周处听到公司要设“人事办”的消息时，马上递上书面申请，要求当“人事办”主任，又分头向乔、傅、刘“三巨头”口头汇报，找领导软磨硬泡，后来终于如愿以偿，当上了“人事办”主任。

郭主任新官上任“三把火”，上任伊始，他就向各车间主任发出书面通知说：“为适应公司的扩展，公司决定对全厂员工的人事管理实行集权，为此成立本办公室。今后各车间一切人事方面的决定，未经本主任批准，一概不得擅自执行。”

通知下发后，车间主任们对此政策变化的不满便接踵而至。生产下降了，刘厂长听到车间主任们的抱怨，主任们说：“工人们已经和刚招进来时不同，难管多了。”又说：“我的手脚给捆住了，还怎么管得了工人。如今奖励、惩罚、招聘、辞退，我都没了权，叫我怎么控制得了他们？怎么让他们干活？”

有一天，一位姓林的女工闯进人事办公室，气冲冲地说她被车间主任无缘无故辞退了。郭主任就给那车间主任打了电话：“喂，三车间张主任吗？我是郭。你们车间小林是怎么回事？”“我炒了她鱿鱼。”“这我知道，但为什么？”“很简单，我不喜欢她。”“你知道，没有“人事办”批准，你是不能随便辞退工人的。”“是吗？可是我已经辞退她了。”“老张，你不能这么办，你总得有个站得住脚的理由才……”“我不喜欢她这一点就够了。”电话到此给挂断了。

车间主任们因为招进来的工人素质差，自己也没有人事权，管不了的抱怨有增无减，并主张“人事办”应当管事越少越好。这事终于闹到了傅总那里，而乔总出差走访客户去了。刘厂长对傅总说，看来，这厂用不着设一个专门的人事职能部门。他还建议用行之有效的老办法，让各车间主任自己管本部门的人事工作，郭主任还是回他财务科去做原来的成本会计为好。傅总左思右想，觉得恐怕只好按刘厂长的意见办了。但他说还是等过几天乔总回来以后，请示了再定。

思考：

(1) 该公司采用的是人事管理的方式还是人力资源管理的方式？

(2) 这个公司在人事管理上都存在哪些问题?

案例 2：联合邮包服务公司的科学管理

联合邮包服务公司（UPS）雇佣了 15 万员工，平均每天将 900 万个包裹发送到美国各地和世界其他 180 多个国家和地区。为了实现他们的宗旨——“在邮运业中办理最快捷的运送”，UPS 的管理当局系统地培训他们的员工，使他们以尽可能高的效率从事工作。以下以送货司机的工作为例，介绍一下他们的管理风格。

UPS 的工业工程师们对每一位司机的行驶路线进行了时间研究，并对每种送货、暂停和取货活动都设立了标准。这些工程师们记录了红灯、通行、按门铃、穿过院子、上楼梯、中间休息喝咖啡的时间，甚至上厕所的时间，将这些数据输入计算机，从而给出每一位司机每天工作的详细时间标准。

为了完成每天取送 130 件包裹的目标，司机们必须严格遵循工程师设定的程序。当他们接近发送站时，他们松开安全带、按喇叭、关发动机、拉起紧急制动、把变速器推到 1 挡上、为送货完毕的启动离开做好准备，这一系列动作严丝合缝。然后，司机从驾驶室出溜到地面上，右臂夹着文件夹，左手拿着包裹，右手拿着车钥匙。他们看一眼包裹上的地址并记在脑里，然后以每秒约 1 米的速度快步跑到顾客的门前，先敲一下门以免浪费时间找门铃。送完货后，他们在回到卡车上的路途中完成登录工作。

这种刻板的时间表是不是看起来有点烦琐？它真能带来高效率吗？生产率专家公认，UPS 是世界上效率最高的公司之一。举例来说吧，联邦捷运公司平均每人每天不过取送 80 件包裹，而 UPS 却是 130 件。在提高效率方面的不懈努力，看来对 UPS 的净利润产生了积极的影响。虽然 UPS 并未上市，但人们普遍认为它是一家获利丰厚的公司。

思考：

(1) 科学管理的核心思想是什么?

(2) 谈谈联合邮包服务公司的科学管理给你的启示。

案例 3：有趣的测试

我的老同学现在富得流油。他开创了一个软件公司，开发了一系列软件，生意越做越大。前天他来到沧州后马上打电话给我：“是我啊！听出来了吗？是这样的，我到这儿的大学招毕业生，要在这儿呆上五天，咱趁这几天好好聚聚。我做东！”既然他要做东，我理所当然顺水推舟。我来到他下榻的宾馆，看见一个大学生模样的人站在他面前接受面试。“这样吧，”我的老同学说，“我这里有个魔方，你能不能把它弄成六面六种颜色呢？你看清楚，我给你做个示范”。说着，他扳起了魔方。不一会儿，那个魔方就扳好了。“看到了吗？”他说，“你也来做一遍吧”。那个大学生拿着魔方，面有难色。我的老同学便对大学生说：“如果你没考虑好，可以把魔方拿回去考虑。我直到星期五才走。”

等那个大学生走了后，我问老同学：“怎么，这就是你独创的考题？”“唉，这个人是托关系找来的，我不好意思拒绝，所以给他出个题考考他，以便到时候给他安排合适的职务。”

“要是我，”我说，“我可没有你那么聪明，我会把魔方拆开，然后一个个安上去”。

“如果他这样做就好了。这就说明他敢作敢为，就可以从事开拓市场方面的工作。”

“那其他的做法呢？”我问。

“现在的孩子都不玩魔方了，所以我不相信他能马上扳好。如果他拿漆把六面刷出来，就说明他很有创意，可以从事软件开发部的工作。

如果他今天下午就把魔方拿回来，就说明他非常聪明，领悟能力强，做我的助理最合适。

如果他周末之前把魔方拿回来，说明他请教了人，也就是说他很有人缘，可以让他去客户服务部工作。

如果他在我走之前拿回来，说明他勤劳肯干，从事低级程序员的工作没问题。

如果他最终拿回来说他还是不会，那说明他人很老实，可以从事保管和财务的工作。可是如果他不拿回来，那我就爱莫能助了。”原来如此！

第二天晚上，我的老同学又叫我一起吃饭。在饭桌上，我又问起了魔方的事。这一回，我的老同学有些得意洋洋：“那个大学生我要定了。他今天早上把魔方还给了我。你猜他怎么办的？他新买了一个魔方给我！那个大学生说：‘你的魔方我扳来扳去都无法还原。所以我新买了一个，它比你的那个更大，更灵活！’”

“这说明什么？”我不解地问。我的老同学压低了声音：“他绝对是做盗版的好材料！”

思考：你如何看待这位老板的用人观？

案例4：综合测评

某刊物曾刊载这样一篇文章，题目叫“综合测评”，文中描述了三个人的大致表现，问哪个人能造福全世界。

候选人A笃信巫医和占卜家，有两个情妇，有多年的吸烟史，而且嗜好马提尼酒；

候选人B曾经两次被赶出办公室，每天要到中午才肯起床，读大学时曾经吸食鸦片，每晚都要喝一夸脱的白兰地；

候选人C曾是国家的战斗英雄，保持着素食的习惯，从不吸烟，只是偶尔来点啤酒，年轻时没有做过什么违法的事。

一般的人是不愿把票投给有那么多缺点的A和B的，而C则是比较理想的候选人。

可文中给出的结果却绝对让所有的人瞠目结舌，有缺点的A和B分别是美国总统罗斯福和英国首相丘吉尔，而那个没有多少缺点的人竟是臭名昭著的希特勒。当然，罗斯福和丘吉尔之所以能成为杰出的领导者，绝不是因为上述缺点，而是因为他们的智慧和才能。

美国前总统林肯曾经说过：“我的生活经验使我深信，没有缺点的人往往优点也很少。”

思考：请谈谈你对这个案例的体会。

模块二　工作分析

【知识目标】

1. 了解组织、部门和职位的关系
2. 了解职位及其特点
3. 了解工作分析的含义
4. 认识工作分析的地位和作用
5. 熟悉工作分析的程序
6. 了解职位说明书的含义和作用
7. 了解职位说明书的构成

【技能目标】

1. 掌握工作分析的各种方法
2. 掌握职位说明书的编写技巧

【任务引导】

请为本班班长拟定一份班长职位说明书。以小组讨论形式完成。每4—6人为一组，讨论完毕由小组代表予以陈述，并说明理由。

【案例引导】

A公司人事管理中的问题

几年前，A公司在人事管理上处于比较原始的阶段，只注重入口和出口，对于中间的考核、选拔、奖惩都相对弱化，远远谈不上人力资源的开发。存在的问题主要表现形式就是岗位分类不清晰，员工职责不清楚，不同岗位薪酬相同；考核没有明确的、可以操作的标准；选拔没有充分重视德、勤、能、业绩，奖惩缺乏严格的尺度。

公司集团本部和分部只有一个人事部，功能单一，主要负责员工招聘、工资、出境等事宜，而岗位分类、培训、考核、奖惩等更为重要的人力资源开发工作没有很好地开展起来。其后果是很严重的，A公司的人事管理在所有管理链条中是最不成功的，形成了干部能上不能下、机构能设不能撤（因人设位）、员工能进不能出（辞职者和主动调整者除外）、工资能升不能降的僵化机制。

思考：解决A公司人事管理中的问题，应该从哪些方面着手？

项目 1　认识职位

任务一　了解组织、部门和职位的关系

组织是指为了达到某些特定目标，在分工合作的基础上构成的人的集合。部门是组织内部下设的若干分支机构，建立在对组织目标的分解的基础上。部门是由若干职位构成的。组织、部门、职位三者间的关系如图 2-1 所示。

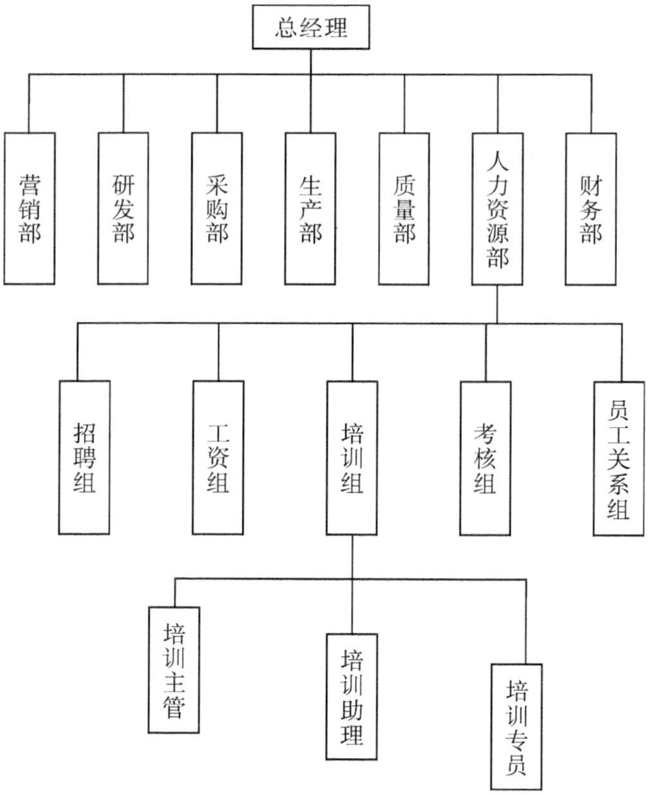

图 2-1　某公司组织架构图

任务二　了解职位及其特点

职位是由一系列内容或者专业相似或相关，所需知识技能与任职资格相通，可以交由同一个人来完成的一系列工作的组合。

每个职位都有特定的职能和价值，以“事”为中心而设置，以“事”的性质来划分。

知识链接

前台文员的工作职责

- 接转公司来电，必要时作记录并通知到人（铃声不过三声）；
- 对来访客人进行登记、接待和引领；
- 监督、记录、汇总和申报公司考勤情况；
- 对公司会议室、会客室的使用进行管理和安排；
- 保持前台、会议室、会客室的整洁美观；
- 负责传真机、复印机的日常使用及维护；
- 管理与发放公司的各种行政表格；
- 分发公司、个人所订报纸和期刊；
- 收发并传送公司传真、信件和包裹；
- 管理公司水票并保证饮用水的供给；
- 负责飞机及火车票订票工作；
- 上级主管交办的其他事务性工作。

一般来说，职位有以下特点：

（1）先有职能，后有职位，再有相应的工作人员；

（2）同一职位可以在不同时间里由不同的员工担任；

（3）职位不会随人走，若员工离职，其职位仍然存在；

（4）当没有合适的员工时，会出现“职位空缺”的现象；

（5）职位不是一成不变的，随着职能的变化，职位在流程中所扮演的角色发生变化，职位设置、权责也相应发生变化。

项目 2　认识工作分析的含义和作用

任务一　了解工作分析的含义

工作分析（Job Analysis），又称职位分析或岗位分析，是指对企业各类岗位的性质、任务、职责、劳动条件和环境，以及员工承担本岗位任务应具备的资格条件所进行的系统分析和研究，并制定出岗位规范、职位说明书等人事文件的过程。

工作分析的主体是工作分析者，客体是组织内部的各个职位或岗位，分析内容是与各个职位有关的情况，分析的结果是职位说明书（又称工作说明书或岗位说明书）。

通过工作分析解决以下两个主要问题：

第一，某一职位是做什么事情的？这个问题与职位上的工作活动有关，包括岗位的名称、工作职责、工作流程、工作要求、工作关系、工作场所、工作条件等内容；

第二，什么样的人做这些事最合适？这个问题与该职位任职者的资格有关，包括所学专业、工作经验、知识与技能、资格证书、素质要求等内容。

任务二　认识工作分析的地位和作用

工作分析是人力资源管理的一项基础性工作，它能为各项人力资源决策提供客观、科学的依据，是人力资源管理的基石，在整个人力资源管理系统中占有十分重要的地位。工作分析的地位见图 2-2 所示。

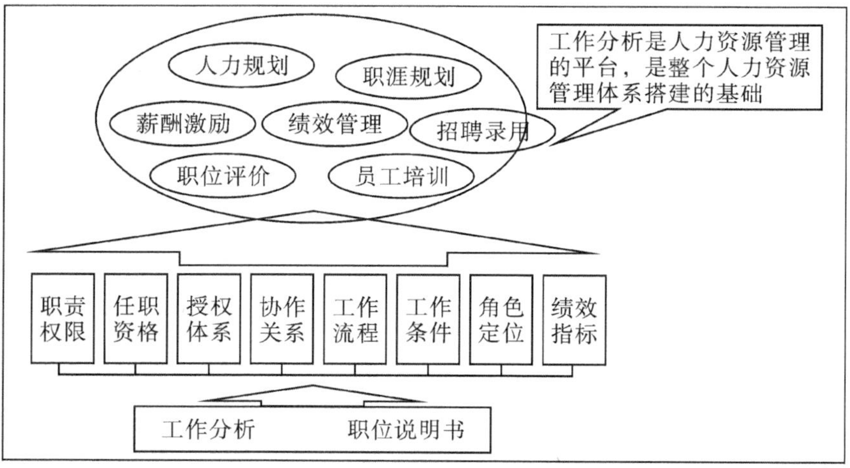

图 2-2　工作分析在人力资源管理中的地位

工作分析在人力资源管理系统中发挥着非常重要的作用。具体作用如下：

1. 工作分析为组织选拔、任用合格的员工提供了依据

通过工作分析，确定各职位工作人员的任职资格，明确各任职者的学历、专业、经验和能力等多方面的具体要求，为人力资源部门在选人和用人上提供了客观的依据和明确的标准；据此进行人才的选拔、考核和测评，为组织选拔、配置和任用符合岗位要求的人才，有利于提高招聘配置的质量与效率。

2. 工作分析为人员的培训开发提供了明确的依据

工作分析对各个职位的工作内容和任职资格都作出了明确的规定，据此可以对新员工进行有针对性的岗前培训，让他们更好地了解和适应工作；还可以根据员工与所任职位任职资格要求的差距对其进行相应的培训，提高员工与职位的匹配度。

3. 工作分析为员工的考核和晋升提供了依据

根据工作分析的结果，人力资源部门可以制定出各职位的绩效考核标准，同时结合职位任职资格要求，为员工的考核和晋升提供科学的依据。

4. 工作分析为制定公平合理的薪酬政策提供了依据

工作分析对各职位的工作内容、职责、资格的要求作出了具体的描述，企业或组织就可以根据各个职位在组织内部重要性的不同程度给予不同的报酬，从而使得薪酬政策具有一定的公平性。

工作分析还为人力资源规划提供了必要的信息，是进行工作设计和岗位评价的基础，同时还是改善劳动条件和环境、提高工作效率的必要参考。

【任务互动】

在我国的许多企业里，常常会出现以下一些奇怪的现象，请同学们分析产生这种现象的主要原因。

1. 忙的忙死，闲的闲死。
2. 有的人没事干，有的事没人干。
3. 一个人干，两个人看，还有三个人在捣乱。

项目 3　工作分析的程序与方法

任务一　熟悉工作分析的程序

工作分析是一项复杂而细致的工作，技术性非常强。为了保证工作分析的效果，在实际操作过程中必须遵循一定的程序和步骤，具体如图 2-3 所示。

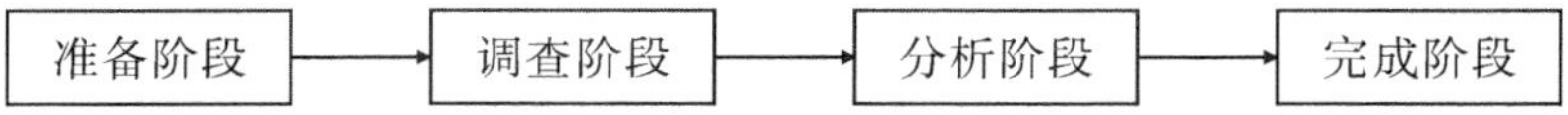

图 2–3　工作分析的程序

一、准备阶段

充分的准备是成功的前提，但在实际操作中，前期准备最容易为 HR 工作者所忽略。工作分析的前期准备包括哪些工作呢？

1. 确定工作分析的目的和用途

工作分析的目的不同，所要搜集的信息和采用的方法也会不同。如果想通过工作分析优化工作流程，那么就应该侧重搜集岗位职责、协助关系等方面的信息；如果想通过工作分析为招聘工作服务，那么就应该侧重搜集任职资格方面的信息。因此，在进行工作分析时，首先要明确目的，弄清楚工作分析用来干什么，解决什么问题，这对于决定工作分析的侧重点、选择分析方法、确定信息搜集的范围等很有意义。

2. 成立工作分析小组

成立工作分析小组是从人员上为工作分析工作的推进做好准备。在企业内部，工作分析小组的成员通常由以下几类人员组成：一是熟悉本公司工作的高层领导；二是人力资源管理专业人员；三是熟悉本部门各职位工作的员工。对小组成员的基本要求是：熟悉企业各方面的工作，知识面较广，业务技能知识较为精深，有较强的分析能力和写作能力，公正、认真负责、细心、耐心，具备良好的团队精神。工作分析小组也可以从外部聘请专家和顾问。这样做的优点是客观公正，能保持信息的一致性，工作进度容易控制，对企业的日常运作影响小；缺点是费用高，对企业情况的了解有限，工作分析容易流于表面，不够全面和深入。

成立工作分析小组后，还需要加强工作分析小组的管理。首先要对小组进行工作分析，明确小组成员各自的分工、流程、时间表和阶段要求；其次要建立工作规范和沟通制度，确保成员稳定、信息共享；最后要确定工作纪律、原则、方式方法等，明确责任和检查措施。

3. 制定规范用语

由于人们的专业素质和理解能力不同，对同一问题的理解也会有很大的不同。为了规范地搜集职位信息，提高信息的有效性，便于整理和归类，事先需要确定用语的规范性，避免使用不规范的术语。工作分析中经常使用问卷调查法，为保证问卷中的问题得到有效的理解和准确的回答，便于汇总与整理，必须根据调查项目，制定统一的调查表格（问卷）和填写说明。

4. 对工作分析人员进行培训和试点

为了保证工作分析的质量和效果，须对参加工作分析的小组成员们进行全面细致的培训，使他们能够在较短时间内掌握工作分析的基本方法、技巧和要求，熟悉具体的实施步骤和调查方法。必要时也可先抓一两个重点岗位进行试点以取得经验。

5. 做好宣传和说明

工作分析涉及面广，工作量大，需要占用大量的时间、人力和物力，没有各方面的支持和合作是很难完成任务的。因此，进行工作分析前，需要在企业内要通过多种途径（如发公告、开大会）来大力宣传工作分析的目的、价值和意义。在取得高层领导的支持下，充分利用一切渠道与全体员工进行沟通，争取各部门管理者和员工的参与配合。通过宣传，使全体员工对工作分析有良好的心理准备，消除其不必要的紧张和误解，赢得员工对工作分析的理解和支持，营造良好的工作分析环境和氛围。

在进行工作分析前，首先需要获得公司高层领导的支持和认可，这是顺利推进工作、获取相关资源的关键因素之一。同时，也需要获得中层管理人员的支持。没有他们的支持，在各部门抽调员工参加工作分析小组是不可能的，在各部门进行调查和分析也是不可能的。可以说，与各级管理人员建立友好合作的关系是实施工作分析的充分必要条件。

6. 选择适合的时机

工作分析需要投入较多的人力和时间，绝非一朝一夕可以完成，因此展开这项繁杂的工作应该选择适合的时机，以不影响公司的正常运转为原则。应尽可能选择在公司业务相对平稳、工作任务不是特别紧张的时段进行，否则容易招致部门和员工的抱怨，最终影响工作分析的质量和效率。

二、调查阶段

调查阶段主要完成以下工作：

1. 制定工作分析计划进度表

制定工作分析的计划进度表，保证这项工作能够按部就班地进行。计划进度表的内容包括：工作进程、需分析的职位、所需工时和参与人数、所需费用和其他条件、各阶段的责任人等。

2. 选择信息搜集方法

根据工作分析的目的，选择与搜集工作内容及相关信息的方法。信息搜集的方法很多，有工作实践法、观察法、访谈法、问卷法、工作日志法等。每种方法都各有优缺点和各自的适用范围。

3. 搜集职位的背景资料

这些资料包括公司的组织结构图、工作流程图、国家的职位分类标准和以前保留下来的工作分析资料（如调查问卷、职位说明书）等。

通过组织结构图，可以了解某一职位在整个组织中的位置、上下级隶属关系和左右的工作关系；通过工作流程图，可以了解工作过程中信息的流向和相关的权限；职位分类标准和以前的工作分析资料有助于更好地了解职位的情况，可以有选择地加以利用。

4. 搜集职位的相关信息

根据工作分析的目的，确定需要搜集的信息。一般来说，这些信息包括：工作内容、工作职责、工作程序、劳动负荷、有关工作的知识与经验、工作条件与环境等。对与职位联系紧密的相关信息，都应该全面深入地搜集并详细记录。

提供职位信息的来源多种多样，既有任职者本人，也有职位的上级管理者和下属，还有顾客。搜集职位信息时，需要注意的是：不同的信息源提供的信息会存在一定程度的差异。例如，任职者本人在提供信息时往往会夸大工作的难度，顾客在提供信息时，往往从自己的利益出发，夸大自己对职位工作的作用和影响。为此，在搜集职位信息时，需要采取措施以尽可能地减少和剔除这些差异因素。

三、分析阶段

1. 整理资料

将搜集到的信息按照职位说明书的要求进行归类整理，看是否有遗漏的项目，如果有的话，要返回到上一步骤，继续进行调查搜集。

2. 审查资料

对资料进行归类整理后，工作分析小组要集中对所获职位信息的准确性进行审查。如有疑问，须进行核实或返回到上一步骤，继续进行调查。

3. 分析资料

职位信息分析主要包括四方面的分析：一是职位基本情况分析，如职位名称、上下级职位等；二是工作职责分析，包括工作任务、工作内容、工作责任和权力、工作关系等；三是任职资格分析，包括任职者必备的知识、经验、技能、素质等；四是工作环境分析，包括工作所需设备、材料、场所、安全条件等。

在分析信息资料的过程中，需遵循以下原则：

（1）对工作活动是分析而不是罗列。

分析信息的过程，是对信息进行加工和提炼的过程，而不是简单的罗列。例如对公司前台文员转接电话这一职责，经过分析后应当这样描述："按照公司的要求接听电话，并迅速转接给相应的人员。"而不是如下这样："听到电话铃响后，拿起电话，放到耳边，说出公司的名字，然后询问对方的要求，再按下转接键，转接到相应的人员那里。"

（2）针对的是职位而不是人。

工作分析常见的一个误区是，以目前的任职者为框架来分析。其实，工作分析针对的是职位，而非目前的任职者。目前的任职者被涉及的原因，仅仅是他可能最了解职位情况。例如，某一职位本来需要本科学历的人来担任，由于某些原因，现在任职的是一名专科生。在分析这一职位的任职资格时，学历要求还是应该界定为本科，而不是根据现在任职者的情况将学历要求界定为专科。

（3）分析要以当前的工作为依据。

工作分析应当以目前职位的工作现状为基础来进行分析，既不能滞留在职位过去的工作状况上，也不能把自己或别人对该职位的设想加入进来。只有如实反映职位目前的工作状况，才能够分析并发现职位设置或职责分配上的问题。实际上，很多职位的工作内容会随着经济和技术发展的需要而不断变化，这就要求我们在动态中及时把握职位当前的工作状况。只有这样，工作分析才是科学合理的。比如，同样是秘书岗位，新的秘书岗位的技能要求中增加了电脑操作、汽车驾驶等内容，这在以前的秘书岗位中是没有的。

四、完成阶段

在此阶段必须完成的工作如下：

1. 编写职位说明书

首先按照规范格式编写职位说明书初稿；然后反馈给目前的任职者及其上级管理者予以核实；收集反馈意见，进行再分析和讨论，对职位说明书进行修订；再反馈，再修订，直至达成最终的统一意见，最后形成职位说明书的定稿。

2. 总结工作分析过程

对整个工作分析过程进行总结，找出其中成功的经验和存在的问题，以利于以后更好地进行工作分析。

3. 积极运用工作分析结果

将工作分析的结果运用于人力资源管理以及企业管理的相关方面，真正发挥工作分析的作用。工作分析的结果可以广泛运用到招聘、培训、竞争上岗、配置、薪酬设计、绩效考核等方面，如将其束之高阁，无疑是极大的浪费。

需要注意的是，企业内、外部的环境在不断变化，各职位的工作内容和要求也会发生相应的变化，工作分析也应随之定期或不定期地展开。因此工作分析不是一劳永逸的，应该是一项动态的、持续的工作。

【案例分析】

"玛丽，我真不知道你到底需要怎样的机械操作工？"高尔夫机械制造有限公司人力资源部经理约翰·安德森说道："我已经送去四个人给你面试，并且这四个人看上去都大致符合所需岗位说明书的要求，可是，你却将他们全部拒之门外。"

"符合岗位说明书的要求？"玛丽颇为惊讶地回答道："可我所要找的却是那种一经录用，就能够直接上手做事的人；而你送给我的人，都不能够胜任实际操作工作，并不是我所要找的人。再者，我根本就没瞧见你所说的什么岗位说明书。"

闻听此言，约翰二话没说就为玛丽拿来岗位说明书的复印件。当他们将岗位说明书与现实所需岗位逐条加以对照时，才发现问题之所在。原来这些岗位说明书已经严重地脱离实际，也就是说，岗位说明书没有将实际工作中的变化写进去。例如，岗位说明书要求从业人员具备旧式钻探机的工作经验，而实际工作却已经采用了数控机床的最新技术。因此，工人们为了更有效率地使用新机器，必须具备更多的数学知识。

在听完玛丽描述机械操作工作所需的技能以及从业人员需要履行的职责后，约翰喜形于色地说道："我想我们现在能够写出一份准确描述该项工作的岗位说明书，并且使用这份岗位说明书作为指导，一定能够找到你所需要的合适人选。我坚信，只要我们的工作更加紧密地配合，上述那种不愉快的事情，绝不会再发生了。"

思考：为什么人力资源部未能招到合适的操作工？

任务二　掌握工作分析的各种方法

工作分析的方法是指搜集职位信息的方法。方法选择适当，信息的准确性、全面性和可靠性会较高；方法不当，工作分析会功亏一篑，白白浪费时间、人力和物力。

工作分析的常用方法有观察法、工作实践法、问卷法、访谈法和工作日志法等。每种方法都各有优劣，下文将针对每种方法简要地分析其操作要点。

一、观察法

观察法是指在工作现场直接观察员工的实际操作情况，并予以记录、分析和归纳总结的方法，即“身临其境，静观其行”。分析人员在观察员工工作时，必须注意员工在做什么，如何做，为何要做，以及员工的工作方法如何。对于可以改进、简化的工作事项，应予以记录说明。利用观察法进行岗位分析时，应事先做好计划，确定观察的内容、时间、位置、所需的记录单等，做到省时高效。观察提纲示例见表 2-1。

表 2-1　某公司操作工工作分析观察提纲（部分）

被观察者姓名：　　日　期：
观察者姓名：　　观察时间：
工作类型：　　工作部门：
观察内容：　　工作地点：

1. 什么时候开始正式工作？	7. 平均多长时间完成一件产品？
2. 上午工作多少个小时？	8. 上午总共搬了多少原材料？
3. 上午休息几次？	9. 上午总共运送了多少半成品？
4. 第一次休息时间从（　　）到（　　）。	10. 上午总共出了多少次品？
5. 第二次休息时间从（　　）到（　　）。	11. 室内温度是多少？
6. 上午完成产品多少件？	12. 噪音分贝是多少？

（资料来源：黄维德，刘燕．人力资源管理实务．上海：立信会计出版社，2004.）

观察法的优点在于：直观、全面，所获信息比较客观、准确，既能掌握工作的现场景象，又能注意到工作的气氛和情境。观察法主要适用于标准化的、周期短的、以体力劳动为主、外显特征较明显的岗位的工作。

缺点是：（1）不适用于工作周期长和主要是脑力劳动（如律师、设计师、工程师、高层管理者、研发人员等）的工作。包括许多思想和心理活动的工作，无法运用本法来观察。麦克吉尔大学的学生在修一门课程时，按照教师的要求各自选择一种方法来描述 IBM 公司程序员的工作。那些错误地选择了观察法的学生后来向教师报告说，IBM 的程序员们大部分时间都花在喝咖啡和抽烟上了。然而，事实绝非如此。

（2）不宜观察紧急而非常重要的工作（如从事急救工作的护士、与小偷搏斗的保安人员）。

（3）观察法的工作量太大，要耗费大量的人力和财力，时间也过长。在一些工序复杂的大型企业，对其代表性的工作进行观察，往往需要1—3年的时间。另外，有关任职资格方面要求的信息，通过观察法也难以获得。

使用观察法时，需注意：

（1）所观察的工作应具有相对静止性。任职者、工作程序、工作内容在一段时间内都不会发生明显的变化。

（2）观察时应尽可能不要引起被观察者的注意，以免使其分心，影响到工作的正常进行，从而也影响观察结果的准确性。

（3）观察的行为要具有一定的代表性。如果没有代表性，有些职位行为可能就发现不了，容易导致职位信息的不完整和不全面。

（4）观察前，应做好相应的准备工作，如拟好观察提纲、准备好观察工具（笔、记录本、摄像机等）。在分析过程中，应经常携带工作手册和分析工作指南，以便参考运用。在动作研究中，可用摄像机记录以便直接观察。在工作环境上，可利用有关仪器测量噪声、光线、湿度、温度等条件。

（5）为防止观察结果的偏差，应尽可能由几个观察者在不同时间进行观察。

【小贴士】

观察法是用得最早、最多的工作分析方法。早在20世纪初，科学管理之父弗雷德里克·泰勒为了让工人使用标准的操作方法完成较高的工作定额，就采用观察法进行动作与时间研究的科学实验。而泰勒的追随者吉尔布雷斯夫妇为了对动作进行观察，曾发明并应用了许多工具和技术。他们是第一批利用动作影片来分析和改进动作顺序的人。基于对动作的研究，他们把垒外墙砖的动作从18个减少到4个，使工人的工作效率提高了两倍。随着现代科学技术的迅猛发展，利用一些科技手段对一般操作性工作进行观察更加容易了，但对复杂的智能化程度较高的工作则难以观察。

知识链接

采用观察法收集到的资料多为第一手资料，排除了主观因素的影响，比较客观和正确。例如，对银行工作人员规定顾客存款的服务，从登记、核对到结束服务总过程不得超过两分钟，就是对银行工作人员进行“时间和动作”观察的结果。通过观察分析而提出的这一服务要求和规范，大大提高了银行工作人员的工作效率，缩短了顾客等待的时间，提高了工作效率和银行的信誉。

二、工作实践法

工作实践法是指工作分析者通过直接参与从事某项工作，细致、深入地体验所做的工作，由此掌握关于工作要求的第一手资料的工作分析方法。

这种方法的优点是：可以直接、快速地了解工作的实际任务以及在人力、环境、社会方面的要求，主要适用于那些短期内可以掌握的工作，如销售员、门卫、宿舍管理员、前台文员等。

其缺点是：不适用于需要进行大量训练和危险的工作，如消防员、设备操作工、交易员、外科医生等，也不适用于那些需要专门的知识和技能的工作，如程序员、设计师、会计、飞行员等。因此，工作实践法适用于对一些比较简单的工作的分析，也可以与其他方法结合起来运用。

三、访谈法

访谈法是指工作分析者就某一岗位对访谈对象进行访问交谈，从而搜集职位信息的一种方法。访谈对象包括：该职位的任职者、对工作较为熟悉的直接主管人员、任职者的下属、与该职位工作联系比较密切的其他员工和顾客等。为了保证访谈效果，一般要事先设计访谈提纲，提前交给访谈者准备。访谈提纲示例见表 2–2。

表 2–2　访谈提纲示例（部分）

序　号	问　题	记　录
1	当前你做的是一份怎样的工作？	
2	你工作的主要职责是什么？	
3	你是如何完成工作的？	
4	你的工作环境与别人比有什么不同？	
5	你认为完成这份工作需要什么样的学历、经验和能力？	
6	你认为自己能够完全胜任这份工作吗？	
7	衡量这份工作绩效的标准有哪些？	
8	你如何分配各项工作之间的时间？	
9	在工作中你是否需要处理一些意外的事件？	
10	在工作中你需要和哪些岗位的人员联系？	
11	在工作过程中你接受过哪些技能培训？	
12	为更好地完成工作，你认为自己还欠缺哪些方面的能力？	
13	你的工作对安全和健康的影响如何？	

访谈法是一种很重要也很常见的工作分析方法。很多工作是不可能由工作分析者实际体会的；或者是不可能通过观察来了解的，如脑外科手术专家的工作。在这种情况下，就需要通过与访谈对象面谈来了解工作的内容和做法。因此，它有着其他方法无可替代的作用。

访谈法具体有三种形式：个别访谈法、集体访谈法、主管访谈法。个别访谈法是在各职位的工作职责之间有明显差别时使用；集体访谈法主要在多名员工从事同样的工作时使用；主管访谈法用于需要在较短时间内搜集职位信息或证实已获得的信息。

1. 访谈法的优缺点

访谈法的优点：

（1）应用广泛。它可最广泛地运用于以确定工作任务和责任为目的的工作分析。

（2）通过访谈时的灵活追问，还可以发现一些在其他情况下不可能了解到的职位信息。例如，一个熟练的访谈者可以发掘在组织图上看不到却有可能会发生的一些重要工作活动或信息交流（例如发生在生产主管人员和销售管理人员之间的信息沟通）。

（3）访谈还为组织提供了一个良好的机会来解释说明工作分析的必要性及功能，使员工更易于接受工作分析的结果。同时，让任职者吐吐苦水，有助于管理者发现被忽视的问题。

（4）访谈法相对来说比较简单，却可以十分迅速地搜集到有关信息。

（5）该方法适用于以下情形：脑力工作者，如研发人员、设计人员、高层管理人员等工作分析者不可能实际去体验，或不可能去现场观察以及难以观察到的某种工作；任职者文字理解有困难。

访谈法的缺点主要是：

（1）出于自身利益的考虑，任职者容易夸大所做工作的重要性和复杂性，从而导致所提供的职位信息失真。

（2）分析者需要接受专门的访谈技巧训练，因而操作成本较高。

（3）若分析人员和访谈对象互不信任，该方法难以搜集到相关有效信息。

（4）访谈法耗时耗力，需要投入的人力和时间较多。

因此，访谈法不能单独作为信息搜集的方法，只适合与其他方法一起使用。

2. 访谈准则

在进行工作分析访谈时，必须牢记以下访谈准则：

（1）与主管密切合作。这样，才能找到那些最了解工作情况的员工，以及那些最有可能对他们自己所承担的工作任务和职责进行客观描述的员工。

（2）访谈应在轻松、愉快的气氛中进行，使访谈对象能畅所欲言，无拘束地讨论他的工作。访谈中，分析者应保持客观中立的立场，切忌与访谈对象发生争论。访谈要点包括：知道访谈对象的名字，用通俗易懂的语言交谈，简单地介绍访谈的目的，向访谈对象解释他们被挑选到的原因等。

（3）访谈时，应按照事先拟定的调查提纲，按照问题的顺序一一发问，并作详细记录。

（4）如访谈对象的工作并非一成不变，应要求他将所有职责一一列出，并按程度排序。这样，就可以确保那些偶然发生但又十分重要的工作任务不会被遗漏掉。如，护士偶尔需要在急救中执行的任务。

（5）面谈结束后，还要对资料进行检查和核对。通常的做法是：与访谈对象本人或其直接上级主管人员一起对所搜集到的工作信息进行最后核对，必要时当场予以修改和补充。

【小贴士】

麦考米克于1979年提出了面谈法的一些标准，它们是：

1. 所提问题要和职位分析的目的有关；
2. 职位分析人员语言表达要清楚、含义准确；
3. 所提问题必须清晰、明确，不能太含蓄；
4. 所提问题和谈话内容不能超出访谈对象的知识和信息范围；
5. 所提问题和谈话内容不能引起访谈对象的不满，或涉及访谈对象的隐私。

四、问卷法

问卷法是工作分析中最常用的一种方法。即采用问卷来获取和搜集职位信息的一种方法，这种方法成败的关键在于问卷设计的质量。一份设计良好的问卷可以将员工回答问题时可能出现的误差减至最小。一般来说，问卷所提问题应当尽量简单、通俗易懂，避免理解上的偏差；问题的范围要尽量广泛，避免出现遗漏；问卷的设计要尽量结构化。

问卷法适用于脑力工作者、管理工作者或工作不确定性因素很大的员工等。

1. 问卷的形式

问卷通常包括结构化问卷和开放式问卷两种。

（1）结构化问卷。这是一种给出问题的各种备选答案，由被调查者根据实际情况进行选择的问卷方式。回答结构化的问卷简单、明确，不占用被调查者太多的时间。但是，回答方式较呆板，不允许被调查者有发挥的余地。如果问卷中有的项目表达不清或不切合实际情况，被调查者也只能勉强做答或空着不回答。

（2）开放式问卷。这是一种只提供问题、不提供备选答案、由被调查者按照自己的判断来填写的问卷方式。如“请叙述工作的主要职责”。这种问卷对被调查者的约束少，允许自由作答，被调查者有较大的发挥余地。

最好的问卷介于两者之间，既有结构化问题，也有开放式问题。

2. 问卷法的优缺点

问卷法的优点是：

（1）费用低，速度快，节省时间和人力；

（2）填写时间灵活自由。被调查者可自行选择时间填写，不会影响正常工作的进行；

（3）使用范围广，可以使分析的样本量很大，因此，适用于需要对很多职务进行分析的情况；

（4）分析的资料可以量化，可由计算机进行数据处理。

问卷法的缺点是：

（1）设计问卷要花费大量的时间、人力和物力，费用较高；

（2）被调查者理解能力不同，容易产生信息误差；

（3）问卷的回收率通常偏低；

（4）只适用于对文字有理解能力并有一定表达能力的人。

3. 问卷法的形式

根据适用范围的不同，问卷法通常被分为一般工作分析问卷法和特定工作分析问卷法。

（1）一般工作分析问卷法。这种方法适用于各种工作，问卷内容具有普遍性（见表2-3）。

表 2-3　一般工作分析问卷（部分）

姓　名：	职位名称：	
部　门：	上级职位：	
1. 任务综述（请简单说明你的主要工作）：		
2. 日常工作任务（请你列出日常工作内容，根据工作的重要性程度排序，同时列出各项工作所耗的时间）：		
3. 工作接触（请列出因工作而发生联系的公司内外部部门和人员，并按接触频率高低排序）：		
4. 决策（请说出你的日常工作中包含哪些决策）：		
5. 文件记录责任（请列出需要由你准备的报告或保存的文件资料，并说明文件交给谁）：		
6. 工作条件（请描述你的工作环境和条件）：		
7. 特定资格要求（请说明完成你的工作需要具备的学历、证书、素质或能力等）：		
8. 资历要求（请描述胜任本工作的人最低应达到什么要求）：		
最低学历：	专　业：	工作经验：
特殊培训：	特殊技能：	
9. 其他信息（请提供前面未能包括，但你认为对你的职业非常重要的其他信息）：		
	填写人：	填写日期：

（2）特定工作分析问卷法。这种方法适用于特定的工作，问卷内容具有特殊性，一张问卷只适用于一种工作（见表2-4）。

表 2-4　推销员工作分析问卷（部分）

说明以下职责在你工作中的重要性（最重要的打10分，最不重要的打0分）	
1. 和客户保持关系	11. 准备好各种推销工具
2. 接待好每一位客户	12. 每天拜访预定的客户
3. 详细介绍产品的性能	13. 在各种场合推销本企业产品
4. 正确记住各种产品的价格	14. 讲话口齿清楚
5. 拒绝客户不正当的送礼	15. 思路清晰
6. 掌握必要的销售知识	16. 向经理汇报工作
7. 善于微笑	17. 每天总结自己的工作
8. 送货上门	18. 每天锻炼身体
9. 参加在职培训	19. 和同事保持良好的关系
10. 把客户有关质量问题反馈给有关部门	20. 自己设计一些小型促销活动
	21. 不怕吃苦

4. 设计问卷的注意事项

设计问卷时应注意的事项如下：

(1) 提问要准确；

(2) 问卷表格要精练；

(3) 语言通俗易懂，问题不可模棱两可。对于容易产生误解的问题，应给予附加说明；

(4) 问卷表前面要有指导语；

(5) 问题排列要有逻辑，将能引起被调查人兴趣的问题放在前面。

发放工作分析问卷时，应先集合相关部门的员工，向他们说明问卷调查的目的、填答注意事项，并需要指定问卷填答的具体指导人，以便及时答复员工问卷填写中的各种问题，提高回答的质量和效率。

五、工作日志法

工作日志法是通过让员工以工作日记或工作笔记的形式记录日常工作活动而获得有关岗位工作信息资料的方法。这种方法的基本依据是：被调查者本人对所从事工作的情况与要求最了解。工作日志法对于高水平和高复杂性工作的分析显得比较经济和有效。

例如，纽约一家公共关系公司有几十名业务员，他们每天管理某一方面顾客的业务，工作分析时面谈及其他调查结果显示业务员经常高估其主要工作，人事部门建议采取工作日志法。一开始大多数业务员拒绝执行，后经说明同意试用一个月，结果不仅人事部门获得了所需信息，业务员们也了解到所需的时间是怎么安排的，从而找到改进工作的方法。

工作日志法的优点是：可以长期对工作进行忠实而全面的记录，可靠性高，不至于漏掉一些工作细节，所需费用也较低。这是其他方法所不具备的特点。

工作日志法的缺点是：使用范围较小，不适用于工作循环周期较长、工作稳定性差的职位，这类职业通常信息整理量大，归纳工作烦琐。此外，被调查者每日程式化的日志记录活动对其来说缺乏长久的动力，难免马虎和敷衍，被调查者可能会夸大某些活动，同时也会对某些活动低调处理，从而存在一些误差。因此，工作日志法最大的问题是内容的真实性，所以事后必须对记录和分析结果进行必要的检查，检查工作可由被调查者的直接上级来承担（见表2-5和表2-6）。

表2-5 工作日志的封面

姓　名：	年　龄：	岗位名称：
所属部门：		直接上级：
从事本业务工龄：		
填写日期：自　　年　　月　　日　至　　年　　月　　日		

表 2-6　工作日志填写实例（正文）

20××年 5 月 29 日　　　工作开始时间：8 点 30 分　　　工作结束时间：17 点 30 分

序号	工作活动名称	工作活动内容	工作活动结果	时间消耗	备　注
1	复印	协议文件	4 页	6 分	存档
2	起草公文	贸易代理委托书	8 页	1 小时 15 分	报上级审批
3	贸易洽谈	玩具出口	1 次	40 分	承办
4	布置工作	对日出口业务	1 次	20 分	指示
5	会议	讨论东欧贸易	1 次	1 小时 30 分	参与
6	请示	货款数额	1 次	20 分	报批
7	计算机录入	经营数额	2 屏	1 小时	承办
8	接待	参观	3 人	35 分	承办

六、交叉反馈法

交叉反馈法是由工作分析专家与从事被分析岗位的骨干人员或主管人员交谈、沟通，由这些主管人员或骨干人员按预先设计的表式，草拟所分析岗位的职位说明书初稿；再由工作分析专家与草拟者和其他有关人员一起讨论，并在此基础上起草出第二稿；最后由分管领导审阅定稿。访谈对象最好是从事比所分析岗位高一个层次的岗位工作人员或从事该项工作的关键人员，这样反映问题比较全面、客观。

该方法的优点在于，工作规范描述准确，可执行性强；工作关系图、工作流程的描述相对清晰；能够较好地与实际工作相吻合。不足之处在于，所需花费时间较多，反馈周期较长，工作任务量大。

这种方法适合发展变化较快，或职位职责还未定型的企业。因为企业没有现成的观察样本，所以只能借助专家的经验来规划未来希望看到的职位状态。

七、关键事件法

关键事件法是由工作分析者对一些比较了解某职位各方面情况的人员进行调查，通过要求他们描述该职位半年到一年内能观察到，并能反映其绩效好坏的—系列事件（典型事例）来获得职位信息的一种方法。具体做法是：要求熟悉岗位工作的人员记录岗位工作行为中的关键事件，包括导致事件发生的原因和背景，以及关键事件产生的一般后果等。在大量收集这些关键事件后，再对其进行分类，分析其发生的频率、重要程度、对于岗位任职者的能力要求等，并总结出工作的关键特征和行为要求。

关键事件法的优点是：①提出的问题更具有针对性，所研究的工作可以观察和衡量，所以，用这种方法获得的资料可信度高；②由于它所收集的都是典型的实例，因此，它对于防范事故、提高效率能起到更大的作用。

关键事件法的缺点是：收集、归纳事例需要大量的时间，所描述的又是具有代表性的工作行为，且因为注重分析工作绩效好与坏两个方面而忽视了绩效的平均水平。这样，可能会漏掉一些不明显的工作行为，难以非常完整地把握整个工作的实际情况。

以上介绍了七种较为基本的工作分析方法。在这七种方法中，没有哪一种是十全十美、能够完全满足工作分析用途的。在实际工作分析中，应根据工作的具体情况和具体客观条件，权衡各种方法的利弊，将几种适合的方法结合使用，确保信息搜集的全面和准确。比如，在分析事务性工作和管理工作时，可能会采用问卷调查法，并辅之以访谈法和观察法。在研究生产性工作时，可以采用观察法和访谈法。

知识链接

关于工作分析方法的比较研究

各种方法各有其比较适用的场合，J. G. Rupe 于 1956 年在美国空军人事与训练研究中心所作的一项研究，对 12 项工作分别应用 5 种不同方法：集体访谈、个别访谈、观察与面谈、讨论会以及问卷调查表来搜集有关资料，结果发现：

（1）个别访谈是最有效的、最可信赖的搜集信息的方法。所费分析员的人工时成本只为户等，大致相当于 5 种方法的平均数值。

（2）讨论会是人工时成本最高的方法，而观察与面谈法次之。二者在获取工作信息（尤其是实际表现的工作活动）的效果上实际并无区别，但却稍逊于个别访谈法。

（3）在报告工作活动的成绩上，集体面谈与问卷调查法最不理想。前者得分约为个别访谈的 2/3，而后者只有个别访谈的 1/3。同时问卷法所获得的答案可信度较低。

（4）就人力成本来看，问卷法最节省。其次是集体访谈、个别访谈，观察与面谈、讨论会人力成本依次提高。就数字的比较来看，如问卷法所耗费的人工时为 1，而其他四法各为 5（集体访谈），5.6（个别访谈），6.5（观察与面谈），8.5（讨论会）。

（5）此 5 种方法的并用可显著提高搜集资料的成绩，但同时也提高了人工时成本。

下面我们来分别看一下工作分析方法运用的两个案例。

【案例分析】

1. 工作分析成功的案例：

复济公司在为浙江某大型服装厂做工作分析时，把员工分为决策层（领导班子）、管理层（中层干部）、执行层（一般工人）三个层面，为每个层面量身定制了调查问卷和访谈提纲。此外，针对该企业三班倒的作业时间，特地分时段对某些岗位的工作状态和环境进行了较隐秘的现场录像、摄影。之后，又对部分管理人员、后勤保障人员、内务勤杂人员实施了 5 天的工作记录。

通过综合运用几种方法，复济掌握了大量数据，并准确诊断出该企业在 HR 管理方面的缺陷，令该企业领导心服口服。后来，复济又在此基础上设计出一系列 HR 管理方案，极大地促进了企业文化的改善，员工对企业的满意度也明显增加。

2. 工作分析失败的案例：

复济在一次为江苏某集团做工作分析的时候，两位助理咨询师想走捷径，因此仅仅采用了小组座谈方式进行调查。然而他们没有考虑到，该企业是个典型的武断家长式组织，小组座谈时，干部和员工要么什么都不谈，要么就谈得不着边际。虽然安排了许多次座谈，但都收获甚微。后来只能调整策略，设计了针对性较强的调查问卷，再辅助以现场观摩等手段，终于掌握了大量的第一手材料，才使得后续的咨询工作得以有效、有序地展开。

（资料来源：上海人才市场报）

思考：复济公司分别采用了哪些工作分析方法？

【任务互动】

以下职位采用哪些方法进行工作分析较为合适？

设计师、程序员、收银员、会计、财务经理、保安、秘书、理货员、销售代表、工程师、搬运工、清洁工、前台文员、操作工

项目 4　职位说明书

任务一　了解职位说明书的含义和作用

【案例分析】

这项工作谁来做？

一名机床操作工把大量的液体洒在机床周围的地板上。车间主任叫操作工把洒掉的液体清扫干净，操作工拒绝执行，理由是工作说明书里并没有包括清扫的条文。车间主任顾不上去查看工作说明书，就找来一名服务工来做清扫工作。但服务工同样拒绝，他的理由是工作说明书里没有包括这一类工作。车间主任威胁说要解雇他。服务工勉强同意，因为这种服务工是分配到车间来做杂务的临时工，但是他干完之后立即向公司投诉。

有关人员看了投诉之后，审阅了机床操作工、服务工、勤杂工这三类人员的工作说明书。机床操作工的工作说明书规定：操作工有责任保持机床的清洁，使之处于操作状态，但并未提及清扫地板。服务工的工作说明书规定：服务工有责任以各种方式协助操作工，如领取原料和工具，随叫随到，及时服务，但也没有包括清扫工作。勤杂工的工作说明书中确实包含了各种形式的清扫，但是他的工作时间是从工人正常下班后开始的。

（资料来源：余凯成，陈维政．人力资源开发与管理．北京：企业管理出版社，1997.）

思考：

1. 你认为这项工作应该由谁来做？
2. 你认为该公司的职位说明书有什么问题？

作为工作分析的结果，职位说明书是界定“职位存在的价值”、“职位做什么事/有什么职责”和“职位要求什么样的人来做”的书面文件，也是人力资源部的基础性文件。

职位说明书主要解决以下几个问题：

（1）如何将工作科学地组合成为一个整体；

（2）每一个环节/职位的任职者应该如何规范地行动；

（3）如何选择适合工作要求的人；

（4）如何评价工作的人的能力和绩效（职位说明书具有事与人的统一，责、权、利的统一及动态性等特点）。

职位说明书的主要作用体现在以下几个方面：

（1）职位说明书是招聘的依据；

（2）职位说明书是用人的标准；

（3）职位说明书是考核的基础；

（4）职位说明书是晋升的基础。

任务二　了解职位说明书的构成

职位说明书主要由以下四部分构成：

1. 职位基本信息

职位基本信息也称为工作标识，包括岗（职）位名称、岗位编号、所属部门、直接上级、职等职级及定员等。

2. 工作内容

工作内容是最主要的内容，此栏详细描述该职位所从事的具体工作，应全面、详尽地写出完成工作目标所要做的每一项工作，包括每项工作的综述、活动过程、工作联系和工作权限。

3. 任职资格

任职资格主要包括资历要求、所需资格证书、知识要求、技能要求、能力要求及素质要求等。

4. 职位的其他特征

其他特征包括晋升途径、工作环境和工作条件、所用到的工具和设备、绩效标准、薪酬与福利待遇等。

任务三 掌握职位说明书的编写技巧

一般来说，职位说明书有着规范的表格样式（见表2-7），编写职位说明书的过程就是把搜集、整理、归纳和分析后的职位信息填入表格中的过程。如果工作分析做得扎实细致，就为编写职位说明书打下了良好的基础。

一、如何填写所在部门

所在部门是指该职位所属的机构或部门，繁简程度要视企业具体情况来定，原则是写到该职位所属的最小组织细胞。

例如：某公司子公司人力资源部员工，填“子公司名称+人力资源部”；如果部门很大，还分有各处，则招聘处的员工填“公司名称+人力资源部招聘处”。

二、如何填写职位概要

职位概要也就是职位设置的目的，应该用一至两句话简单地概括职位的主要功能。例如，销售代表职位概要：建立、维护、扩大销售终端，完成分销目标和分销计划；理货员职位概要：完成货物保管、验收、提货、包装等各项货物管理工作。

三、如何填写工作内容

工作内容与职责是编写说明书最为繁杂的部分。编写方法如下：

（1）在编写职责时，首先应该将本职位职责的几个大块找出来，即本职位应该做哪几方面的事情，然后对每块事情进行具体描述。

（2）在具体描述时，每一条职责，都应尽量以流程的形式描述，尽量讲清楚每件事的输入与输出，描述的格式为“动词+名词宾语+进一步描述任务的词语”。

如销售代表职位的一项工作内容是：建立客户资料卡及客户档案，完成相关销售报表。

表2-7 销售代表职位说明书

职位名称	销售代表	职位代码		所属部门	销售部
职　　系		职等职级		直属上级	
晋升方向	销售主管	轮转岗位	市场主管		
薪金标准	2 500-3 500 元	填写日期		核 准 人	

职位概要： 建立、维护、扩大销售终端，完成分销目标、分销计划。
工作内容： 为所辖区域内零售市场提供专业性支持工作； 在本辖区内建立分销网及扩大公司产品覆盖率； 按照企业计划和程序开展产品推广活动，介绍产品并提供相应资料； 对所管辖的零售店进行产品宣传、入店培训、货品陈列、公关促销等工作； 建立客户资料卡及客户档案，完成相关销售报表； 参加公司召开的销售会议或组织的培训； 与客户建立良好关系，维护企业形象。
任职资格： 教育背景： ◆市场营销或相关专业大专以上学历。 培训经历： ◆受过市场营销、产品知识等方面的培训。 经　验： ◆1 年以上销售经验。 技能技巧： ◆熟悉市场营销工作； ◆熟悉零售运作模式； ◆有地区销售网络和销售关系。 态　度： ◆坦诚自信，乐观进取，拥有高度的工作热情； ◆有良好的团队合作精神，有敬业精神； ◆具有独立的分析和解决问题的能力； ◆良好的沟通技巧和说服能力，能承受较大的工作压力。
工作条件： 工作场所：办公室及零售店。 环境状况：比较舒适。 危险性：基本无危险，无职业病危险。

（3）填写工作内容需注意：

①准确使用动词。如何准确地使用动词，请看图 2-4 来仔细体会。

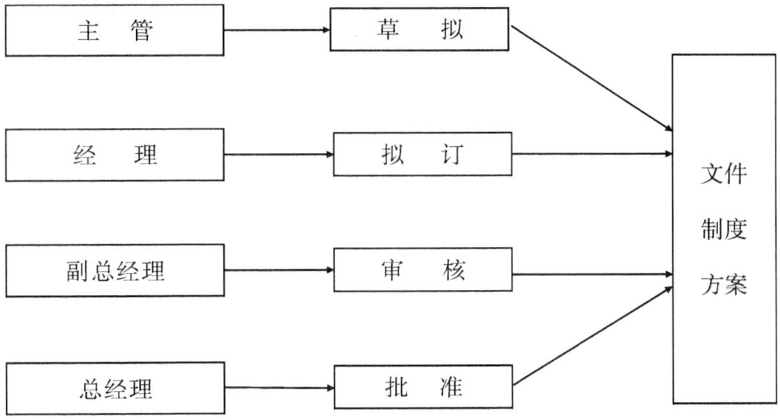

图 2–4 动词使用示意图

从图中不难发现：职位不同，所用动词不同。不同动词体现着不同的工作内容、职责和权限。所以，在填写工作内容时，要准确使用动词。

【任务互动】

想想看，下面这些工作分别应该由什么层级的人来做？（基层、中层、高层）

1. 调查和收集信息/资料；
2. 整理、分析和研究信息/资料；
3. 总结和发布信息/资料。

【小贴士】

工作分析中常用的动词举例

针对计划、制度的动词：编制、制定、拟订、起草、审定、审查、转呈、转交、呈报、存档、提出意见。

针对信息、资料的动词：调查、收集、搜集、整理、分析、归纳、总结、提供、汇报、通知、发布、维护、管理。

针对思考行为的动词：研究、分析、评估、发展、建议、参与、推荐、计划。

针对直接行动的动词：组织、实行、执行、指导、控制、监管、采用、参加、提供、协助。

针对上级行为的动词：主持、组织、指导、协调、指示、监督、控制、审批、批准。

针对下级行为的动词：核对、收集、获得、提交、制作。

其他动词：维持、保持、建立、开发、准备、处理、翻译、操作、保证、预防、解决。

（资料来源：董克用，叶向峰．人力资源管理概论．北京：中国人民大学出版社，2004.）

②尽可能少用形容词或副词，语言简洁实用。如销售代表的一项工作内容：“按照企业计划和程序开展产品推广活动，介绍产品并提供相应资料”。这样表述是简洁而清晰的。

但是如果加上一些形容词或副词如，“严格按照企业计划和程序开展产品推广活动，详细具体地介绍产品并及时提供相应资料”。这样的表述就显得啰唆和累赘了。

四、如何填写任职资格

任职资格是决定职位价值、招募、培训等的重要依据。任职资格是对该职位所有任职者的一般要求，切忌照搬现有人员的条件，应严格界定为工作所要求的、必须与工作绩效有因果关系的要素。

任职资格通常包括以下这些项目：资历、所需资格证书、技能要求、能力要求、素质要求。

1. 资历

包括学历（学位）、所学专业（或接受何种培训）、职称和工作经验（包括一般工作经验和特殊工作经验）。

2. 所需资格证书

某些专业性强的岗位必须具备相关资格证书才能上岗。如某公司财务部经理需要“注册会计师证”；某房地产公司一级预算工程师需要“注册造价工程师证”；某动力厂维修电工需要“高低压电工运行维修本和普通电、气焊本”；某动力厂司炉工需要“司炉本、环保本”；某储运公司客车队班车司机需要“大客车驾驶执照”。

3. 技能要求

技能包括基本技能和业务技能。

基本技能是指完成各种工作时都需要具备的通用的操作技术。通常指“写作能力、外语能力和计算机能力”。这些技能都应区分其熟练程度。对于外语和计算机的应用等技能可以参照国家统一规定的级别来区分。例如，大学英语四级、计算机三级。例如，一个大的集团办公室主任通常应具备的基本技能有：

英语四级，能够阅读一般英文资料，能用外语进行日常交流；能够熟练使用 OFFICE 办公软件；能够撰写集团领导的发言稿、宣传材料以及以集团公司名义下发的文件、报告。

业务技能是指运用所掌握的知识与技能完成业务工作的能力。例如，对于一个集团公司办公室主任来说，其应该具备的业务技能有：

能够运用行政管理知识建设并维护内外部工作关系；能够运用文秘管理知识处理好文书、档案等管理工作；能够运用公关技巧建立良好企业形象，协调公共关系；能够运用人员管理的方法和技巧有效地对下属进行管理与开发；能有效进行信息收集和提供。

4. 能力要求

能力要求是指该职位对任职者最需要的能力要求，这些要求包括需要具体能力及其级别。能力要求一般不宜多，三到五个即可。

常见的能力有：学习能力、创新能力、协调能力、沟通能力、问题解决能力、分析判断能力、适应能力、培养与指导下属的能力、计划能力、组织能力、控制能力、执行能力、领悟能力。

【小贴士】

不同职位的能力要求举例

办公室主任的能力要求是：计划能力、组织能力、协调能力、激励下属的能力、控制能力；

市场策划人员的能力要求是：信息检索能力、分析判断能力、创新能力、学习能力、沟通能力；

销售人员的能力要求是：公关能力、沟通能力、拓展能力、适应能力；

事务类人员最需要执行能力。

5. 素质要求

素质是指一个人的潜在特质，素质要求是指该职位对任职者最需要的个性或特质的要求。素质要求一般不宜多，两到三个即可。

常见的素质有：情绪稳定性、心理承受力、忠诚、团队合作精神、全局意识、人际敏感性、责任心、原则性等。

【小贴士】

不同职位的素质要求举例

· 销售人员需要较强的心理承受能力；
· 掌握公司核心商业机密的职位需要由对公司忠诚的人担任；
· 一般研发人员需要有很强的成就动机；
· 中层管理者需要有较强的全局意识；
· 飞行员需要较强的情绪稳定性；
· 一般财务人员应具备较强的原则性；
· 高层管理人员需要有魄力。

实　训

一、针对学生干部类的任何职位，如学生会主席、部长、劳动委员、科代表、宿舍长等，选择你曾担任或熟悉的某一职位进行分析，并拟定一份职位说明书

要求：重点分析该职位的工作概要、工作内容或职责、任职资格。

二、选择题

1. 小万在销售部门工作，他经常按标准格式及时详细记录自己工作的内容与感受，然后在此基础上进行综合分析。小万的这种做法属于工作分析的（　　）。

A. 访谈法　　B. 观察法　　C. 工作日志法　　D. 关键事件法

2. 工作分析小组成员包括（　　）。

A. 工作分析专家　B. 主管　C. 任职者　D. 客户
E. 人力资源部人员　F. 高层领导

三、请根据教材内容对各种工作分析方法进行比较，并完成下表的填写

方　法	优　点	缺　点	适用范围

四、分析与思考

案例1：小刘接到指示，公司从本月开始将进行工作分析，小刘负责销售部门各个岗位的工作分析，他决定先从普通销售员开始，从下往上分析，最后分析销售经理。事实上，普通员工并不像小刘预想的那样配合。“工作分析？干吗用的？”“喔，是不是要裁人了？”“真抱歉，手头忙，以后再说吧。”……一周下来，小刘精疲力竭，却收获寥寥。

思考：如果你是小刘，面对现在的情况，你会如何展开工作分析呢？

案例2：某企业在招聘启事中这样描述某管理岗位的条件：具有很强的独立工作能力，丰富的企业管理经验，大学学历，条件好者可适当放宽学历要求，男女不限……此招聘启事令许多应聘者一头雾水，不知自己是否符合条件，只好详细询问，而招聘人员也一问三不知。

思考：你认为该企业的工作分析状况如何？请说明理由。

案例3：会计主管王辉十分恼火地来找人力资源部主管魏林：“魏主管，你发的这份文件要求我在两周内修改财务部全部10项工作的职位说明书。”

“对，有问题吗？”魏林问。

王辉说：“这是在浪费时间，我还有其他更重要的事情要做。它至少要花我30个小时的时间。我们还有两周的内部审计检查工作未完成。你想让我放下这些去写职位说明书吗？这办不到。我们几年都没有检查这些职位说明书了。它们需要做大修改。而且当它们发到员工手里时，我还会听到各种意见。”

"职位说明书修改好后，怎么还会有各种意见呢？"魏林问道。

王辉回答："整个事就很复杂。让人们注意职位说明书的存在，可能会使有些人认为职位说明书中未规定的工作就不必做。而且我敢打赌，如果把我部门的人实际正在做的工作写进职位说明书里，无形中就强调了一些工作的现实紧迫性，同时也就忽视了另外一些工作。我现在可承担不起士气低落、工作混乱的后果。"

魏林答道："你的建议是什么？王主管，上面已经命令我两周内完成这项任务。""我一点也不想做这个工作"，王辉说，"尤其在审计工作期间绝对不做。难道你不能向上面反映一下，推迟到下个月？"

思考并讨论：

(1) 该公司有修改工作说明书的必要性吗？

(2) 该公司修改工作说明书的程序有哪些问题？

(3) 工作说明书在该公司日常人力资源管理中的地位如何？

五、请对以下职位说明书进行评价（提示：可从职务说明书的内容入手进行评价）

行政助理职位说明书		
职位：行政助理	职级：三级	所属部门：内务部
薪酬标准：2 000 元/月	填表日期：2011/09/20	填写人：
职责总述： 在一般监督之下，完成日常内务行政、订单、物流、售后服务等工作。包括客户下订单、出货、受理售后服务、各类文件编辑打印等。整理汇总客户订货情况并拟订出货计划，安排物流公司出货等，申购各种办公用品。		
工作时间： 1. 正常班（实际劳动时间 9 小时）； 2. 早到（约 20 分钟）； 3. 加班（约 8 小时/周）； 4. 轮班（每月轮一次）。		
资格条件： 1. 学历：至少中专毕业，大专毕业更佳。 2. 智力条件： A. 基础知识要求一般，业务能力要求强； B. 较好的规划、控制能力，具备一定的文字功底； C. 具有较强的决策、判断能力； D. 要求口才佳，具有一定的谈判能力。 3. 身体条件：身高要求在 170cm 以上，身体健康，吃苦耐劳，手、眼配合能力强。 4. 经验： A. 同类工作经验：要求 2 年以上； B. 相关工作经验：要求 1 年以上。		

考核项目： 1. 客户满意度：不定期对客户的满意度进行调查，客户满意度需达到95%以上，达99%更佳。 2. 客户订货数与库存数达到准确率达99%以上。 3. 售后服务要求自受理之日起3个工作日之内给予客户答复。 4. 编辑打印文件准确率在98%以上，达99%以上更佳。
工作条件：办公室内完成工作任务。
本岗位后备来源： 1. 公司内部提升； 2. 人才市场招聘； 3. 经别人介绍适合本岗位的人。

六、请根据以下材料，编写理货员职位说明书

理货员的一天

在零售店铺中有这样一类人，他们掌握所属商品部门中商品的品名、属性、规格、价格水平以及保质期，哪里缺货哪里就能看到他们的身影，这就是理货员。在卖场中，他们与收银员一样都是最基层的工作人员。但在一定意义上，他们代表着超市的形象，是影响超市商品销售额的重要因素。

2007年2月3日早上7点，北京超市发双榆树店的理货员小韩，推上自行车从家里出来，到路边的小摊买个煎饼果子，也来不及吃，一路猛蹬，径直奔往单位。7点30分，小韩就到单位了，这比上班时间整整早了20分钟。由于离家远，害怕迟到，迟到三次这个月奖金就没了，小韩已经养成了早起、早到的习惯。20分钟后，超市开门了，打卡签到，更换工作服，佩戴上工作牌后就开始打扫卫生，准备迎接顾客。超市8点正式对外营业。按检查记录进行大量补货；保持排面整齐，依次向前递补，把新补充的商品放在后面，做到商品正面面向顾客；缺货时及时补货，补货按照有关补货作业的流程及规章进行。

检查货签是否对位，有变价的商品与价格是否相符，所贴条码是否正确，摆放位置是否正确，货架上商品有无缺货状况，有无破损品或过期变质品，这些都做详细检查并记录下来。看看自己辖区内的商品有无破损、变质。作为一名老员工，程小韩对这一流已驾轻就熟了。

怎样做好一个超市理货员，工作看似简单，但要掌握商品陈列方法和技巧，正确对商品进行陈列摆放，其中的学问可不小。商品陈列必须根据季节性商品、促销类商品、畅销商品、毛利率高低等特性，采取合理有效的陈列方法和根据多种商品陈列的原则进行陈列；遵照零售店铺仓库管理和商品发货的有关程序，有秩序地进行领货工作。作为理货员还要对新商品的扩销问题有敏感的认识，如市场流行商品和时令商品。对于折扣折让销售量大的商品、团购量大的商品、需采购大批量的商品、搞好市场调查、掌握消费者需求等这些问题，要及时上报主管，制订新产品购销计划。

11点40分，两位先去吃饭的同事回来了，超市用餐时间是在11点到13点，由于超市要保证不空岗，5位上班的同事分开轮流用餐，每个人有45分钟的吃饭时间。由于集团里有食堂，小韩一般都去那里，四菜一汤，自助餐想吃多少吃多少，这对于体力活、饭量

大的小韩可谓是莫大的补助。

该补齐的货也补完了，小韩开始围着自己的辖区到处转转，看到有碎纸屑及空箱子等都收起来，通道地面要时刻保持清洁。同时他还担当了保安的角色。发现有可疑人员时，要及时报告安保人员并做好跟踪工作，发现偷窃人员时要交给保安处理。另外就是收拾遗弃商品，顾客选好了某样商品，中途又改变主意的情况很多，能把商品放回原处的固然很好，没有放回原处的，理货员只好去归位，有的顾客甚至将楼上楼下的商品对调。对于这些被顾客遗弃的商品，理货员要随见随收，不分辖区，像这样的劳动小韩每天都要重复数百次。

临近下班时间，小韩到收银处收起当天顾客未结算的商品并办好有效手续，把未完成的事情和一天遇到的问题向上级领导汇报。

14 点 30 分，小韩结束了一天的工作，晚班人员开始上班。

（资料来源：http：//bbs. chinaceot. com/viewthread. php？ tid=68430.）

七、案例分析

A 公司的工作分析为什么会失败？

A 公司是我国中部省份的一家房地产开发公司。近年来，随着当地经济的迅速增长，房产需求强劲，公司有了飞速的发展，规模持续扩大，逐步发展为一家中型房地产开发公司。随着公司的发展和壮大，员工人数大量增加，众多的组织和人力资源治理问题逐渐凸显出来。

公司现有的组织机构，是基于创业时的公司规划，随着业务扩张的需要逐渐扩充而形成的，在运行的过程中，组织与业务上的矛盾已经逐渐凸显出来。部门之间、职位之间的职责与权限缺乏明确的界定，扯皮推诿的现象不断发生；有的部门抱怨事情太多，人手不够，任务不能按时、按质、按量完成；有的部门又觉得人员冗杂，人浮于事，效率低下。

公司的人员招聘方面，用人部门给出的招聘标准往往含糊，招聘主管往往无法准确地加以理解，使得招来的人大多差强人意。同时目前的许多岗位不能做到人事匹配，员工的能力不能得到充分发挥，严重挫伤了士气，并影响了工作的效果。公司员工的晋升以前由总经理直接决定，现在公司规模大了，总经理几乎没有时间来与基层员工和部门主管打交道，基层员工和部门主管的晋升只能根据部门经理的意见来决定。而在晋升中，上级和下属之间的私人感情成为了决定性的因素，有才干的人往往却并不能获得提升。因此，许多优秀的员工由于看不到自己的前途而另寻高就。在激励机制方面，公司缺乏科学的绩效考核和薪酬制度，考核中的主观性和随意性非常严重，员工的报酬不能体现其价值与能力，在人力资源部经常可以听到大家对薪酬的抱怨和不满，这也是人才流失的重要原因。

面对这样严重的形势，人力资源部开始着手进行人力资源治理的变革，变革首先从进行职位分析、确定职位价值开始。职位分析、职位评价究竟如何开展，如何抓住职位分析、职位评价过程中的要害点，为公司本次组织变革提供有效的信息支持和基础保证，是摆在 A 公司面前的重要课题。

首先，他们开始寻找进行职位分析的工具与技术。在阅读了国内目前流行的基本职位分析书籍之后，他们从其中选取了一份职位分析问卷作为收集职位信息的工具。然后，人力资源部将问卷发放到了各个部门经理手中，同时他们还在公司的内部网上发了一份关于开展问卷调查的通知，要求各部门配合人力资源部的问卷调查。

据反映，问卷在下发到各部门之后，一直搁置在各部门经理手中，没有发下去。很多部门是直到人力资源部开始催收时才把问卷发放到每个人手中。同时，由于大家都很忙，很多人在拿到问卷之后，都没有时间仔细思考，草草填写完事。还有很多人在外地出差，或者任务缠身，自己无法填写，而由同事代笔。此外，据一些较为重视这次调查的员工反映，大家都不了解这次问卷调查的意图，也不理解问卷中那些生疏的术语，比如何为职责、何为工作目的，许多人对此并不理解。很多人想就疑难问题向人力资源部进行询问，可是也不知道具体该找谁。因此，在回答问卷时只能凭借自己个人的理解来进行填写，无法把握填写的规范和标准。

一个星期之后，人力资源部收回了问卷。但他们发现，问卷填写的效果不太理想，有一部分问卷填写不全，一部分问卷答非所问，还有一部分问卷根本没有收上来。辛劳调查的结果却没有发挥它应有的价值。

与此同时，人力资源部也着手选取一些职位进行访谈。但在试着访谈了几个职位之后，发现访谈的效果也不好。因为，在人力资源部，能够对部门经理访谈的人只有人力资源部经理一人，主管和一般员工都无法与其他部门经理进行沟通。同时，由于经理们都很忙，能够把双方凑在一块，实在不容易。因此，两个星期过去之后，只访谈了两个部门经理。

人力资源部的几位主管负责对经理级以下的人员进行访谈，但在访谈中，出现的情况却出乎意料。大部分时间都是被访谈的人在发牢骚，指责公司的治理问题，抱怨自己的待遇不公等。而在谈到与职位分析相关的内容时，被访谈人往往又言辞闪烁，顾左右而言他，似乎对人力资源部的这次访谈不太信任。访谈结束之后，访谈人都反映对该职位的熟悉还是停留在模糊的阶段。这样持续了两个星期，访谈了大概1/3的职位。王经理认为时间不能拖延下去了，因此决定开始进入项目的下一个阶段——撰写职位说明书。

可这时，各职位的信息收集却还不完全。怎么办呢？人力资源部在无奈之中，不得不另觅他途。于是，他们通过各种途径从其他公司中收集了许多职位说明书，试图以此作为参照，结合问卷和访谈收集到的一些信息来撰写职位说明书。

在撰写阶段，人力资源部还成立了几个小组，每个小组专门负责起草某一部门的职位说明书，并且还要求各组在两个星期内完成任务。在起草职位说明书的过程中，人力资源部的员工都颇感为难，一方面不了解其他部门的工作，问卷和访谈提供的信息又不准确；另一方面，大家又缺乏撰写职位说明书的经验，因此，写起来都感觉很费劲。规定的时间快到了，很多人为了交稿，不得不急急忙忙，东拼西凑了一些材料，再结合自己的判定，最后成稿。

最后，职位说明书终于出台了。人力资源部将成稿的职位说明书下发到了各部门，同时，还下发了一份文件，要求各部门按照新的职位说明书来界定工作范围，并按照其中规定的任职条件来进行人员的招聘、选拔和任用。但这却引起了其他部门的强烈反对，很多直线部门的治理人员甚至公开指责人力资源部，说人力资源部的职位说明书是一堆垃圾文件，完全不符合实际情况。

于是，人力资源部专门与相关部门召开了一次会议来推动职位说明书的应用。人力资源部经理本来想通过这次会议来说服各部门支持这次项目。但结果却恰恰相反，在会上，人力资源部遭到了各部门的一致批评。同时，人力资源部由于对其他部门不了解，对于他们所提的很多问题，也无法进行解释和反驳，因此，会议的最终结论是，让人力资源部重新编写职位说明书。后来，经过多次重写与修改，职位说明书始终无法令人满意。最后，职位分析项目不了了之。

人力资源部的员工在经历了这次失败的项目后，对职位分析彻底丧失了信心。他们开始认为，职位分析只不过是“雾里看花，水中望月”的东西，说起来挺好，实际上却没有什么作用，而且认为职位分析只能针对西方国家那些治理先进的大公司，拿到中国的企业来，根本就行不通。原来雄心勃勃的人力资源部经理也变得灰心丧气，但他却一直对这次失败耿耿于怀，对项目失败的原因也是百思不得其解。

那么，职位分析真的是他们认为的“雾里看花，水中望月”吗？该公司的职位分析项目为什么会失败呢？

思考：

1. 该公司为什么决定从职位分析入手来实施变革，这样的决定正确吗？为什么？
2. 工作分析能够解决该公司的哪些问题？
3. 在工作分析项目的整个组织与实施过程中，该公司存在哪些问题？
4. 该公司采用了哪些工作分析方法？这些方法在使用中存在哪些问题？

模块三　员工招聘

【知识目标】

1. 了解员工招聘的内涵和地位
2. 熟悉员工招聘流程和招聘周期
3. 了解招聘渠道
4. 了解外部招聘渠道
5. 熟悉背景调查
6. 了解招聘评估

【技能目标】

1. 掌握招聘广告的设计
2. 掌握选择外部招聘渠道的技巧
3. 了解面试前的准备工作
4. 掌握面试技巧

【任务引导】

士多公司的会计老王突然辞职了，老板让招聘主管小丁新招一名会计上岗。请问：小丁要如何完成这项招聘任务呢？

【案例引导】

捕鼠科科长的招聘

有一个农场，因捕鼠科科长离职而造成场内鼠患成灾，农场总经理命令招聘主管："五天之内要给我招一个捕鼠科科长回来，否则你也给我走人。"

招聘主管接到这个指示后，回去赶紧写了一张招聘启事，贴在农场的大门口，上面写着："本农场欲招捕鼠科科长一位，待遇优，福利好，有意者请来面试。"

第二天，农场门口来了这么七位应聘者——鸡、鸭、羊、狗、猪、猫、猫头鹰。好，现在开始筛选。

第一轮是学历筛选。鸡、鸭都是北京大学的优秀毕业生，当然过关；羊和狗是大专毕业，也过关；猫和猫头鹰是高中毕业，招聘主管皱了皱眉头，也过关了，结果，第一关淘汰下来只有一位，那就是只读到小学二年级的猪先生。

第二轮是笔试。这当然难不倒大学本科毕业的鸡和鸭；羊因为平时勤勉，也勉强过关了；狗呢，上学的时候不太认真，碰到这些题目有些为难，可是它在这么短短的一会儿时间内，已经给三考官鞠了六个躬，点了九次头，所以也过关了；猫头鹰本来是不会做的，可是它眼力好，偷看到了，所以也就抄过了关。只有猫因为坚持原则，不会做就是不会做，所以，这一轮被淘汰的只有猫。

第三轮是答辩，总经理、农场场主和招聘主管三个人坐在那里，应聘者一个接一个地进来。

第一个是鸡，它一进来就说："我在学校时是学捕鼠专业的，曾经就如何掌握鼠的习性与行动方式写过一本著作。"三个人一碰头，这个好，留下了。

第二个进来的是鸭，它说："我没有出版过什么著作，但是在大学期间，我一共发表了18篇有关鼠的论文，对于鼠的各个种类，我是了如指掌。"这个也不错，也留下了。

第三个进来的是羊，羊说："我没有那么高的学历，也没有发表过什么论文、著作。但是我有一颗持之以恒的心和坚硬的蹄子。你们只要帮我找到老鼠洞口，然后我就站在那里，高举着我的前蹄，看到有老鼠出来我就踩下去，十次当中应该会有两三次可以踩死，只要我坚持下去，相信有一天我会消灭老鼠的！"三个主考官被羊的这种精神感动了，于是也录取了。

第四个进来的是狗，狗一进来就点头哈腰地说："瞧三位慈眉善目的，一定都是十分优秀的成功人士……"一顿马屁狂拍，三个人被拍得晕晕乎乎的，最终也录用了狗。

最后一个是猫头鹰，没有高学历，没有什么论文著作，唯一的成绩就是从事捕鼠一年多来抓了五六百只田鼠，但是又不会拍马屁，又长得凶神恶煞的，一点都不讨人喜欢，所以就被淘汰了。

思考：

1. 本次捕鼠科科长的招聘是否成功？
2. 本次招聘存在哪些问题？
3. 如果你是招聘主管，你会怎么做？

项目1　员工招聘基础知识

任务一　了解员工招聘的内涵和地位

"世有伯乐，然后有千里马。千里马常有，而伯乐不常有。"招聘就是做伯乐的工作，把千里马（人才）吸引、识别和挑选出来。所谓员工招聘，就是吸引和选择适合的人才来填补组织空缺职位的过程。

企业通常在以下情形会产生空缺的职位：企业新建立；企业扩张；新技术、新业务、新产品或新服务出现；自然减员，如员工退休、劳动合同到期、员工跳槽等。一旦空缺职位出现，企业就产生了招聘的需求。

员工招聘是企业的一项重要、具体和经常性的工作，它决定着企业员工队伍的整体质量和数量，而企业能否拥有足够的满足工作需要的人才，直接关系到企业的生存和发展。同时，员工招聘是人力资源管理的基础和前提，是人力资源管理的首要环节，与其他人力资源管理工作联系紧密。企业招不到员工，人力资源管理就成了无米之炊，其他职能也无从实施；如果招到的员工素质不高，会直接加大接下来的人员配置、培训、激励、绩效考核、薪酬等环节的工作难度，也会增加人力资源管理的各项成本和用人风险，降低各项工作的效率。

任务二　熟悉招聘流程和招聘周期

一、招聘流程

为保证招聘工作的效率，招聘需按步骤和流程展开。常见的招聘流程如图 3-1。

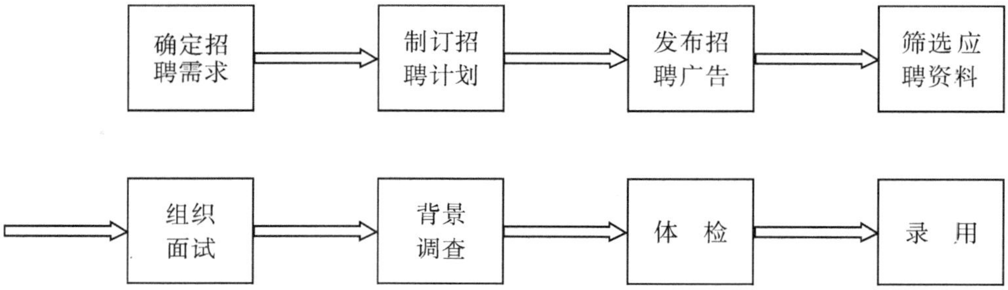

图 3-1　招聘流程图

1. 确定招聘需求

当用人部门提出招聘需求时，人力资源部首先需要核实这一需求的合理性，看是新增人手还是调整人手，是否可以通过加班或内部顶替等方式解决，是否在人力资源计划内等。如需要合理增员，则可确定该招聘需求。

2. 制订招聘计划

招聘计划中需包括招聘岗位、人数、招聘岗位的要求和待遇、招聘渠道、招聘预算等内容。拟订好招聘计划后需报相关领导审批，审批完毕才开始实施招聘。

3. 发布招聘广告

由人力资源部拟定招聘广告，并选择适合的媒介发布，以吸引求职者。

4. 筛选应聘资料

收取应聘资料后，人力资源部根据招聘岗位职位说明书中的任职资格要求，对资料进行筛选，选出符合条件者。

5. 组织面试

通知符合条件的应聘者前来面试，拟定面试日程安排表，培训面试考官，安排面试（含笔试、测试、复试等），每次面试都需做好记录和评分，确定招聘岗位候选人。

【任务互动】

电话通知应聘者参加面试，你会吗？

基本要点：

1. 先确认对方姓名，再自报身份；
2. 确认对方是否方便接听电话；
3. 确认对方是否仍对应聘职位感兴趣；
4. 约定面试的具体时间，如×月×日×时；
5. 告知公司地址及乘车路线；
6. 告知公司的联系电话、联系人姓名。

6. 背景调查

调查了解拟录用人员的背景。调查内容包括：学历、资历、资格、原薪资待遇、离职原因、工作表现等。弄虚作假的求职者在这轮将被淘汰。

7. 体检

通知背景调查合格的候选人到指定医院进行体检。

8. 录用

人力资源部根据候选人的体检合格证明，发出录用通知，并为其办理入职手续。

需要注意的是，在上述招聘的整体流程中，每一个环节都应该严谨细致，每一个“点”的失误都有可能带给招聘工作“面”的损失，有可能导致招聘前功尽弃或增加招聘的成本。如果不做背景调查，不进行体检，录用这类员工，可能会给企业用工带来较大的风险。

二、招聘周期

【任务互动】

士多公司的会计老王突然离职了，假如老板让招聘主管小丁在3天内新招一名会计上岗。请问：小丁有没有可能按期完成这个招聘任务呢？

招聘周期是指完成一次招聘所需花费的时间。了解招聘周期，在人员招聘和工作安排上就可以做到有条不紊、心中有数。一般来说，按招聘流程实施的招聘周期如图3-2所示。

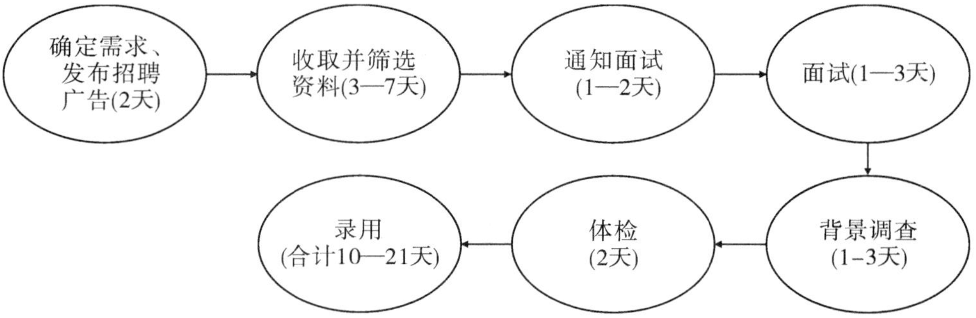

图 3-2　招聘周期图

需要说明的是，受劳动力市场的供给状况、招聘效率等因素的影响，不同公司、不同职位的招聘周期会不一样。

知识链接

在美国，平均而言，经理人和主管的招聘周期为 6.8 周，销售人员的招聘周期为 2.1 周，办公室文秘人员的招聘周期是 2.7 周，操作人员的招聘周期是 2.1 周。

（资料来源：陈天祥．人力资源管理．广州：中山大学出版社，2001.）

任务三　掌握招聘广告的设计

招聘信息的传递是外部招聘的重要环节，招聘广告的设计就是要吸引有兴趣的求职者参加公司的招聘活动。招聘广告质量的高低将直接影响所吸引的求职者的数量和质量，影响招聘的效率和效果。同时，招聘广告也能起到宣传公司形象的效果，达到一箭双雕的目的。因此，掌握招聘广告的设计技巧是十分必要的。

一、设计招聘广告的原则

设计招聘广告的原则可以概括为“注意、兴趣、愿望、行动”四原则，即 AIDA (Attention–Interest–Desire–Action) 原则。

1. 需能吸引求职者的注意

同一份报纸会刊登几十甚至几百个招聘广告，如何让自己的招聘广告抓住求职者的眼球呢？一般来说，那些色彩鲜艳、篇幅较大、位置显著、有醒目标题的招聘广告，会受到求职者的更多关注。

2. 需能引起求职者的兴趣

在招聘广告中，除了表达招聘要求外，还需要适度加入一些生动、热情的元素，来表达公司求贤若渴的诚意和决心，以引起求职者的注意。如可采用以下表达：“C 公司为您搭建成功的舞台”，“诚邀您加入××大家庭”，“诚聘财务经理”，“与您共创辉煌的C企业”，“月薪××元诚聘销售英才”等。

3. 需能激起求职者申请的愿望

在招聘广告中，可以通过强调公司在行业中的地位、公司优厚的薪资福利待遇、良好的培训与发展空间等因素，来激发求职者应聘的愿望。

4. 需能激发求职者立即行动

在招聘广告中，应包含方便求职者立即行动的信息。如公布公司网站、联系地址等。可采用以下方式：“想要了解公司更多的、最新的招聘信息，欢迎点击 www. ××××. com，”或者是“请符合上述条件的应聘者，一周内将简历及其他应聘材料寄往如下地址：××市××路××大厦×号人力资源部收，信封右下角请注明应聘职位”。

【任务互动】

在招聘广告上，大家不难发现，有的公司会直接写明招聘联系人与联系电话，但也有很多公司的招聘广告中会加上“合则约见，勿电勿访”等字样，这样不是很不欢迎应聘者吗？为什么公司会这样写？

二、招聘广告的构成

招聘广告通常会由四部分构成：

1. 标题

在标题中，直接表达招聘的意愿即可。如“诚聘英才”、“招贤纳才”、“××公司招聘启事”等。招聘职位较少的，可以直接在标题写明空缺职位，如“诚聘会计”，这样会令求职者印象更为深刻。

2. 开头

一般是公司情况介绍，如公司性质、在行业中的地位、知名度和美誉度、经营范围、企业文化、发展情况等，并简要说明招聘原因。如“随着公司业务的拓展，现需招纳以下英才”等。

需要特别指出的是，一些企业的招聘广告并不注明公司名称，或没有公司介绍，主要是因为：一是受版面所限，出于经济的考虑，为降低广告成本而不作公司情况介绍；二是出于保护公司利益的考虑。如可能不愿意竞争对手过早发现自己在某一地区的人员招聘和拓展计划；也可能因自己企业的员工正在罢工等而使企业的名声不好；还可能是不愿意让老员工较早发现企业正试图从外部招聘人员来填补空缺。

3. 正文

正文是关于公司招聘职位的说明，主要内容包括：职位名称、招聘人数、招聘职位的职责范围及职位任职资格要求。

4. 结尾

结尾部分的内容包括：公司待遇说明、求职者需准备的资料要求和公司的联系方式，如公司的电子邮箱、网站、详细的通信地址等。

下文是一则招聘广告的示例，见表3–1。

表3–1　招聘广告示例

广州××有限公司诚聘
广州××有限公司是成立于1992年的一家大型民营服装企业，主要从事中高档职业女装的设计、生产和销售，在行业和顾客中拥有较好的口碑。因公司业务迅猛发展，现需招聘以下职位： 1. 销售主管2人 岗位职责： ＊区域市场开拓、了解市场动态、制定并执行销售策略； ＊做好销售人员的指导和管理工作； ＊做好区域市场客户的维护和服务工作； ＊执行被批准的或上级下达的开发计划，定期做出开发报告。 任职资格： ＊专科以上学历，有服装行业相关知识和2年从业经验，愿意在此行业长期发展； ＊具有较强的市场开拓能力，较强的谈判能力； ＊吃苦耐劳、责任心强，有较强的学习能力和团队合作精神。 2. 销售代表（略） 以上职位一经录用，本公司将提供有竞争力的薪酬、完善的福利制度和良好的工作环境。 符合上述条件者请将个人简历、相关资格证书和薪资要求等寄至：广州市天河区白云路30号××有限公司人力资源部收。邮政编码：510000。 信封右下角请注明应聘职位，如未聘用，资料恕不退回。合则约见，勿电勿访。 欲了解更多信息，请访问本公司网站www. ××××. com。

项目2　招聘渠道

任务一　了解招聘渠道

招聘渠道可以分为内部招聘渠道和外部招聘渠道。内部招聘是指从公司内部现有员工中挑选所需人员，外部招聘是指从公司外部招聘合适的人员。内部招聘的具体方式包括内部提拔、工作轮换、重新聘用等。

当出现空缺岗位时，有的企业偏好内部招聘。例如，美的集团的职业经理人几乎全部来源于企业内部。其近200名职业经理人中95%以上都是集团内部培养出来的。也正因为此，美的集团在职业经理人招聘市场上格外沉寂，这一点与很多民营企业不同。还有日本企业的终身雇佣制，体现更多的就是内部招聘。也有的企业偏好外部招聘，如微软公司喜用“社会新鲜人”，朗讯公司喜欢招用不同学校的大学生等。

资料链接

索尼公司的内部招聘

有一天晚上，索尼董事长盛田昭夫按照惯例走进职工餐厅与职工一起就餐、聊天。他多年来一直保持着这个习惯，以培养员工的合作意识，保持与他们的良好关系。

这天，盛田昭夫忽然发现一位年轻职工郁郁寡欢，似满腹心事，只顾闷头吃饭，谁也不理。于是，盛田昭夫就主动坐在这名员工对面，与他攀谈。几杯酒下肚之后，这个员工终于开口了：“我毕业于东京大学，有一份待遇十分优厚的工作。但是，进入索尼之前，对索尼公司崇拜得发狂。当时，我认为我进入索尼，是我一生的最佳选择。但是，现在才发现，我不是在为索尼工作，而是为科长干活。坦率地说，我这位科长是个无能之辈，更可悲的是，我所有的行动与建议都得经科长批准。我自己的一些小发明与改进，科长不仅不支持、不解释，还挖苦我癞蛤蟆想吃天鹅肉、有野心。对我来说，这名科长就是索尼。我十分泄气，心灰意冷。这就是索尼？这就是我的索尼？我居然放弃了那份优厚的工作来到这种地方！”这番话令盛田昭夫十分震惊，他想，类似的问题在公司内部员工中恐怕不少，管理者应该关心他们的苦恼，了解他们的处境，不能堵塞他们的上进之路，于是产生了改革人事管理制度的想法。

之后，索尼公司开始每周出版一次内部小报，刊登公司各部门的“求人广告”，员工可以自由而秘密地前去应聘，他们的上司无权阻止。另外，索尼原则上每隔两年就让员工调换一次工作，特别是对于那些精力旺盛、干劲十足的人才，不是让他们被动地等待工作，而是主动给他们施展才能的机会。在索尼公司实行内部招聘制度以后，有能力的人才大多能找到自己较中意的岗位，而且人力资源部门可以发现那些“流出”人才所在部门的上司所存在的问题。

（资料来源：www. waxxw. com.）

内部招聘和外部招聘各有利弊，具体分析见表 3–2

表 3–2 内部招聘和外部招聘的利弊

	优 势	劣 势	适用范围
内部招聘	节约成本 有激励作用 适应环境快 较高的可靠性、忠诚度和稳定性	近亲繁殖 易拉帮结派 “老人”不易树立权威 过度竞争易致内耗 选择面有限	中层及以上管理、专业性强的职位
外部招聘	鲶鱼效应 不易形成派系 选择面广	招聘成本高 培训成本高 适应力、可靠性、忠诚度和稳定性均不确定	需要新技术、新方法的职位

一般来说，当公司出现空缺职位时，公司首先应在内部公告空缺岗位，让内部员工有优先应聘的机会，以体现“以人为本”的原则。当内部无合适人选时，再考虑外部招聘。

【案例分析】

选拔中层管理干部的困境

松华机床有限公司最近几年在选拔中层管理干部上陷入了两难的境地。该公司是制造销售高精度自动机床的，目前重组成六个半自动制造部门。高层管理者相信这些部门经理应该了解生产线和生产过程，因为许多管理决策需在此基础上作出。一直以来，公司都严格地从内部提升中层管理干部，但后来发现这些从基层提拔到中层管理职位的人员缺乏适应新职位的知识和技能。

于是，公司决定从外部招聘，尤其是招聘那些工商管理专业的优等生。通过广告招聘的形式，公司得到了许多有良好工商管理专业教育背景的毕业生作为候选人。从中录用了一些，先安排在基层管理职位，经过一段时间的锻炼后提升为中层管理人员。但在两年之中，所有这些人都离开了该公司。

公司又只好回到以前的政策，从内部提拔，但又碰到了中层管理者素质欠佳的老问题。不久，将有几个重要职位的中层管理人员即将退休，亟待有称职的人员来填补这些空缺。面对这一问题，公司想请专家来帮助解决。

（资料来源：陈天祥．人力资源管理．广州：中山大学出版社，2001.）

思考：

1. 你认为造成此公司选拔中层管理者困难的原因是什么？
2. 如果你是专家，你会给公司提出什么建议？

任务二　掌握选择外部招聘渠道的技巧

外部招聘渠道具体可以分为：网络招聘、校园招聘、人才市场招聘、报纸招聘、猎头招聘。另外还有其他人才中介公司招聘、电台招聘、电视招聘、刊物杂志的招聘，因这些招聘渠道适用面不太广泛，故在本书中不做相关说明。

一般情况下，影响外部招聘渠道选择的因素主要有四个：招聘成本、时效性、目标群的特征、招聘渠道自身的特点。

1. 招聘成本

不同的外部招聘渠道，所需成本是不同的。具体比较如表 3–3。

表 3–3　外部招聘渠道的成本与时效性分析

外部招聘渠道	招聘费用	成本比较	招聘速度
网络招聘	500 元/月左右	低	快
校园招聘	主要是宣传费用	低	快
人才招聘会	600 元/天—2 000 元/天	中	较快
报纸招聘	500 元/次—几十万元/次	由低到高不等	慢
猎头招聘	被录者年薪的 10%—30%	高	较快

在实施招聘时，应结合各招聘渠道的成本，根据公司现有的招聘预算、公司的承受能力等因素做出合理而经济的选择。

2. 时效性

每种外部招聘渠道在人才招聘的速度上是不同的，有的较快，有的较慢。具体情况如表 3-3 所示。

实施招聘时，可根据公司招聘的时间要求，灵活地选择合适的招聘渠道。

资料链接

朗讯公司的闪电招聘

朗讯是这样一家公司：她的历史很长，她的面孔很新，她喜欢各种不同类型的人；她的文化是要向别人学习，她的通信技术让别人学习；她渴望真正的人才。她对待人才的方式是：抢！

朗讯招聘人才的速度用一个“抢”字来描述毫不为过。1998 年，朗讯中国公司需要大量的研究人才，军令如山，人力资源部接到这个命令，迅速组织了一个招聘“快速反应部队”，25 个人分成 5 个小组，飞机同时进入 5 个地区，散布到 16 所院校。5 人小组由 3 个科学家、1 个人力资源部负责人、1 名秘书组成。招聘小组到达学校的第一天就马上开招聘会，贴广告，组织学生来交流。一天内他们花 1.5 个小时开招聘会，然后筛选收集的简历，到晚上就公布面试名单。第二天招聘小组全天进行紧张面试。晚上 9 点，5 个小组通过电话会议彼此通报各地区的生源情况，确定各地区的专业情况和名额，当晚 10 点钟就将录用的名单贴出去。第三天跟录用的学生签合同。一周时间内，他们招了 100 个人。

“1998 年因业务发展需要招 100 个应届毕业生，时间比较紧，我们在招聘上做了一些创新”，朗讯人力资源部经理说，他们做招聘是在和竞争对手抢，更确切地说是在人才市场中抢。一般情况是，当别的公司意识到要开始到大学搞演讲宣传招人时，朗讯的人就已经招完了。

“闪电行动”需要充分的前期准备工作，朗讯公司很早就开始集中目标甄选学校，去年去过的学校今年朗讯就没有去要人。朗讯还要提前解决进京、进沪的指标问题。招聘前做好招聘袋，里面有面试日程表、面试问卷、朗讯公司的资料等。朗讯对自己的资料要求是：一旦学生看完朗讯公司的资料，就不需要问任何问题，非常清晰。朗讯的招聘过程非常程序化，所以一开动招聘机器就能抢占先机。

（资料来源：王挺，寇建涛．员工招聘．北京：北京大学出版社，2012.）

3. 目标群的特征

目标群是指符合公司招聘岗位要求的那些求职者。招聘的过程就是找到和吸引这些目标群求职者的过程。招聘本身即是双向吸引和双向选择，一方面求职者受公司（广告）吸引，选择到该公司应聘；另一方面公司也受人才（个人简历）的吸引，选择其到本公司面试。如何才能吸引求职者呢？找准目标群特征非常关键。如果不了解或找不准目标群特征，那么招聘将是无的放矢、一无所获。下面的两个案例向我们清晰地展示了如何找寻目标群特征，如何根据目标群特征选择有效的招聘渠道。

【案例分析1】

美国某生物制药公司药剂师的招聘

美国某生物制药公司招聘药剂师已经半年了，公司在当地的报纸、人才市场、网络上频频登出招聘广告，但收效甚微，应聘者寥寥无几。人力资源部经理在老板的压力下，决定亲自出马招聘。

首先，他向招聘主管了解了这半年以来该职位的招聘和应聘情况，对招聘的困境进行了分析，发现问题在于招聘主管不了解药剂师目标群的特征。而人力资源部经理自己也同样不了解。于是他中午专门请公司内部的一位药剂师到餐厅吃饭。

在聊天的过程中，他了解到药剂师们都有个共同的习惯：每天早晨7点半，会边洗漱边收听当地某电台的一个“健康之声——新药推广”的节目。该经理如获至宝，当天就与该电台联系，第二天早晨就在这一节目中播报了该公司的招聘广告。一周内，制药公司收到了大量药剂师的应聘信。在这些应聘者中，公司轻松地找到了适合的药剂师。

思考：为什么公司之前用了半年都无法吸引到足够的、适合的求职者？为什么后来又能够在一周内就完成了招聘任务？

【案例分析2】

台北某水产公司业务员的招聘

台北某水产公司的业务员频繁离职，对公司业务造成了很大影响。老板盛怒之下，解雇了原有的人事经理，并重新聘用了一位人事经理。

新人事经理上任后，对公司业务员的离职原因进行了调查。调查发现，公司业务员离职与公司工资和福利待遇无关。在当地，公司业务员的工资属于中等偏上水平。也与公司管理、企业文化或其他方面无关。他们之所以离职，有两个原因：一是不喜欢公司工作环境，公司的鱼腥味较重，时间一长，业务员感觉自己身上的鱼腥味洗都洗不掉，容易让朋友们看不起；二是不喜欢现有的工作时间。业务员凌晨5点须到集市购买各类新鲜的水产品，然后搬运回公司售卖，上午11点左右就可以下班了。虽然工作时间不长，但业务员需要早睡早起。在台北，年轻人的夜生活是非常丰富的，他们经常在晚上呼朋引伴外出喝酒或参加其他娱乐活动，习惯晚睡晚起。这样，公司业务员的工作时间与朋友们的工作时间差别很大，日常的社交生活自然也受到很大影响。长此以往，业务员无法忍受，宁可跳槽到工资待遇低一些的公司去工作。

了解到这些情况后，新经理就与澎湖水产学校联系上，到该校挑选了几位毕业生到公司做业务员，并与该校签订了长期合作的协议。澎湖水产学校的学生全是当地渔民的子女，从小在海边长大，对海产品的味道很熟悉，也感觉很亲切；并且自小随父母出海捕鱼，早睡早起已经形成了习惯。这些渔民子弟到了台北后，发现可以早早下班，然后去逛街，能够充分感受大都市的繁华，工资待遇又好，非常珍惜这份工作。从此该水产公司的业务员队伍就稳定下来了。

思考：该水产公司业务员的工作性质有哪些特征？业务员目标群有哪些特征？

4. 外部招聘渠道自身的特点

每种外部招聘渠道都有自身的优点、缺点和适用范围，需要对其有充分的了解，才能做到自如而准确地选择外部招聘的渠道。下文对几种主要的外部招聘渠道进行了比较，具体情况见表3-4所示：

表 3-4 外部招聘渠道的特点比较

类 别	优 点	缺 点	适用范围
报纸招聘	发行面广、受众面广，易宣传企业形象	筛选简历的工作量和难度大	本区域大众熟知的职位/技术类职位（专业性报纸）
网络招聘	费用低、速度快、传播范围广、信息容量大	信息过量，简历筛选难度大、无效邮件较多、有些人不上网	目标顾客为上网客户，适合大范围的招聘
人才招聘会	直接交流，效率高	选择面受限	一般性职位
猎头招聘	针对性强、节省时间、信息量大、范围广	招聘费用高	高、精、尖人才（中高级管理人才和特殊人才）
校园招聘	易挑选储备人才、树立组织形象	职业化水平不高 、流动率高	初级职位

上述四个因素影响并决定着公司外部招聘渠道的选择。需要注意的是，因为企业对人才的需求通常多种多样，如同一时期招聘的职位、职务类别不同，职位级别不同，地理分布不同，填补空缺的紧迫性不同，这要求在招聘中不能局限于单一渠道，需要灵活使用多种招聘渠道，这样才会收到比较好的招聘效果，按期完成招聘任务。

资料链接

摩托罗拉的招聘渠道

摩托罗拉通过各种招聘渠道与方式，全方位地寻求与发现人才。

该公司有多种多样的招聘渠道，如互联网、广告、现场招聘会、校园招聘会、人才中介机构、猎头公司、员工推荐及内部机会制度等。

欧莱雅：校园招聘之三大策略

欧莱雅开始将校园竞赛作为战略招聘的一种方式始于 1993 年创办的“欧莱雅校园企划大赛”。1997 年，“欧莱雅校园企划大赛”已经发展成为一项全球性的赛事，迄今为止已经有 14 000 名学生参赛。

这项比赛的主要参赛对象是经济和商业类的高年级本科生。比赛规则要求由三个学生组成一个团队，在一位营销学教授的指导下，为某一品牌的未来发展设计一套营销策略，包括产品组合、包装和传播策略。

在比赛过程中，选手们有很多机会与欧莱雅公司的招聘经理和品牌经理接触。在选手们体会真实的品牌管理和营销管理经历的同时，招聘经理和品牌经理也能发现和招募其中具有创造力的品牌经理人选。

实践证明，这种形式的人才选拔卓有成效。自 2000 年以来，欧莱雅全球 22% 的管理培训生来自校园企划大赛的参赛者，这个比例在中国更是达到了 27%。2003 年，参加校园企划大赛的其中 74 名优秀选手被招募加入欧莱雅，特别是参加全球总决赛的 54 名选手中，有 27 人最后选择加入欧莱雅。

由于这种招聘方式在高校中产生了非常好的影响，同时，欧莱雅也需要更有针对性地招募工业英才，于是从2001年起，欧莱雅开始在中国的几所高校推出了“欧莱雅工业大赛”，比赛对象则针对理工科的高年级本科生。据悉，这项比赛将被推广到18个国家，成为一项全球性的赛事。

通过这两项校园竞赛，欧莱雅一方面在高校学生中树立了良好的企业形象，另一方面则招聘到了大量优秀人才。

（资料来源：http：//www. hwhr. cn/HRclub/news/1959. html.）

项目3　面试及评估

任务一　了解面试前的准备工作

【案例分析】

手忙脚乱的面试

一天早上，技术部的王主管正专注于自己的工作，人事部的电话匆匆地将他叫到小会客室，参与技术人员的面试工作。由于事先王主管对此事一无所知，所以在面试过程中，他总是在不断地翻阅应聘人员的资料，低头阅读简历，然后提出相应的问题，之后又忙于对下一名应聘者的问询。就这样一上午过去了，6名应聘者的面试结束了，小王的任务也完成了。

思考：这样的面试效果如何？为什么？问题出在哪里？

面试是应聘者直接了解公司的第一个环节，做好面试前的各项准备非常重要，它既有助于公司树立良好的形象，也有助于更全面深入地了解应聘者，从而提高招聘的效率。

一、面试前的物质准备

为保证面试工作的顺利进行，面试前，人力资源部工作人员应当准备好以下物品，如表：

表3-5　面试前准备的物品

场　地	面试用物品	面试官资料	杂　项
可封闭的面谈室 圆桌 座椅	入职申请表 公司简介 备用白纸 笔记本	面试日程安排表 应聘者简历 面试评估表	水杯 笔 纸巾

二、面试前的人员准备

在招聘过程中，应聘者通常会通过面试官的表现来推断企业其他方面的情况。他们把面试官当作企业的一个窗口，由此判断企业的情况。一般来说，面试官的个人风度、专业能力、工作风格等都将直接影响应聘者对企业的感受和评价，也会直接影响应聘者是否愿意到该企业工作。因此选择合适的面试官也是一项极为重要的准备工作。

选择面试官的主要标准有：熟悉招聘职位的职责与要求，熟知公司情况和企业文化，具备较强的沟通能力，公正、原则性强、富有责任心和团队精神等。

如果是招聘小组面试，还需注意组成人员结构的合理性。原则上，招聘小组成员应包括人力资源工作人员、用人部门的人员、顾问专家等，以保证面试的科学性。

在面试之前，人力资源部应当对面试官进行针对性的培训，如着装、公司介绍、面谈技巧、评分标准等，必要时，还可进行模拟面试。

三、面试官的准备工作

（1）回顾职位说明书。重点回顾招聘职位的工作职责、任职资格、薪酬待遇等内容。

（2）阅读应聘材料。重点关注应聘者的工作经历、主要业绩、离职原因、薪资要求等。

（3）拟出面试提纲。面试中需要针对哪些方面提出哪些问题，应当提前一一拟好并熟悉这些问题。

（4）熟悉面试评估表。重点了解评估表中的各项指标和评分标准，以便于面试时操作。

（5）如果是招聘小组面试，还需做好分工，明确各自的职责范围、合作方式和注意事项。

（6）核实面试时间，处理和安排手头的紧急事项，为面试做好准备。

任务二　掌握面试技巧

在面试的过程中，面试官的面试技巧对于测试、考察和评价人才起着较为关键的作用。面试技巧得当，招聘过程顺利，人才则能够脱颖而出；面试技巧不当，可能导致应聘者不愿到公司工作，或最终录用的人才并不适合公司，从而给公司带来用工风险和招聘成本的损失。

面试官应掌握的面试技巧主要表现在以下几方面：

一、善于提问

1. 针对职位提问

考官需根据职位说明书中的工作职责和任职资格来问询，紧密围绕空缺职位要求来提问，不能偏题。

2. 多提开放式问题

开放式提问是指没有固定答案的提问，答案是多样的，没有限制，没有框架的，因每个人想法不同，理解不同，答案也就不同。比如："你是如何管理你的下属的？"答案有很多，没有固定答案，也没有范围，可以让应聘者自由发挥。

封闭式提问就是有固定答案的提问，答案局限于有限的选项。比如："你愿意加班吗？""你喜欢现在的工作吗？"答案只有几个固定的选项，对方只能在有限的范围内选择答案，不能任意发挥。

在面试过程中，应尽量多提开放式问题，少问封闭式问题。这样，既能让应聘者自由、轻松地展示自我，也有助于公司全方位、深入地考察人才。

【小贴士】

面试提问举例

1. 在简历中你说自己责任心强，请你用工作中的具体事例说明一下。
2. 你做了三年的销售主管，有哪些心得体会呢？
3. 你在企业中是如何推进企业文化建设的？
4. 你在工作中是如何协调下属关系的？
5. 如果在工作中，你的上级非常器重你，经常要求你做一些属于别人职权范围内的工作，同事因此对你颇有微词，你将如何处理这类问题？
6. 请谈谈你的职业生涯规划或五年内的人生计划。

【任务互动】

以下提问方式是否科学？如不科学，请改正。

1. 你的性格是内向还是外向？
2. 你觉得工作中最大的激励是金钱还是从工作中获得的快乐？
3. 你愿不愿意出差？
4. 你的前一任主管是一个随和的人还是一个严厉的人？
5. 你是一位很强势的管理者吗？

二、积极倾听

面试过程中，倾听尤其是积极的倾听非常关键。不会倾听，就无法全面收集应聘者的有效信息，无法深入地考察应聘者。积极倾听的技巧如下：

1. 少说，多听

面试中，面试官应尽量少说，多听应聘者讲话，尽可能让应聘者多显露一些信息。通常面试官说的时间应占20%，听的时间应占80%。

2. 要善于提取要点

面试中，有些应聘者会表述不清，或是啰啰唆唆，此时就需要面试官及时地帮助对方提取表述的要点。如“你表达的是××观点，是这样吗？”

3. 要善于进行阶段性的总结

比如：“我们刚刚已经深入了解了××，下面我们进入下一个问题吧。”通过这种阶段性的总结，一方面可以引导和控制面试的进程，不会在某一环节滞留太久，从而提高面试的效率；另一方面又可以不留痕迹地打断喋喋不休的应聘者，维持公司的良好形象。

4. 排除各种干扰

在面试前，为集中注意力专心面试，面试官应将手机调为静音，把办公室电话线拔掉，并处理完手头的各项紧急事务，然后再进行面试，否则会影响面试效率。

5. 不要带有个人偏见

面试官在面试过程中，不应带有任何个人偏见，如民族、地域、性别、学历等偏见，应当从公司需要出发，从岗位要求出发，公平、公正地考察应聘者。

6. 注意非语言信息

面试中，面试官需要多留意应聘者的非语言信息，而不是仅仅从语言信息上来考察。美国语言学家提出了一个公式：信息的全部表达=7%语言+38%声音+55%表情。

资料显示，人的脸部可做出大约2.5万个表情。面试官如果只是留意应聘者的语言信息，会遗漏大量更为真实有效的应聘者信息，从而不能全面、客观、深入地考察应聘者。

资料链接1

非语言信息的运用

有一次，意大利著名悲剧演员罗西应邀参加一个欢迎外宾的宴会。席间，许多客人要求他表演一段悲剧，于是他用意大利语念了一段“台词”，尽管客人听不懂他的“台词”内容，然而他那动情的声调和表情，凄凉悲怆，使大家不由得流下同情的泪水。

可一位意大利人却忍俊不禁，跑出会场大笑不止。原来，这位悲剧演员念的根本不是什么台词，而是宴席上的菜单。

（资料来源：非言语沟通技巧，中国学生网，2009-10-30.）

资料链接2

手势语言

他在说话时，手掌伸开，手心朝上——他可能是个直率、诚实的人。

他一边说话，一边用手指着你的鼻尖——他可能相当自负，总想显示自己高人一筹。

他不时地单手握拳，举臂向上，好像“宣誓”的样子——表面上十分诚实，但往往相当虚伪。

他边说话边不自觉地用手摸脸、掩口、摸鼻、擦眼睛——表明他可能在说谎。

抚摸或抓下巴——这种人老练，处理问题比较理智。

坐姿语言

一个人坐下时是猛地一坐——表示他此刻情绪不佳，心烦意乱，或遭受什么不幸、挫折。

坐下去，斜躺在椅子上——表明他具有心理上的优越感，或者想处于高人一等的地位。

挺着腰直端端坐着的人——表示对对方恭敬、顺从，或被对方的言谈所吸引，兴趣浓厚。

双腿习惯性地不时碰撞——表明他心神不安。

他不时地晃腿，或用足尖击地——可能是用这些动作来减轻内心的紧张。

双臂紧紧交叉于胸前——表达的是防御心理或傲慢态度。

三、及时评估

面试官结束对应聘者的考察后，应当及时给予评分和评价。如果等所有应聘者都面试完毕时再予以评分，可能会遗忘或混淆很多重要信息，容易导致面试评估结果的不准确和不客观。面试评估表的示例如表3-6：

表3-6　面试评估表

<table>
<tr><td colspan="2">应聘者姓名：</td><td>性　别：</td><td>年　龄：</td></tr>
<tr><td colspan="2">应聘部门：</td><td colspan="2">应聘职位：</td></tr>
<tr><td>评价标准</td><td>评　分</td><td colspan="2">备　注</td></tr>
<tr><td>仪表风度（10分）</td><td></td><td colspan="2"></td></tr>
<tr><td>沟通能力（10分）</td><td></td><td colspan="2"></td></tr>
<tr><td>专业知识（30分）</td><td></td><td colspan="2"></td></tr>
<tr><td>工作经验（30分）</td><td></td><td colspan="2"></td></tr>
<tr><td>情绪稳定性（10分）</td><td></td><td colspan="2"></td></tr>
<tr><td>应变能力（10分）</td><td></td><td colspan="2"></td></tr>
<tr><td>总　分</td><td></td><td colspan="2"></td></tr>
<tr><td colspan="4">评　价：　□建议录用　□可考虑　□建议不录用
备注说明：</td></tr>
</table>

任务三 熟悉背景调查

【案例分析】

李延协助招聘主管招收了3名技术研发人员，半年来这些研发人员开发了一些有市场前景的产品。但是，公司的销售人员却常常抱怨说，我们新开发的产品被竞争对手抢了先机，新开发的技术也被竞争对手抢先申请了专利。公司为此蒙受了巨大的损失，引起了公司领导的高度重视。经调查发现，在新招聘的3名技术研发人员中居然有两位是竞争对手的前雇员，公司领导非常恼火，责成人力资源部好好反省一下新员工调查工作。作为招聘助理，李延确实应该反省一下，思考如何做好背景调查工作。

（资料来源：刘葵．招聘与录用实务．大连：东北财经大学出版社，2012.）

在招聘过程中，有一个非常重要的环节，即背景调查。所谓背景调查就是对拟录用人员以往的经历（含工作时间、工作岗位、工作职责、教育经历、薪资水平、离职原因等）和他人的评价进行调查。通过背景调查，企业可以预测拟录用人员将来的表现。

根据美国1985年的一项调查，有30%的应聘者的简历至少有一处重大的虚构。这些虚假成分通常表现为夸大自己的学习成绩和过去的工作绩效。我国的不少企业在招聘时也发现了许多应聘者的假学历证书。因此，对于拟录用人员，尤其是一些关键岗位的人员，进行背景调查是非常有必要的。如果拟录用人员提供的信息是不真实的或虚假的，就有可能给公司带来巨大的损失。

一、背景调查的途径

进行背景调查可通过学历证书查询网（www. chsi. com. cn），或到应聘者毕业学校的教务处获取信息；亦可拨打114查号或向对方人力资源部调查获得应聘者原单位或上级的推荐信或证明；也可询问应聘者提供的调查人或证明人等。

二、背景调查的技巧

进行背景调查可采用以下技巧：

（1）一般情况下要征得拟录用人员的书面同意；

（2）要多渠道了解拟录用人员的情况；

（3）尽量采用电话方式而非传真方式调查；

（4）选择恰当的调查时机。尽量避免在对方业务繁忙的时段进行调查，如星期一或上午等时间。

（5）调查内容要循序渐进、由浅入深；

（6）只调查与工作岗位有关的信息，并以书面形式记录。不能涉及个人隐私或其他与工作无关的信息。

（7）必要时可以委托专业调查公司进行调查，以保证调查进度和进展。

此外，调查者应该秉着诚恳和亲切的态度，积极运用沟通技巧，切忌态度冷淡、以自我为中心，以争取获得对方的支持和配合。

三、背景调查的实施

背景调查通常以电话提问的形式进行。具体提问内容和方式参见表3–7。

表3–7 背景调查典型问题表

您好！这里是××公司，我希望向贵公司核实××先生/女士的情况，他（她）目前正在申请本公司的相关职位，希望得到贵公司的大力支持！ 1. 请问他（她）在贵公司服务过吗？如果在，是从什么时间到什么时间？ 2. 他（她）在贵公司的工作岗位是什么？是否胜任？ 3. 他（她）离职前的待遇是怎样的？ 4. 他（她）的工作表现如何？ 5. 他（她）为什么离开贵公司？ 6. 贵公司是否愿意再雇佣他（她）？为什么？ 7. 他（她）最突出的优点是什么？缺点是什么？

【任务互动】

应聘者赵洁面试合格。在做出录用决策之前，人力资源部小丁需对其进行背景调查。请问：小丁应对赵洁展开哪些方面的调查？

赵洁情况简介：女，35岁，大专学历，会计师，有10年会计工作经验，之前一直在A公司工作。在A公司的月薪资为5 000元，现要求月薪资6 000元以上。离职原因：上班地点离家较远。

任务四　了解招聘评估

招聘评估是指对招聘的结果、成本和方法进行评估。一般情况下，每一次招聘工作结束后，都有必要对整个招聘工作进行总结和评价，目的是进一步提高下次招聘工作的效率。任何一个完整的招聘过程，都应该有招聘评估的环节。

招聘评估通常包括以下三个方面：

1. 招聘成本效益评估

招聘成本效益评估是指对招聘中的费用进行调查、核实，并对照预算进行评价的过程。它是鉴定招聘效率的一个重要指标。

招聘单价＝总经费（元）/录用人数（人）

【小贴士】

招聘成本的构成

招聘成本包括以下几个部分：

1. 直接成本。包括：广告费、招聘会费用、猎头费、中介费、员工推荐奖励费用、校园招聘费用等。

2. 内部成本。主要指招聘工作人员的工资、福利、差旅费及其他管理费用。

3. 外部成本。指招聘外地员工所产生的搬家费、安家费、探亲费和交通补贴等。

4. 机会成本。因录用一应聘者而未录用另一应聘者可能带来的成本。这是一种隐性成本。

2. 录用人员评估

录用人员评估是指根据招聘计划对录用人员的质量和数量进行评价。

具体采用以下指标评估：

（1）录用比=录用人数/应聘人数。

录用比越小，相对来说，录用者的素质越高。

（2）招聘完成比=录用人数/计划招聘人数。

招聘完成比等于1，说明在招聘数量上全面完成招聘计划任务。

（3）应聘比=应聘人数/计划招聘人数。

应聘比越大，说明发布招聘信息的效果越好，同时说明录用人员素质可能较高。

3. 招聘总结

招聘总结由招聘主要负责人撰写，是对招聘的实施、招聘工作中的优缺点进行仔细的回顾和分析。招聘总结的具体内容包括：招聘计划、招聘进程、招聘结果、招聘经费、招聘评定等。另外，招聘总结还应该作为一项重要的资料存档，为以后的招聘工作提供参考。

资料链接1

Cisco公司对招聘者的培训与评估

1999年Cisco向员工推出一项培训，教授招聘者专业的面谈技巧，所有的招聘经理都要学习这个课程。如果员工之前学过，也要不断复习，目的是让招聘者保持敏感度。

Cisco非常重视面谈的开始和结束，强调面试人员需要接受完整的培训课程。招聘者不只要懂得问什么问题，还要为应聘者提供一个愉快的环境，不要让应聘者等得太久。招聘者的一个责任是在面试程序上做总结，所有面试结束后都向应聘者征求意见，看自己有什么环节做得不好。Cisco美国公司做得更细致，如对应聘者进行电话跟踪，请他们谈谈对上次面试的看法，这样公司才能真正监督自己的招聘工作。

（资料来源：王挺，寇建涛．员工招聘．北京：北京大学出版社，2012.）

资料链接2

企业的另类测试法

笔迹测试 以色列一名叫利维森的企业主笃信笔迹分析，每个到他金属厂求职的人都要接受笔迹测验。有一次，他打算聘用一个私人司机，但他信任的笔迹分析专家正在放假。待笔迹分析专家回来后，利维森立即把司机的笔迹交给他看。分析的结果是，此人必须马上解雇，因为他办事的性格有鲁莽倾向。一星期后，这个被解雇的司机果然在一宗交通事故中身亡。

穿外套的面试 曾经有一家一流的大公司，刊登出招聘职员的广告。广告上声明，应聘者必须穿着外套。许多人感到这一条有些莫名其妙，但当他们接到通知，还是纷纷穿着外套前往面试。应聘者们被引入一间专门的办公室。办公室内只有一张办公桌和一把椅子，而椅子上端坐着主考官，办公室内再没有别的什么东西。主考官颇有礼貌地说了一句话："请把外套挂在衣帽架上，请坐！"说完又继续办他的事，看来他桌上有一大堆亟待处理的文件。应聘者出现了下面几种情况：

第一种人，规规矩矩地站在一旁，毫无动静、耐心地等待主考官把事情办完。

第二种人，很有礼貌地向主考官说："对不起，先生，你可能疏忽了，这儿并没有衣帽架和椅子。"

第三种人，先回答一声"好的"，然后四处找衣帽架和椅子，当发现没有这两样东西时，便手足无措地呆立在一旁，感觉浑身不自在，时不时弄点声音出来。

第四种人，勇敢地把话直截了当地说出来："话是这么说，可是，这里并没有衣帽架，也没有多的一把椅子。"

第五种人，走出办公室，找来找去，终于找到一把椅子。

原来，这家公司请应聘者穿着外套是为了测试其心理。根据应聘者的表现，公司将其归入不同类型，然后选择录用。公司的评价标准是：

第一、三种人——这种人有适应性，不做惊人的言论，领导才能较差，只适合做计算、执行等机械性的工作。

第二种人——表现与一般人不一样，他虽然很认真地将对方要求的不合理处指出，但他也考虑到对方"上司"的立场，处理问题很有分寸，他属于开拓性的领导人才。

第四种人——适于做业务员和推销员，他有积极的推销才能，性格坚韧，勇于向目标挑战。

第五种人——这种人的表现非常特殊，他的言行是走在时代的最前面，适合做公关策划二作。因为他善于动脑筋改变现状，但是常比他人多事。

一张纸的面试 某企业想招聘一名办公室人员，负责安排企业的对外联络业务，工作比较繁重，对学历要求不高，但一定要细心。公司采取了一张纸的面试。

在一间非常宽大的办公室内，坐着几位进行面试的考官，在考官前面大约五米远处放了一把椅子，供应聘者坐，一张纸"掉"在面试房间门口的旁边。应聘者中不乏名牌大学的毕业生，他们衣着讲究，头脑灵活，面对考官侃侃而谈。但对那张纸都毫不在意，有的甚至还一脚踏上去。

最后进来的是一位不起眼的大专生，当他进门时，发现地上有张纸，连忙把它捡起来，看了看，发现是空白纸，被踩脏了，就把它放在纸篓里。当看见椅子离考官比较远时，他把椅子往前挪了挪。公司最终录用了这位大专生。

实 训

一、思考与练习

1. 某公司现有以下职位空缺：销售主管1人、成本会计1人、文员1人、信息维护员1人。对这些职位，你会选择内部招聘还是外部招聘？

2. 当企业招聘高级专业技术人员时，适宜其选择的招聘渠道是（　　）。

A. 校园招聘　　B. 人才市场的现场招聘
C. 猎头公司　　D. 专业技术网站发布广告
E. 内部推荐

3. 假如你是某中型企业的招聘主管，公司出现了以下空缺职位：办公室文员、财务总监、服装设计师、销售代表、网络工程师，你会选择哪些外部招聘渠道进行招聘？

4. 新学期开始，你被任命为学生会体育部部长，需要招聘一批体育部成员。你会在招聘前做好哪些工作？

二、案例分析

案例1：哪个实习医生更好？

某医院新来了两位实习医生，小严和小任。他们都毕业于名牌医科大学的儿科专业，但有着不同的工作风格。小严认真遵守法定工作时间，从不迟到早退，一丝不苟地做好份内工作，几乎杜绝了任何差错；小任则特别勤奋，主动身兼数职，如为小病号量体温、给小病人喂饭、帮家长定食谱、推病人去拍X光片等，积极投入，经常加班加点，结果由于缺乏必要的休息而使自己疲劳不堪，还因此造成了一些工作失误。

实习期结束了，医院要正式录用一名实习医生。

思考：你认为应该选谁呢？请说明你的理由。

案例2：综合选拔

一天，“森林之王”狮子的门卫狗先生因病去世，狮王让办公室主任熊博士聘请一位新门卫。熊博士起草了一份《狮王办公室关于门卫的考核聘任细则》。第二天，成立了“狮王办公室考核聘任领导小组”。第三天，招聘工作正式开始。由于是公开招聘，前来报名的兽竟达三万多只。初选后，只剩下四名合格者：猎豹、猎鹰、旗鱼和鸭子。接下来的复试要进行三场比赛，以决定谁能最后胜出。

第一场比赛，赛跑。地点选在狮王别墅的跑道上。比赛结果：第一名，猎豹；第二名，猎鹰；第三名，鸭子；旗鱼弃权。

第二场比赛，飞行。地点选在狮王别墅的上空。比赛结果：第一名，猎鹰；第二名，鸭子；旗鱼和猎豹弃权。

第三场比赛，游泳。地点选在狮王别墅的游泳池。比赛结果：第一名，旗鱼；第二名，鸭子；第三名，猎豹；猎鹰弃权。

综合成绩排名：第一名，鸭子；第二名，猎鹰；第三名，猎豹；第四名，旗鱼。

熊博士马上宣布，根据考核结果，综合成绩最高的“全能冠军”鸭先生被聘为狮王门卫。这个结果招致了多方的质疑。

为此，熊博士召开了一个记者招待会。

记者问：“很多兽都认为，鸭先生并不适合做门卫，你怎么看待这些观点?”

熊：“先制定方案，后选拔兽才，这是公平的。”

记者问：“很多兽认为，应聘者中有比鸭更适合做门卫的，比如猎豹。”

熊：“这些兽看事情太片面，如果小偷飞到空中，猎豹只能干瞪眼。”

记：“如此说来，猎鹰比鸭子更合适。”

熊：“如果小偷跑到水里，我不知道猎鹰有什么办法?”

记：“如果在水里，旗鱼应该最合适。”

熊：“如果小偷逃上岸，旗鱼能追上它吗?”

记者哑口无言。

熊：“所以，鸭子先生是综合成绩最好的，也是最适合狮王门卫岗位的。而且，我认为，今后各行各业的选拔，都应参照我们的考核聘任办法，以选拔出高素质、全能型的兽才。”

思考：你认为本次招聘是否成功？为什么？该招聘存在着哪些问题？

案例3：东莞某机械制造公司的招聘困境

东莞某机械制造公司因业务扩大急需增加两条生产线的设备和50名有工作经验的电焊工。人力资源部沈经理制订了招聘计划，通过多种渠道招人，最后通过中介机构和现场招聘一共面试了100余人，但能过关的寥寥无几。于是，他只好亲自带着下属分赴湖南等劳务输出地，甚至不惜重金向当地中介机构“买”人，但经过一个月的奔波，该公司仅招到20名电焊工。不知不觉，此次招聘，仅广告费、现场招聘会支出、差旅花销等费用已经上升到8万元了。

此时，他又碰到了新问题：新来的一些员工或因工作能力差而被生产部辞退，或由于各种原因要离职，有些老员工还因不堪加班重负而要求劳动仲裁。另外，年底要决定一些合同即将到期员工的去留……

生产部的责备和下属的抱怨让沈经理很头痛，总经理也责问他为何招工成本急剧上升却没有招到多少人，最后下达命令必须一个月内解决用人需求问题。

一边是忙着四处招人，为新来的员工办理入职手续、上岗培训，另一边是忙着跟老员工谈判、做思想工作、办离职手续、解决劳动纠纷……烦琐的人事工作让沈经理焦头烂额。眼看着最后的期限就要来临，仍有几十个人没到位，心力交瘁的沈经理甚至面临着被辞退的尴尬。

思考：请你为沈经理出谋划策，如何才能解决该公司的招聘问题。

案例 4：大盛公司的招聘

大盛公司是一家跨国公司在中国的子公司，以研制、生产、销售药品为主。随着生产业务的扩大，为了对生产部门的人力资源进行更有效的管理，公司决定在生产部设立一个新职位，主要负责生产部与人力资源部之间的协调工作。生产部许经理提出从外部招聘合适的人员。人力资源部决定马上发布招聘信息，在发布招聘广告的渠道上有两种选择：一是在本行业的专业杂志上，费用为 3 000 元；二是在本地区发行量最大的报纸上，费月是 9 000 元。人力资源部把两个方案向公司主管领导作了汇报，反馈的意见是选择第二种方案。因为，公司在中国处于发展初期，知名度不高，应抓住发布招聘广告的机会扩大公司的影响。

在接下来的 7 天里，人力资源部共收到了 800 多份简历，他们先从中挑出 70 份候选简历，然后再次筛选，最后确定了 5 名应聘者。人力资源部宋经理把候选人名单交给了生产部，许经理从中挑选了两人：宋强和李平，并决定和人力资源部经理一起对他们进行面试，根据面试结果决定最终人选。在面试过程中，两位经理发现两位候选人基本条件相当，对他们都比较满意。其中，尽管李平以前曾在两个单位工作过，但没有最近工作过的单位主管的评价材料。

面试结束后，人力资源部告知两人在一周后等待通知。在此期间，朱强静候通知；而李平打过两次电话给人力资源部经理，第一次表示感谢，第二次表示渴望这份工作。

面试后，生产部经理和人力资源部经理共同商量何人可录用。生产部许经理问："两位候选人看来都不错，你认为哪一位更合适呢?"人力资源部宋经理说："两位候选人都合格，只是李平的第二位主管给的材料太少，但是，这也不能说明他有什么不好的背景，你的意见呢?"许经理回答说："很好，宋经理，显然你我对李平都有很好的印象，尽管他有点圆滑，但我相信是可以管理好的。""既然他与你共事，当然由你做出决定，明天就通知他来工作。"宋经理说。

李平进入公司工作 6 个月了，公司发现，他的工作没有预期的那么好，指定的工作经常不能按时完成，有时甚至难以胜任工作，这引起了管理层的不满。

思考：

1. 本次招聘是否成功?
2. 该公司招聘方案的选择合理吗?
3. 为什么大盛公司没有招到合适的人才?

案例 5：行政助理的招聘

北京某外资公司因发展需要在 2011 年 10 月底从外部招聘新员工。其间先后招聘了两位行政助理（女性），结果都失败了。具体情况如下：

第一位 A 入职的第二天就没来上班，没有来电话，上午公司打电话联系不到她本人。经她弟弟解释，她不打算来公司上班了，具体原因没有说明。下午，她本人终于接电话，不肯来公司说明辞职原因。三天后，她又来公司，中间反复两次，最终决定不上班了。她的工作职责是负责前台接待。入职当天晚上公司举行了聚餐，她和同事谈得也挺愉快。她自述的辞职原因：工作内容和自己预期不一样，琐碎繁杂，觉得自己无法胜任前台工作。

HR 对她的印象：内向，有想法，不甘于做琐碎、接待人的工作，对批评（即使是善意的）非常敏感。

第二位 B 工作十天后辞职。B 的工作职责是负责前台接待、出纳、办公用品采购、公司证照办理与变更手续等。自述辞职原因：奶奶病故了，需要辞职在家照顾爷爷（但是当天身穿大红毛衣，化彩妆）。HR 对她的印象：形象极好、思路清晰、沟通能力强，行政工作经验丰富。总经理印象：商务礼仪不好，经常是小孩姿态，喜欢撒娇，需要进行商务礼仪的培训。

公司招聘流程回顾：①公司在网上发布招聘信息。②总经理亲自筛选简历。筛选标准：本科应届毕业生或者年轻的，须提供照片，长相漂亮的，最好是名校毕业的。③面试：如果总经理有时间就由总经理直接面试。如果总经理没时间就由 HR 进行初步面试，总经理最终面试。新员工的工作岗位、职责、薪资、入职时间都由总经理定。④面试合格后录用，没有入职前培训，直接进入工作。

公司背景：此公司是一国外 SP 公司在中国投资的独资子公司，主营业务是为电信运营商提供技术支持，提供手机移动增值服务和手机广告。该公司所处行业为高科技行业，薪酬待遇高于其他传统行业。公司位于北京繁华商业区的某著名写字楼，对白领女性具有很强的吸引力。总经理为外国人，在中国留过学，自认为对中国很了解。

被招聘员工的背景：

A，23 岁，北京人，专科就读于北京工商大学，后专升本就读于中国人民大学。2004 年 1 月到 12 月期间，做过一年少儿剑桥英语的教师。

B，21 岁，北京人。学历大专，就读于中央广播电视大学电子商务专业。上学期间在两个单位工作过：一个为拍卖公司，另一个为电信设备公司。职务分别为商务助理和行政助理。B 于 2004 年曾参加瑞丽封面女孩华北赛区复赛，这说明 B 的形象气质均佳。

思考：为什么该公司招聘行政助理两次都失败了？

模块四　员工培训

【知识目标】

1. 认识培训的含义和作用
2. 了解培训的流程
3. 了解培训需求分析的方法
4. 了解培训方案的构成要素
5. 了解培训的形式
6. 熟悉培训的方式
7. 掌握培训的原则
8. 认识培训评估的作用
9. 了解培训评估的内容
10. 了解培训评估的反馈与管理

【技能目标】

1. 掌握培训需求分析的步骤
2. 熟悉培训准备工作的内容
3. 了解技能培训的方法和要点
4. 掌握培训评估方法的运用

【任务引导】

假如你是培训助理，现在培训经理告诉你公司即将进行一次新员工培训，并给你一份新员工培训计划，请你做好相关的准备工作。你会如何展开工作呢？

【案例引导】

一次培训风波

这是现代物流培训的课堂。培训师站在讲台上时而嘴中念念有词，时而在白板上书写着。但是讲台下面却骚动不安。中间下课休息时，学员聚在一起讨论开了：

小 A：老实说，你们觉得这位名师讲得如何？我可是耐着性子听了一天半的课了，本以为他可能会讲些实用的内容，可是这三天的培训课快完了，他还是一个劲地讲什么第三方物流啊，什么供应链啊，这和我们做仓储的有多大关系啊？

小 B：我们的主管在培训前可是早已经发话啦，受训完回岗可是有任务的！我是做运输的，我想知道如何解决运输中的突发事故，比如发错货了，途中遭劫或货物被人做手脚了，应该怎么处理。可是上了这么久的课还是没有真正的收获啊。

小C：这可不行啊，我们可是花了大价钱请他来上课的！平常我们那么忙碌，能坐到这里听课非常不容易啊。要不是看他斯斯文文的样子，换作以前在学校上课，我早就提议大家将他赶下台了！

小A：我们在这里抱怨也没用啊，还是快想想办法吧。要不我们将这些情况向培训负责人反馈一下？

小B：对！对！我们花钱并不是坐在这里听听课就行了，他虽然讲得都没错，但对我们没用啊！这些想法一定要讲出来！

[资料来源：劳动和社会保障部，中国职工教育和职业培训协会．企业培训师教材：助理、企业培训师（下）．北京：新华出版社，2008.]

思考：本次培训过程可能存在着哪些问题？

项目1　员工培训基础知识

任务一　认识员工培训的含义和作用

培训的字面含义是“培养和训练”，员工培训是指将组织目标和员工个人发展目标相结合，使员工能在自己现有或将来的岗位上胜任其工作而进行的一切有计划、有组织的学习和训练活动。学习和训练的内容主要是知识、技能和工作态度。

培训是人力资源管理的一项基本职能，在吸引、激励、留住人才和企业发展中发挥着越来越重要的作用。从员工角度看，培训是为了提高其知识和技能，改善其工作态度，可满足员工职业生涯发展的需要；从职位要求看，培训是为了满足职位的技能要求，改进现有职位员工的绩效；从组织角度说，培训是为了满足企业当前和长远的发展需要。总之，通过员工培训，可以实现提高个人绩效、企业整体绩效，增强企业竞争优势等多方面的目的。

【小贴士】

培训的收益有多大？

根据20世纪90年代美国企业调查统计结果，对员工培训每投入1美元就能得到50美元的经济效益。

摩托罗拉公司1992年在员工教育方面增加经费400万美元，新增培训科目100种，公司由此获利5亿元。

在我国，据苏州市的一项调查，经过培训的员工同未经培训的员工相比，完成产量高出10.8%，产品合格率高出6%，工具损耗率低40%，创造净产值高达90%。

（资料来源：秦璐，王国颖．人力资源管理．广州：中山大学出版社，2006.）

任务二　了解员工培训的流程

员工培训在人力资源管理中扮演着重要的角色，那么员工培训工作究竟如何开展呢？下面我们就来了解员工培训的基本流程，如图 4-1 所示。

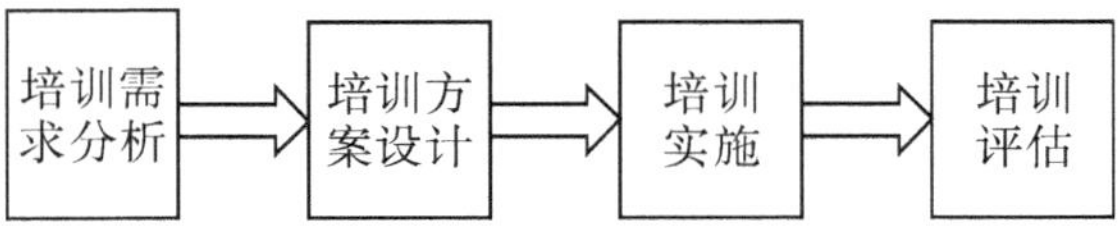

图 4-1　员工培训流程图

在该流程中，培训需求分析是员工培训的关键和前提，培训方案设计是员工培训的基础，培训实施环节则是员工培训的核心，培训评估是员工培训质量的保障。四者相辅相成，缺一不可。

项目 2　员工培训需求分析

任务一　掌握培训需求分析的步骤

【案例分析】

昂贵的培训费为什么只买来“轰动效应”？

某公司新上任的人力资源经理李军发现，公司缺乏必要的培训，因此他准备以培训工作为要点提升人力资源管理的地位。他向公司提交了一份全员培训计划并获得了批准。李军计划开展一次大规模的脱产计算机培训活动，包括总经理和一线生产工人的全体人员都被要求参加此项培训，培训期为一周。公司为此次培训支付了 15 万元的培训费。可是一周的培训过后，大家议论最多的便是对培训效果的不满。除了办公室的几名员工和 45 岁以上的几名中层干部觉得有所收获外，其他员工要么觉得收效甚微，要么觉得学而无用，昂贵的培训费只买来了“轰动效应”，人力资源部是花公司的钱来作秀。听到种种议论，李军深感委屈：给员工灌输一些新知识怎么效果不理想呢？在当今竞争环境下，学点计算机知识应该是很有用的，怎么不受欢迎呢？

（资料来源：顾文静．人力资源管理仿真综合实习教程．北京：经济科学出版社，2010.）

思考：

1. 为什么昂贵的培训费只买来“轰动效应”？
2. 在什么情况下适合采用全员培训的方式？

从上述案例我们不难看出，该公司培训失败的主要原因在于培训需求分析环节的缺失。因为没有进行培训需求分析，所以这次培训就成了无的放矢，难见成效。

显然，培训的成功与否在很大程度上取决于需求分析是否准确和有效。培训需求分析就是采用科学的方法弄清谁最需要培训、为什么要培训、培训什么等问题，并进行深入探索研究的过程。它具有很强的指导性，是确定培训目标、设计培训计划、有效实施培训的前提，是现代培训活动的首要环节，是培训成功的关键步骤。

那么培训需求分析应如何进行呢?

一、寻找绩效差距

可从三个层面寻找绩效差距：

1. 从组织层面

通过对同行业、同类型企业经营发展状况、利润指标等多个角度进行比较分析，也可以通过对公司发展战略的阶段性指标或年度计划进行对比分析，以找出本公司现状与其他公司之间的差距，或公司不用时期的经营状况差距。

2. 从任务层面

从不同岗位的工作任务出发，确定各项任务要达到的指标，以及完成这些任务所必需的知识、技能和态度，将其与现任职者或即将任职者进行衡量比对，从而找出与岗位要求的差距。

3. 从员工层面

把公司期望的绩效标准与员工实际工作绩效进行对比分析，当绩效水平下降或低于标准时，找出绩效差距。

只有找出存在绩效差距的地方，才能明确改进的目标，进而确定能否通过培训手段消除差距，达到提高员工绩效的目的。

二、分析绩效差距产生的原因

发现了绩效差距的存在，并不等于完成了培训需求分析，还必须寻找产生差距的原因。因为不是所有的绩效差距都可以通过培训去消除或缩小。有的绩效差距是由环境或技术设备等原因所致，有的绩效差距是因为企业激励制度不科学所致，如某公司在绩效考核中发现销售人员都没有完成年度销售指标，主要是因为公司的工资制度缺乏激励性，这种问题所致的绩效差距就不是通过培训可以解决的，必须对症下药，寻找适合的解决办法。只有针对员工存在知识、技能等方面能力不足的情况而导致的绩效差距时，培训才是必需和必要的。

一般来说，以下情形都存在着培训的需求：

（1）新员工进入；

（2）新技术、新产品对员工提出新技能要求；

（3）随着公司发展而对岗位提出更高的绩效标准；

（4）顾客需求的变化对员工提出新技能要求；
（5）因基本技能缺乏而导致员工绩效不佳；
（6）职位变动；
（7）法律、法规对岗位工作提出的新要求。

【任务互动】

请问以下情形是否需要进行培训（或存在培训需求）？

1. 小李刚刚从车间文员提拔到招聘助理的岗位；

2. 小赵到销售部已经有一个月了，还是不能准确地介绍公司产品；

3. 据顾客反映，公司前台礼仪差，语言随意，效率低；

4. 采购助理小王已经连续3个月没完成工作任务了；

5. 公司新引进了一种财务软件，该软件的运用将极大地提高公司财务管理的效率，但财务部尚无一人懂得操作该软件；

6. 公司的质检标准必须和国际接轨，因此产品质检合格率应该由以前的90%提高到100%。质量部正为如何达成这一高标准而忧心忡忡。

三、确定解决方案，产生培训需求

找出了差距产生的原因，确定应该采用培训方法来消除差距时，则需要进一步明确培训的对象、内容等相关因素，初步提出解决方案，产生真正的培训需求。

从一定程度上说，培训需求分析就是做寻找差距的工作，而培训就是做消除和缩小差距的工作。

【小贴士】

海尔公司的培训需求主要来自三个渠道：

1. 员工在实际工作中反映出来的问题；

2. 员工根据自己的发展需求申报；

3. 组织调查及工作业绩考核等。

任务二　了解培训需求分析的方法

培训需求分析的方法有很多，下面介绍几种主要的分析方法。

1．绩效分析法

该方法通过绩效考评结果，分析部门、个人绩效不良的原因，寻找解决问题的办法，直至找出部门和个人培训需求。

2. 组织要因分析法

根据组织的战略、组织经营计划，找出组织高层、中层、基层为达成目标或完成计划所存在的差距及管理过程所发生的问题，从而找出培训需求。

3. 岗位工作要因分析法

据岗位职责、岗位任职资格要求岗位员工需达到的知识、技能和能力要求，对照岗位员工所存在的不足和差异，找出培训需求。

4. 关键事件法

对企业在经营生产过程中所发生的重大、关键的不良事故进行分析，为解决这些重大问题，达成标准化作业所产生的一系列突发性培训需求。

5. 访谈法

通过与高层领导、专家、部门负责人或员工等进行访谈，从而了解培训需求。

6. 观察法

通过观察员工的现场表现，了解其与期望标准的差距来确定培训需求。

7. 测试法

通过考试和测试了解员工技能的不足，从而找出培训需求。如通过安全知识测试结果可以准确把握是否需要对员工进行安全培训。

8. 问卷调查法。

通过发放问卷的方式，调查了解部门和员工培训需求。

【小贴士】

访谈法举例

对领导的访谈：

1. 您对目前的管理团队是否满意？请具体说明。
2. 您认为目前的管理人员急需提高哪些方面的能力和素质？请举例说明。
3. 您对本部门的工作绩效满意吗？有哪些需要改进的地方？您将如何做？

对员工的访谈：

1. 你是否参加过与本专业相关的培训？
2. 根据工作需要，你认为自己迫切需要提高的技能是什么？
3. 你最需要培训的内容是什么？
4. 你最喜欢的培训方式是什么？

对部门的访谈：

1. 明年本部门业务会有什么变化？
2. 现有人员的工作技能有哪些不足？
3. 本部门岗位会有什么变化？
4. 对今年的培训有何看法？
5. 对培训工作有何建议？

【案例分析】

小李为什么变了?

小李是新入厂的大专生，聪明又能干。分到电工班不到一个月，他很快就掌握了本岗位的基本技能。可是刘班长最近发现，小李不像刚来时那么精神了。一打听才知道，小李虽然工作能力强，但很难和别人相处。有人说他脾气古怪，有人说他看不起人、太狂，有人说他干活太奸猾，不爱帮助人。班里的老师傅们对小李越来越排斥，小李也很苦恼，工作状态也越来越糟了。

思考：

1. 小李是否需要培训？为什么？
2. 可以通过哪些方法确定小李的培训需求？
3. 小李需要参加哪些项目的培训？

项目 3　培训方案、形式及原则

任务一　了解培训方案的构成要素

进行这部分内容的学习之前，请先看下面的一个培训方案。

【案例分析】

某集团公司是由三个企业合并而成的现代化大型企业，为了规范公司的班组管理工作，提升班组管理水平，公司领导要求培训部对公司所有班组长进行一次素质摸底，在此基础上开发一个培训项目。

培训部组织了 1 名高级企业培训师、2 名企业培训师、1 名助理企业培训师共 4 人，历时 1 个月，通过采取问卷调查、面谈、民主评议、技能测试等方式，基本摸清了所有班组长的素质情况：公司 210 名班组长中，70 名称职，但需要尽快熟悉新的班组管理规范；20 名不称职，建议予以解聘；120 名班组长不同程度地存在安全应急情况处理能力偏低，成本管理意识、质量管理意识淡薄，工作方法比较简单，不重视班组技术业务学习等问题。其中 79 名班组长不会操作计算机，如不进行系统培训，难以适应公司发展要求。

在进行调研的基础上，培训部拟认了班组长岗位的培训开发方案。

班组长岗位的培训方案

一、开展此次培训的基本目的

根据公司组织结构调整对班组管理的新要求，统一规范全公司的班组管理，解决班组长队伍中不同程度存在的安全应急情况处理能力偏低，成本管理意识、质量管理意识淡薄，工作方法比较简单，不重视班组技术业务学习等问题，提升班组长队伍的管理能力；解决部分班组长不会操作计算机问题以及难以适应生产发展现代化要求等问题。

二、培训对象

所有继续留岗的班组长，共计190名。

三、培训项目的目标

1. 使全体在岗班组长（190名）熟悉并能使用集团公司新制定的有关文件，对班组进行规范管理；

2. 提高120名班组长的安全应急情况处理能力，强化成本管理和质量管理意识，改进工作方法，实现班组科学管理；

3. 使79名班组长基本掌握计算机的操作技能，以适应公司现代化发展的需要。

四、培训项目的具体内容

1. 对所有190名班组长进行新的班组管理规范培训，内容为：公司有关管理规范方面的各项政策要求；

2. 对其中120名班组长进行安全应急情况处理能力、成本管理、质量管理、工作方法、班组技术业务学习等内容的培训，内容为：安全生产相关知识讲座、技能培训和案例分析、班组生产现场管理（5S管理）的基本知识讲座和案例分析；

3. 对其中79名不会操作计算机的班组长进行系统的计算机基本操作技能培训，内容为：计算机操作基本常识、办公自动化软件的使用方法、网络基本知识及网络基本使用方法训练。

五、培训形式与方法

以上培训均采用脱产内训以及集中培训与分类培训相结合的形式。培训方法主要采用讲授法、案例法、讨论法，计算机操作培训以实操为主。考核方式采用闭卷、实操和撰写学习收获三种方式进行。

六、培训周期

整个培训工作从5月11日开始至6月30日结束，历时一个半月。

1. 班组长管理规范培训从5月11日开始至15日结束，历时5天；

2. 安全应急情况处理能力、成本管理、质量管理、工作方法、班组技术业务学习等内容的培训，从5月16日至5月30日，计划15天完成；

3. 计算机基本操作技能的培训，从5月31日至6月30日，计划一个月时间完成。

七、培训预算

总计约5万元（具体情况见附表）。培训费用从职工培训经费中列支。

八、培训项目的评估

培训结束后，针对参培对象所接受的培训项目，由企管处、人力资源管理处和培训中心共同组织命题，进行笔试和答辩。两项均通过为培训合格，可上岗工作。不合格者进行补考，仍不合格者由人力资源管理处另行安排工作。

［资料来源：劳动和社会保障部，中国职工教育和职业培训协会．企业培训师教材：助理、企业培训师（下）．北京：新华出版社，2008.］

从上述案例中，我们不难发现培训方案的基本构成要素，归纳如下：

（1）培训目的。回答为什么培训的问题。明确培训目的，将培训导向成功。

（2）培训目标。主要解决培训要达到什么标准的问题，在培训目的的基础上进行确定。为便于操作，确保培训的有效性，培训目标应尽可能具体化。比如：

销售人员的培训目标——两周内能够流利地介绍本公司的全部产品；

招聘专员的培训目标——本月内，能够熟练处理以下工作：拟定招聘启事、选择招聘渠道、制订招聘方案、筛选简历、拟定面试安排表等。

（3）培训对象。回答谁需要参加培训的问题。

（4）培训内容。回答培训什么的问题。

（5）培训机构和教师的选择。需了解培训机构服务过的客户、企业。培训机构对本行业和企业的了解程度如何；声誉状况如何；收费情况；教师与培训内容的关联度等。

（6）培训形式。指培训所采用的组织形式，如集中培训与分散培训，在职培训与脱产培训，企业内训与外训等。

（7）培训方式。指培训教学工作所采用的具体手段。如讲授法、案例法、角色扮演法、现场教学等。

（8）培训时间。培训时间的安排通常受培训内容、经费、培训对象的特殊性等因素的影响。如专题报告一般安排一天左右即可；较为复杂的培训内容，一般要集中培训，时间根据培训内容而定，有的可以安排在双休日或分阶段进行。同时，培训时还需要选择时机，一般不要安排在工作任务比较繁忙的时段进行；不能过于超前，也不能滞后于工作需要。比如企业准备引进新设备，那么合理的培训时间应在设备引进之前，这样员工可以及时地使用新设备，如在设备引进之后再培训，就会造成设备有一段时间的闲置和浪费。

（9）培训地点。是指培训的所在地和场所。合适的培训地点能够增加培训的效果，为培训成功创造有利条件。培训地点的选择受培训内容和培训方式等因素的影响。如针对个人的岗位技能培训，安排在工作现场或车间即可。若是集中培训，则应以方便和经济为原则选择培训地点。采取讲授法，应当安排在教室；使用讨论法，应安排在会议室；采取游戏法，则应该选择活动范围较大的地方。

（10）培训预算。这是反映培训投入与培训成本的一个指标。

（11）考评方式。每个培训项目实施后，均要对培训对象进行考评或评估，这也是对培训效果的一个检验。考评方式一般分为笔试（含开卷、闭卷）、面试（如答辩等）、操作三种方式。

任务二　了解培训形式的运用

培训有多种形式，不同的形式适用于不同的职位和培训对象，所耗的成本和产生的效果也各不相同。除了集中培训、分散培训、在职培训、企业内训与外训等多种培训形式外，下面介绍几种特殊的培训形式。

1. 脱产培训

指的是员工暂时停止工作，集中到培训地点学习。这种培训形式可以让员工集中精力，心无旁骛，专注于学习。

2. 职务代理

该形式一般针对管理职位。具体做法是：为管理者指定职位代理人，代理人是该管理者的下属或平级同事。当该管理者出差或请假时，由代理人代理其工作，承担直接责任。

3. 接班人计划

具体做法是，管理者指定并培养自己的接班人，当没有接班人可以代替并胜任其工作时，该管理者不得升迁或职务轮调。

4. 轮岗

即轮换不同的岗位。这也是一种特殊的培训形式，在不同的岗位学习以适应不同的工作内容，边做边学。这种形式在培养和留住人才、人才晋升等方面成效明显。

资料链接

麦当劳的接班人计划

麦当劳在培养员工方面有一个特点：无论管理人员多么出色，工作多么勤奋，如果没有预先培养出自己的接班人，那么其在公司的晋升就将不在考虑范围。这个重要的规定保证了麦当劳的管理层不会出现青黄不接的可能。由于关系到自己的升迁，所以促使每个领导都会尽心地培养下级，保证每个优秀的人都能有发展的空间。中国人历来有“枪打出头鸟”的说法，常常上级不会去培养下级，如果一个下级表现得过于优秀甚至会遭遇上司的打压。正是这种不能容人的态度限制了团队的发展。恰恰相反的是，正是这种从上自下的培训风气，使麦当劳永远充满了竞争力。

IBM 的“长板凳”接班人计划

“Bench（长板凳）计划”，即接班人计划，是 IBM 完善员工培训体系中的一部分。“Bench 计划”这一名称，最早起源于美国。在举行棒球比赛时，棒球场旁边往往放着一条长板凳，上面坐着很多替补球员。每当比赛要换人时，长板凳上的第一个人就上场，而长板凳上原来的第二个人则坐到第一个位置上去，刚刚换下来的人则坐到最后一个位置上去。这种现象与 IBM 的接班人计划及其表格里的形状非常相似。IBM 的“Bench 计划”由此得名。

“接班人”决定未来。IBM 要求主管级以上员工将培养手下员工作为自己业绩的一部分。每个主管级以上员工在上任伊始，都有一个硬性目标：确定自己的位置在一两年内由谁接任；三四年内由谁来接；甚至主管人员突然离开了，谁可以接替，以此发掘出一批有才能的人。IBM 有意让他们知道公司发现了他们并重视他们的价值，然后为他们提供指导和各种各样的丰富经历，使他们有能力承担更高的职责。相反，如果你培养不出你的接班人，你就一直待在这个位置上好了。因为这是一个水涨船高的过程，你手下的人好，你才会更好。

“长板凳计划”实际上是一个完整的管理系统。由于接班人的成长关系到自己的位置和未来，所以经理层员工会尽力培养他们的接班人，帮助同事成长。当然，这些接班人并不一定就会接替某个位置，但由此形成了一个接班群，员工看到了职业前途，自然会坚定不移地向上发展。

（资料来源：夏光．人力资源管理案例·习题集．北京：机械工业出版社，2006.）

任务三　掌握培训的原则

在制订培训方案或培训计划的过程中，为充分发挥培训的作用，应当遵循以下基本原则：

1. 服务性原则

一方面，培训工作应当服务于企业当前经营发展的实际需要；另一方面，培训工作也要服务和服从于企业的战略和规划需要。培训工作如果脱离企业当前和长远的需要，那么培训工作就失去了它存在的价值和意义。

2. 目标性原则

拟订培训方案时，应当根据培训需求调查分析的结果明确培训的目标。目标界定需清晰、准确而具体，才能为后面的培训实施与培训评估奠定良好的基础，培训的效果才能有基本的保证。

3. 差异性原则

不同部门、不同岗位、不同员工对于培训的需求是有区别的，因此培训内容的设计应该有较大的区分度，个性化和有针对性的培训是保证培训效果的必要条件。生产人员、技术人员和管理人员的培训需求不同，培训课程的设计也应是不同的。同为管理人员，因岗位需求有别，基层、中层和高层管理人员也应当分别接受不同的培训课程。同时需注意的是，在培训经费和条件有限的情况下，培训不能“一刀切”或搞平均主义，应该适度向关键岗位倾斜。

4. 激励性原则

由企业出资帮助员工提高自身的知识和技能，等于是对员工做人力资源资本的投入，所以培训本身对员工就是一种激励，也是员工喜欢的一项福利。但为了确保培训激励的效果，在培训的过程中还需要采取合理的措施。比如在培训结束后，对员工进行考评，成绩优秀的给予奖励，考评不合格的不予上岗或补考。

5. 实效性原则

培训工作应当从企业和员工工作的实际需要出发，确定实用的培训目标，采用适合的培训方式，达到提高员工实际操作技能，进而提高工作绩效的目的。要贯彻实效性原则，应当对培训流程中的每一环节进行全面的控制和管理。如海尔公司“干什么学什么，缺什么补什么，急用先学，立竿见影”的做法较好地体现了实效性原则。

6. 经济性原则

实施培训需要投入金钱、人力和物力，应尽可能以最小的投入获得最大的收益。在费用一定的情况下，要使培训的效果最大化；或在培训效果一定的情况下，使培训的费用最小化。

【案例分析1】

DELL公司“太太式培训”

公司把销售经理比喻为销售新人的“太太”，销售经理像太太一样不断地在新人耳边唠叨、鼓励，才能让新人形成长期的良好销售习惯，从而让销售培训最终发挥作用。

培训由培训经理和销售经理一起完成。销售新人不仅向直线经理汇报，还要向培训经理汇报。培训经理承担技能培训和跟踪、考核职能（每周给销售新人排名，用E-mail把排名情况通知他们），销售经理承担教练和管理职能，通过新人的最终执行，达到提高业绩的目的。

先是为期三周的集中培训，由专家讲解销售的过程和技巧，邀请有经验的销售人员来分享经验。然后每周末召开会议，销售经理与培训经理都参加，检查新人上周进度，讨论分享工作心得，分析新的销售机会，制订下周的销售计划。销售经理与培训经理、新人们一起讨论新人的成长、下一步的走向。最终，“太太”在工作中能够自觉指导新人运用销售技巧，及时鼓励新人、有效管理新人。

“太太式培训”的效果非常惊人，可以用数字说明。没有“太太式培训”的时候，新人第一季度的平均销售业绩为20万美元，经过这样的培训，新人在第一季度的平均业绩达到56万美元，远远高于以前销售新人20万的销售业绩。

思考：DELL公司的培训是否收到了实效？该公司针对销售人员的培训体现了哪些培训原则？

【案例分析2】

麦当劳公司的培训

麦当劳公司训练部设有许多课程，就经理人员的培训来说，见习经理有一套4—6个月的课程，着重于基本应用，主要采用开放式、参与式讨论，培养不同的行动能力；升到二副时有一套5—6天的基本管理课程；升到一副则有一套中级管理课程；当了三年餐厅经理，就有机会去美国，接受高级的应用课程培训；再继续升迁，就做营业督导，同时管理几家店；再上升是营业经理，管一个地区等，每一步晋升总是和培训联系在一起。

（资料来源：http：//guide. ppsj. com. cn/art/2615/26159/. ）

思考：麦当劳公司的培训遵循了哪些培训原则？

【案例分析3】

别具一格的杜邦培训：为员工量体裁衣

作为化工界老大的杜邦公司在很多方面都独具特色。其中，公司为每一位员工提供独特的培训尤为突出。因而杜邦的“人员流动率”一直保持在很低的水平，在杜邦总部连续工作30年以上的员工随处可见，这在“人才流动成灾”的美国是十分难得的。

杜邦公司拥有一套系统的培训体系。虽然公司的培训协调员只有几个人，但他们却把培训工作开展得有声有色。每年，他们会根据杜邦公司员工的素质、各部门的业务发展需求等拟出一份培训大纲。上面清楚地列出该年度培训课程的题目、培训内容、培训教员、授课时间及地点等，并在年底前将大纲分发给杜邦各业务主管。根据员工的工作范围，结合员工的需求，参照培训大纲为每个员工制订一份培训计划，员工会按此计划参加培训。

杜邦公司还给员工提供平等、多元化的培训机会。每位员工都有机会接受像公司概况、商务英语写作、有效的办公室工作等内容的基本培训。公司还一直很重视对员工的潜能开发，会根据员工不同的教育背景、工作经验、职位需求提供不同的培训。培训范围从前台接待员的“电话英语”

到高级管理人员的“危机处理”。此外，如果员工认为社会上的某些课程会对自己的工作有所帮助，就可以向主管提出，公司就会合理地安排人员进行培训。

为了保证员工的整体素质，提高员工参加培训的积极性，杜邦公司实行了特殊教员制。公司的培训教员一部分是公司从社会上聘请的专业培训公司的教师或大学的教授、技术专家等，而更多的则是杜邦公司内部的资深员工。在杜邦公司，任何一位有业务或技术专长的员工，小到普通职员，大到资深经理都可作为知识教师给员工们讲授相关的业务知识。

思考：杜邦公司的培训遵循了哪些培训原则？

项目 4　培训的具体实施

任务一　熟悉培训前的准备工作

当培训需求调查完毕、培训方案或培训计划已经出台、培训工作就要开始前，培训部门需要做好哪些准备工作呢？

（1）教务管理。根据培训计划或方案，确定具体的授课内容、时间、地点、形式和授课培训师。

（2）对培训师的服务。应事先与培训师沟通，介绍培训班总体情况，并为其准备好教学所需的场地、设备、教具等；还需为培训师提供交通、餐饮、住宿等方面的必要帮助。

（3）学员组织与管理。包括：提前下发培训通知，根据学员报名回执，对学员进行登记、分组。同时需要制定培训班学员管理制度，主要内容包括学习纪律、秩序、课余活动、日常生活、学籍管理及学习考核安排等。

（4）场地设施准备。一要注意场地、设备和培训内容的对接，充分满足培训需要；二是要注意把握好交通条件和时机的选择，做到交通便利、利于学习。场地、设施、设备、教具等在培训前需检查并落实到位。

（5）学习材料准备。包括教材、讲义和辅助性材料等的准备。

（6）经费预算。培训前应落实培训预算，以确保培训所需的各项支出。

（7）后勤准备。包括茶水供应，集中培训的学员可能还需要安排住宿、提供餐饮等服务，培训前这些服务也需一一落实好。

以上这些培训准备工作是培训顺利实施的重要保障，虽烦琐细致，却缺一不可，培训部门在各项准备工作上不可掉以轻心。

【小贴士】

培训班通知的要求

1. 明确培训目的；2. 明确培训对象；3. 明确培训内容；4. 明确培训时间、地点；5. 明确培训师；6. 明确培训费用标准及收费方式；7. 明确与培训相关的其他内容（如联系人、电话、地址等）。

任务二　掌握培训方式的运用

培训方式指的是培训教学工作所采用的具体手段。培训方式适当与否会直接影响培训的效果。

一、常见的培训方式

1. 讲授法

这是一种传统的培训方式，由老师通过课程讲授，向学员系统地传授知识。讲授法具有系统性强、经济、高效等优点，但方法呆板，单向传播，缺乏互动性，从而影响培训效果。其主要适合于增长知识、提高理论水平的培训。

2. 案例研究法

是指为学员提供案例，让学员分析和评价案例，从而提出解决问题的建议和方案的培训方法。在运用该方法时，学员的参与性强，解决实际问题的能力进一步提高。例如，在海尔，所有培训必须采用案例教学方式进行，且案例必须是鲜活的、适应目前集团发展需求的。同时，为增强培训的实战性，海尔将传统的管理考核变为互动培训单，将工作索赔单变为培训单，把问题变成操作技能，并以日常工作中发生的实际例子作为培训案例展开对员工的培训。

3. 角色扮演法

是指在一个模拟的工作环境中，由学员扮演某种角色，借助角色的演练来理解角色的内容，模拟性地处理工作事务，从而提高处理各种问题的能力。

4. 视频培训法

利用现代视频技术（如投影仪、录像、电视、电影、电脑等工具）对员工进行培训。该方法生动形象，但成本较高，且学员处于被动地位，互动性较差，通常会作为培训的辅助手段。

5. 游戏训练法

以游戏的方式来对员工进行培训。该方式气氛轻松，形式活泼，学员在游戏中体会和学习培训内容。该方式适合于团队精神、沟通技巧等内容的培训。

【案例分析】

培训让我们肝胆相照

Bob和Roy都是公司的新员工，刚刚开始销售工作，整个销售团队也处于磨合阶段。为了让团队能更好地合作，公司给销售部设置了培训。培训中有个小游戏，Roy站在高高的桌子上，背对前方，然后直直向后倒下，Bob等其他人则手挽手地接住他。每个人都经历这个“把命交给同伴”的过程。自此，他们所在的团队在以后的销售战中格外团结，连创佳绩。Bob和Roy的友谊也是从那次培训开始的。之后，在管理培训中，Roy和Bob又经历了类似的游戏“信任杠”。一次次的市场拓展、客户开发，使他俩成为销售的“黄金搭档”。他们之间的默契、团队之间的合作无间，都让身在其中的成员无法轻易说“再见”。

二、特殊的培训方式

（1）技能示范法。是指组织技术能手或骨干到工作现场表演操作技术，或给其他戎员进行操作示范的方法。

（2）师傅带徒弟法。主要通过师傅带徒弟（或内部导师带徒工）、先进带落后、以老带新等方式，边干边教，边干边学，是一种实效较好的培训方式。

（3）模拟实战法。通过设定某一特定培训目标，针对工作与生产经营中出现的问题，让培训对象按照要求，模拟工作或生产经营的真实性进行运作。该方法让受训者身临其境，有真实的感觉，突出实践能力的培养。

（4）技能比赛法。该方法通过技能比赛，交流工作经验，并形成比、学、赶、帮、超的良好氛围，提高员工学习岗位技能的积极性。

例如：某新建的冶炼厂，建厂初期青年员工占81%。该厂坚持每年开展技术表演赛，并根据青年人争强好胜、富有表现欲的特点，竞赛时组织全体员工到现场观看，全体厂领导亲临观战，优胜者上电视、照片进橱窗、上报纸，并在相关班组做示范，收到了意想不到的效果。

（5）专题培训法。该方法的具体做法是：每次选择工作中或生产中遇到的问题，召开技术研讨会，大家共同讨论、消化、提高，每次力求解决一个问题，是“一事一题”的专题培训。

【小贴士】

为了更好地实施培训，海尔集团采用“到现场、用案例、即时式、互动式”的开发培训方式，而不是传统的坐在教室、教师集中授课的封闭式培训方式。

【案例分析】

师傅与徒弟

维修车间新来了一位新员工小刘。他工作热情很高，但是对机械设备维修养护一窍不通。张班长让班里技术最好的老孙带着小刘，想让小刘边干边学。可老孙是个“闷葫芦”，只顾自己干，把小刘晾在一边。小刘问个问题，老孙半天也不吭声。小刘自己看不懂，问也没人答，干活插不上手；老孙偶尔让小刘递个工具，小刘不是没听见，就是给拿错了。半个月下来，小刘什么也没有学会。

思考：

1. 本案例中，师傅带徒弟这种培训方式合适吗？
2. 这种培训方式有没有收到实效？为什么？
3. 如何才能做好对小刘的培训工作？

参考：

对老孙的心理分析：1. 认为师傅带徒弟就应该这样，想学点本事哪有那么容易，必须围着师傅递几年扳子才能学出来；2. 老孙本来就不善言谈，“茶壶煮饺子，有货倒不出”，不知道如何指导他人；3. 老孙不想教。把技术教给了他人，自己靠什么吃饭。

建议：班长与师傅老孙讨论后拟订一份培训计划，含各阶段的学习任务、要求与进度安排。必要时，需做通师傅的思想工作，并订立相应的激励办法。

任务三　了解技能培训的实施

【案例引导】

“五斗米”的培训模式

在重庆“五斗米”饮食文化有限公司中，强调的是培训的标准化和个性化。

对于标准化，“五斗米”包括两个层次，一个是服务人员的服务程序的标准，另一个是技术人员工作的标准化。

在“五斗米”饮食文化有限公司，每一位服务员在迎接客人时的程序都是一样的，说的每一句话也都是经过培训的，先介绍什么菜品，后介绍什么菜品，甚至什么酒倒在杯里是多少也是相同的，这就是培训标准化的结果，在培训前都对这些东西做了量化，培训时员工也是一一实践的。餐饮业的技术人员主要是指厨房里工作的员工，为了标准化，“五斗米”的培训是将食品全部定量，比如某一菜在锅里的时间，某佐料在某一菜品里的量都有标准，让员工按标准操作。

对于个性化，“五斗米”强调整个企业文化和服务的个性化。在培训的时候，“五斗米”会灌输给员工其独特的经营理念，同时设置多个场合，比如顾客喝醉了酒、顾客很挑剔、顾客心情不好等，通过对场景的剖析，制定“五斗米”处理的方案，即采取个性化的服务。

个性化还强调员工的个人魅力的培养。培训的时候，“五斗米”会通过测试了解每一个员工的个性特点，突出每一个人的服务个性。比如一个人的服务态度很好，另一个人的交际能力很强，或者是一个人的协调能力很强。通过个性化的培训来服务不同的顾客。

在培训员工解决问题的程序时，“五斗米”会把整个餐饮业的流程做详细的分解，然后让受训者融入具体的角色。为了使培训更加贴切，“五斗米”想到了自己的高招，那就是做情景案例。“五斗米”的培训一般是1/3的理论加2/3的操作。在理论方面，主要是一些服务领域的常规要求和工作流程。为了弥补理论的不足，“五斗米”将餐饮行业中可能出现的情况都制作成情景经典管理案例。这些情景经典管理案例也是来自第一线的，每次发现新的情况后，部门都会收集员工的实际经典管理案例，制定出典型经典管理案例。在培训中，培训师就把经典管理案例搬出来，针对一个具体的经典管理案例做分析，把员工当成事件的当事者，叫他们谈处理的方案。如果通过谈不能解决问题，“五斗米”还会让员工实际去操作这些经典管理案例。当然对于处理的方法，也不是只有一个正确的方案，员工需要针对不同的情景和不同的人来实施。最后，“五斗米”对培训结果进行评估和统计。

（资料来源：中国人力资源工作网.）

思考：你认为“五斗米”公司的培训有哪些特色？

一般说来，为了快速帮助员工掌握一项技能，最好的办法是将技能分解成一个个相对独立的操作步骤，反复示范、训练。表4-1是一个“打电话”的基本技能分解表。

表4-1　技能分解表

技能名称：“打电话”基本技能

工具与材料：电话机、电话号码簿、记录纸、记录笔

主要步骤	要　点
1. 确认对方	单位、姓名、电话号码
2. 拿起话筒	左手执话筒、右手执笔，落于记录纸上
3. 拨号	准确、连续
4. 告知本公司名称、本人姓名	使对方需回电话时可回溯
5. 阐述通话内容	发音清楚，谈话简明、准确，确认对方是否听清楚，确认自己理解了对方的意思
6. 放回话筒	告别、道谢3秒以后 若对方是领导，应由对方结束通话

［资料来源：劳动和社会保障部，中国职工教育和职业培训协会．企业培训师教材：助理、企业培训师（下）．北京：新华出版社，2008.］

根据技能分解表，实施培训的基本步骤和要点如下：

（1）营造学习的氛围。告知学员内容、激发其学习兴趣、帮助学员消除紧张感。

（2）传授操作技能。向学员讲解主要操作步骤，一边讲解，一边示范动作要领，同时写在黑板上；耐心、完整、清楚地向学员讲解；突出操作要点；注意观察学员接受情况，随时调整讲解节奏。

（3）请学员进行实际操作练习。及时纠正学员操作时的错误；请学员一边做一边进行

操作说明；请学员复述操作要点。

（4）检查培训效果。请学员在辅导员的陪同下开始工作；反复检查其工作情况；鼓励、引导学员提问；逐步放手让学员独立工作。

资料链接1

美国联合包裹速递服务公司的培训

UPS（United Package Service）是当今全球速递行业的四大巨头之一。新人进入公司伊始，要进行一些常规性的培训，如走一步要迈多大、如何娴熟地左手系安全带、右手插钥匙开启车门、与客户交流时怎样增强语气中的亲切感等。这样的培训自有其妙处。

例如，培训中要求快递员递货时钥匙要挂在左手的小指上，因为这样开关车门可以节省两秒钟的时间。一个人一件货物节省两秒钟时间，每天37万UPS人能节省多少时间？这是一笔多么巨大的财富。

面对特殊货物的时候，UPS员工还会接受个性化培训。一个比较经典的故事是这样的：UPS受托递送一批吉他，但客户要求，吉他送到收件方手中时，音色不能发生任何变化。长途飞行中货物的颠簸是难免的，为了完成客户所托，UPS专门送一些快递员去学习调音。这样，等到收件人收到吉他、拨弄琴弦时，他会惊喜地发现，吉他的音色美妙如初。

这种常规性和个性化相结合的培训，使新员工很快成为UPS的合格员工。

资料链接2

东京迪斯尼的清洁工培训

世界上有6个很大的迪斯尼乐园，在美国佛州和加州的这两个迪斯尼营业都有一段历史了，并创造了很好的业绩。不过全世界开得最成功的、生意最好的，却是日本东京迪斯尼。美国加州迪斯尼斯营业了25年，有2亿人参观；东京迪斯尼，最高纪录一年可以达到1 700万人参观。研究这个案例，看看东京迪斯尼是如何吸引回头客的。

重视员工培养，引客回头

开酒店或经营乐园，并不是希望客人只来一次。如果今天一对夫妇带孩子逛乐园，这孩子长大了以后会再来吗？他会带他的女朋友再来吗？将来他又生了孩子，他的小孩子又会再来吗？如果回答是肯定的，这才叫作引客回头。住酒店也是同样的道理，很少有酒店去注意一名客人会不会来第二次和第三次，所以只强调让客人来住店，却没有想到引客回头。因此，东京迪斯尼要让老客户回头，就得在这个问题上动脑筋。

到东京迪斯尼去游玩，人们不大可能碰到迪斯尼的经理，门口卖票和剪票的也许只会碰到一次，碰到最多的还是扫地的清洁工。所以东京迪斯尼对清洁员工非常重视，将更多的训练和教育集中在他们的身上。

从扫地的员工培训起

有些在东京迪斯尼扫地的员工是暑假工作的学生，虽然他们只工作两个月时间，但是培训他们扫地要花3天时间。

◆学扫地

第一天上午要培训如何扫地。扫地有3种扫把：一种是用来扫树叶的；一种是用来刮纸屑的；一种是用来掸灰尘的，这三种扫把的形状都不一样。怎样扫树叶，才不会让树叶飞起来？怎样刮纸屑，才能把纸屑刮得很好？怎样掸灰尘，才不会让灰尘飘起来？这些看似简单的动作却都应严格培训。而且扫地时还另有规定：开门时、关门时、中午吃饭时、距离客人15米以内等情况下都不能扫。这些规范都要认真培训，使员工严格遵守。

◆学照相

第一天下午学照相。十几台世界最先进的数码相机摆在一起，各种不同的品牌，每台都要学，因为客人会叫员工帮忙照相，可能会带世界上最新的照相机来这里度蜜月、旅行。如果员工不会照相，不知道这是什么东西，就不能满足顾客，所以学照相要学一个下午。

◆学包尿布

第二天上午学怎么给小孩子包尿布。孩子的妈妈可能会叫员工帮忙抱一下小孩，但如果员工不会抱小孩，动作不规范，不但不能给顾客帮忙，反而会增添顾客的麻烦。抱小孩的正确动作是：右手要扶住臀部，左手要托住背，左手食指要顶住颈椎，以防闪了小孩的腰，或弄伤颈椎。不但要会抱小孩，还要会替小孩换尿布。给小孩换尿布时要注意方向和姿势，应该把手摆在底下，尿布折成十字形，最后在尿布上面别上别针，这些地方都要认真培训，严格规范。

◆学辨识方向

第二天下午学辨识方向。有人要上洗手间，“右前方，约50米，第三号景点东，那个红色的房子”；有人要喝可乐，“左前方，约150米，第七号景点东，那个灰色的房子”；有人要买邮票，“前面约20米，第十一号景点，那个蓝条相间的房子”……顾客会问各种各样的问题，所以每一名员工要把整个迪斯尼的地图都熟记在脑子里，对迪斯尼的每一个方向和位置都要非常明确。

训练3天后，发给员工3把扫把，开始扫地。如果在迪斯尼里面，碰到这种员工，人们会觉得很舒服，下次会再来迪斯尼。这就是引客回头，这就是真正的员工面对顾客。

◆怎样与小孩讲话

游迪斯尼有很多小孩，这些小孩要跟大人讲话。迪斯尼的员工碰到小孩在问话，统统都要蹲下，蹲下后员工的眼睛跟小孩的眼睛要保持一个高度，不要让小孩子抬着头去跟员工讲话。因为那个是未来的顾客，将来都会再回来的，所以要特别重视。

◆怎样对待丢失的小孩

从开业到现在的十几年里，东京迪斯尼曾丢失过两万名小孩，但都找到了。重要的不是找到，而是在小孩子走丢后从不广播。如果这样广播：“全体妈妈请注意，全体妈妈请注意，这边有一个小孩子，穿着黑裙子白衬衫，不知道是谁家的小孩子，哭得半死……”所有妈妈都会吓一跳。既然叫作乐园就不能这样广播，一家乐园一天到晚丢小孩子，谁还敢来。所以在迪斯尼里设下了10个托儿中心，只要看到小孩走丢了，就用最快的速度把他送到托儿中心。从小孩的衣服、背包来判断大概是哪里人，衣服上有没有绣他们家族的姓氏；再问小孩，有没有哥哥、姐姐、弟弟、妹妹，来判断父母的年龄；有的小孩小得连妈妈的样子都描述不出来，也要想办法在网上开始寻找，尽量用最快的方法找到父母。然后用电车把父母立刻接到托儿中心，这时小孩正在喝可乐、吃薯条、啃汉堡，过得挺快乐，这才叫乐园。他们就这样在十几年里找到了两万名小孩，最难得的是从来不广播。

（资料来源：夏光．人力资源管理案例·习题集．北京：机械工业出版社，2006.）

项目 5　培训评估与反馈

任务一　认识培训评估的作用

培训评估是依据培训的目的和要求，从培训项目中收集信息和数据，运用一定的评估指标和方法，判断培训的价值和质量的过程。

培训评估是培训活动的最后一个步骤和环节，也是监督和检查培训效果的重要手段，它不仅可以监控此次培训是否达到了预期目的，而且有助于以后培训的改进和优化。良好的培训评估，可以判断出培训的有效性，发现培训中存在的问题，如学员的技能水平是否达到培训的标准、行为是否有所改变、培训管理和教学活动是否科学有效等。通过对这些问题的评估，可以促进工作的改善，提高培训效能，还能发现新的培训需求，并为下一轮的培训计划提供可靠的参考数据和信息。无论从哪些方面来看，培训评估工作都是十分重要的。只有重视培训的全面评估，才能改进培训质量，增强培训效果，降低培训成本。

任务二　掌握培训评估的标准

培训评估的内容或标准一般包括两个方面：

一是培训的效果，即培训目标是否实现，将培训结果与培训目标进行比较即可得出结论。如果培训目标未能实现，就可以判断出培训效果差或不佳，说明此次培训是失败的。

二是培训的效率，即培训是否以最有效的方式实现了预期的目标，既要评估费用成本，也要评估时间成本。在同样的培训效果下，费用最低、时间最短的培训才是最有效率的。通过培训效率的评估，可以对培训的方法进行优化。

在培训评估标准上，最为著名也最有代表性的是柯克帕特里克（Kirkpatrick）的四层次评估模型。内容如下：

第一层：反应层。指学员对培训的反应，对培训是否满意。

第二层：学习层。指学员对培训内容的掌握程度，在知识、技能方面的收获。

第三层：行为层。培训对员工工作行为的改变，也可以看作是对培训内容的运用。

第四层：效果/结果层。培训对企业和员工工作结果或绩效的改变，即经过培训，员工和企业的绩效是否都得到了改善和提高。

一般说来，培训评估的具体内容包括：课程设计的合理性、培训师的教学水平、培训方式、学习效果、时间安排、组织与准备工作、成本与效益等。

表 4-2 培训评估表

评估项目			很差——很好					请说明理由
课程内容	1	容易了解的程度	1	2	3	4	5	
	2	课程架构	1	2	3	4	5	
	3	练习活动	1	2	3	4	5	
课程材料	1	教材	1	2	3	4	5	
	2	辅导资料	1	2	3	4	5	
讲师表现	1	专业知识	1	2	3	4	5	
	2	教学技巧	1	2	3	4	5	
学员参与	1	本人参与度	1	2	3	4	5	
	2	他人参与度	1	2	3	4	5	
课程会务	1	课程进行	1	2	3	4	5	
	2	场地设备	1	2	3	4	5	
	3	餐饮与茶水	1	2	3	4	5	
对课程的整体意见			1	2	3	4	5	
其他意见和建议：								

任务三 了解培训评估方法的运用

培训评估的主要方法有：测试（含笔试、口试）、观察法、访谈法、座谈法、问卷调查法、绩效评估法、360 度评估法、心得体会法等。

通过这些方法，可以了解到学员学习培训的效果和对培训工作的看法与意见。但不同方法适用于不同的培训内容，具体运用情况见下表。

表 4-3 培训评估层次总表

层次	评估内容	评估方法	评估时间	评估单位
反应评估	衡量学员对培训课程、讲师与培训部门的满意度	问卷调查、面谈、观察法、座谈法	培训结束时	培训组织部门
学习评估	衡量学员对于培训内容、技巧、知识等的吸收与掌握程度	提问、笔试、口试、模拟练习、角色扮演、演讲、心得、报告与文章发表	培训结束时	培训组织部门
行为评估	衡量学员培训后的行为改变	问卷调查、行为观察、访谈法、绩效评估、360 度评估	培训后 3—6 个月内	学员的直接上级
结果评估	衡量培训后学员的业绩改变	绩效评估	6 个月以上	学员所属部门

【任务互动】

以下培训采用哪些评估方法比较合适？

1. 小李参加了计算机操作培训
2. 科长老张参加了团队管理培训
3. 新上任的主管赵小姐接受了沟通技巧培训
4. 新员工吴青参加了企业规章制度的培训
5. 销售代表李军接受了如何与顾客打交道的培训
6. 清洁工许姨参加了清洁技巧培训
7. 招聘专员参加了招聘技巧的培训

任务四　了解培训评估的反馈与管理

培训评估结束后，还需要做好评估结果的反馈与管理。

1．评估结果的反馈

培训评估部门应及时准确地将评估结果向相关部门和相关人员进行反馈，以促进培训工作的改进与完善，这也是培训评估工作的主要目的。

评估反馈的对象包括：应向学员反馈考评结果，以激励学员参加培训和工作的积极性；应向培训的各个支持部门进行反馈，肯定其优点，指出其不足，争取更多部门支持培训工作；应向培训师反馈，提醒并督促其积极地进行研究和改进，不断地提升和完善自我。

必要时，可召开一次评估工作总结会，邀请相关部门和人员参加，说明评估方法和评估结果，同时听取参会人员对评估结果的看法，讨论改进措施。这样可以做到培训评估价值的最大化。

反馈时还需注意对被评估者的知情权和隐私权的充分尊重，反馈方式要适当，以免对被评估者造成伤害。

2．培训评估的管理

培训评估结束后，培训部门应为员工建立培训档案，并将培训考评结果登记入档，列为员工未来晋升、调薪、考核等的依据之一。以下是一个员工培训档案的样表。

表 4–4　员工培训档案

姓　名		性　别		出生年月		身份证号码	
学　历		专　业		所属部门		职　位	
培训时间	培训课程	培训成绩	培训机构	所属部门	所在岗位	培训次数	备　注

实 训

一、判断题

1. 培训组织者可以做培训讲师。( )
2. 培训应该用最小的投入获得最大的效益。( )
3. 培训需求=应会的能力-已有能力，培训就是缩小差距的过程。( )
4. 销售经理不能成为培训师候选人。( )
5. 企业应该无私地帮助员工发展各种兴趣和爱好。( )
6. 培训需求分析就是分析并确定员工个人在培训方面有什么需求。( )
7. 通常，企业应该优先考虑使用企业外部、专业的培训师。( )
8. 培训评估可有可无，只要把培训教学工作做好即可。( )

二、选择题

1. 在分析培训需求，选择培训对象时要注意（ ）。
   A. 员工的个人需要
   B. 组织的需要
   C. 员工的个人需要与组织需要有机结合
   D. 企业发展的需要
2. 讲授法属于与（ ）培训相适应的培训方法。
   A. 技能 B. 知识 C. 创造性 D. 解决问题能力
3. 企业培训的最终目的是（ ）。
   A. 员工技能的提高
   B. 企业绩效的提高
   C. 员工行为的改变
   D. 员工知识的优化
4. 培训评估的对象可能是（ ）。
   A. 受训员工
   B. 培训师
   C. 外聘专业培训机构
   D. 董事长
5. 培训需求分析的方法包括（ ）。
   A. 访谈法 B. 观察法 C. 问卷调查法 D. 绩效分析法

三、动手练一练

1. 选择一家你所熟悉的企业，调查了解其培训情况。具体调查了解：

(1) 该企业是否开展了员工培训？实施了哪些培训项目？

(2) 该企业员工对于企业提供的培训是否满意？他们有哪些培训需求？

(3) 该企业员工培训存在的问题。

(4) 对该企业的培训工作提出自己的意见和建议。

2. 在企业培训工作中存在三种常见观点，请分别对它们进行评价和分析：

(1) 培训无用论：为什么要花那么多钱来做培训？直接招合适的人就好了。

(2) 培训浪费论：培训既浪费时间，也浪费金钱，还耽误工作，影响工作效率。

(3) 培训形式论：培训主管忙得团团转，培训项目很多。参加培训的员工大都睡着了，这已成为一种普遍现象。

3. 某企业新招入员工20名，请为该企业制订针对这批新员工的培训计划。具体要求如下：

(1) 根据企业的情况和新员工的教育背景，确认培训需求。

(2) 每5个人组成一个小组，以小组为单位，在充分讨论的基础上拟订培训计划，培训计划需包含以下要素：培训内容、培训时间、培训地点、培训对象、培训师、培训方式、培训费用等。

(3) 每个小组派一名代表在课堂发言和交流。

四、案例分析

案例1：再次阅读课文中的案例“昂贵的培训费为什么只买来‘轰动效应’？”请从培训的整个流程来对本模块中的该案例进行思考，分析这次培训失败的原因。

案例2：培训主管杨丽刚到办公室，就被总经理叫去。总经理说：“小杨，最近我几次到车间查岗，都发现有部分员工在打瞌睡、聊天，还有织毛衣的，我感觉员工队伍的士气很低下。为改进这种状况，希望你们马上在全公司范围内做一次培训，讲讲企业文化和规章制度。这周内必须完成。”

思考：假如该公司确实存在该培训需求，请帮杨丽拟订一份培训方案。

案例3：某电子公司的员工培训

某公司是南方某市一家有名的生产个人电脑及电脑配件的民营企业，公司创办于20世纪80年代初，在创办最初的十多年里，公司业务发展迅速，产品畅销国内外。

1990年，原来负责销售的副总经理退休，由原销售部经理王刚接任；而原来销售部的负责国外地区销售的副经理杨春被提升为销售部经理。杨春上任后不久，即参照国外的经验制订了有关销售人员的培训计划。计划规定对销售人员集中培训两次，一次是在春节期间，另一次为六月份的最后一个星期，每次时间为3—5天。把所有的销售人员集中起来，听取有关国内外最新销售技术知识的讲座和报告，再结合公司的销售实际进行讨论。每次都聘请了一些专家顾问参加讲座和讨论。这样每年集中培训两次的费用不大（每次50人左右，费用约一万元），但培训收效却很大。

近年来，由于市场的激烈竞争，公司在经济上陷入了困难。为了扭转局势，总经理下令，要求各副总经理都要相应地削减各自负责领域的费用开支。

在这种情况下，负责销售的副总经理便找销售部经理杨春商讨，他们两人在是否削减销售人员的培训问题上进行讨价还价。副总经理王刚建议把销售人员一年两次的培训项目削减为一次。王经理认为，公司的销售人员大多数都是近几年招进来的大学毕业生，他们在学校里都已经学过销售方面的最新理论知识，他们中有些人对这种培训的兴趣也不是很大。而少数销售人员虽不是大学毕业，但他们在销售方面都有丰富的经验了。因此，销售人员的培训项目是不必要的开支，可以取消或缩减。而杨春却认为，虽然大多数销售人员都是近几年来的大学生，但是他们在大学里学的只是书本上的理论知识和抽象的概念。只有他们在第一线干一段时期的销售工作以后，才能真正理解在学校学到的理论知识。在公司里，让从学校出来的人与有经验的销售人员一起工作一段时间，他们在实际销售工作中会碰到许多具体的问题。在此基础上再参加公司的培训，一边听取有关最新销售技术知识的讲座和报告，一边结合公司的具体实际与专家们共同研讨，最终通过解决问题而不断提升自我。正是由于坚持不懈地进行了这种培训，才在国内和国际市场上扩大了公司的销售量，也才减少了顾客对公司的抱怨，赢得了顾客的信任，因此，杨春认为，绝不能削减这个培训项目！

思考：

(1) 你是否同意在公司经济困难的情况下，减免人员的培训计划？为什么？

(2) 你有什么好方法能使这两个销售经理都感到满意？

案例4：培训主管因员工考试交白卷愤而辞职

昨日，汉口某企业总经理办公室，27岁的培训主管陶靓难掩情绪，向老板提出辞职。

陶靓向记者介绍，长假前老板授意培训业务部员工，她精心备课，并在培训结束前，告知参训员工，长假后将进行书面考核。不想，昨日的考试，她收来的试卷中，除一名员工外，几乎都交了白卷。“会不会是技术问题，做不做是态度问题。”陶靓一直积压的情绪终于爆发了。愤怒加伤心，她竟在办公室号啕大哭，一向稳重的培训主管难顾形象，并向老板递交了辞呈。

原来，在该公司，员工几乎全是老板的亲友，一些基层员工，根本无视管理者的存在，有事只与老板一个人单向沟通。作为老板亲自招聘的员工，陶靓虽然深得信任，但每次对于其反映的情况，老板总有些偏袒，或者干脆“和稀泥”，这更助长了员工的骄气。

面对此次的“白卷事件”，不少人向老板解释为“太难了”，“老师没有说要考试”，老板轻描淡写地批评过几句后，又对陶靓说：“还是要想办法让员工接受，多采取员工喜闻乐见的方式、方法。”

“这样的工作实在无法做下去了。”陶靓说，她不知道问题出在哪儿，真是自己的工作方式不理想？还是老板的偏袒呢？而眼下，她只想离职。

思考：如果你是培训主管，你会怎样开展这个企业的培训？本次评估采用了什么方法？你会如何做好此次培训的评估工作？

案例 5：请对 P82 案例分析中的培训方案进行分析，并回答以下问题：

（1）本次培训是否是必要的？

（2）本次培训能否收到实效？

（3）该培训方案包括了哪些内容？

（4）该培训方案体现了哪些培训原则？

（5）你如何评价该培训方案？

（6）对班组长的培训可采用哪些方法进行评估？

模块五　员工激励

【知识目标】

1. 认识人性假设的作用
2. 了解X理论—Y理论的观点
3. 熟悉四种人性假设的观点
4. 了解激励的含义和作用
5. 了解激励的过程
6. 熟悉激励理论
7. 熟悉激励的具体形式

【技能目标】

1. 掌握四种人性假设的判别
2. 掌握对四种“人”的管理方式
3. 熟练运用激励理论
4. 掌握激励原则的运用

【任务引导】

1. 在寻找工作的时候，你会看重招聘单位的哪些因素？
2. 如果你是一名主管，你会如何管理你的下属？可结合自己担任学生干部的经验来回答。

要求：请同学们根据第一印象快速作答，无须深入考虑。

项目1　人性假设理论及应用

任务一　认识人性假设

人性假设指的是对人的本性所持的基本观点和看法。“人之初，性本善”和“人之初，性本恶”就分别代表着两种不同的人性假设。人力资源管理的理论基础之一就是企业管理中的人性观。人力资源管理研究的是人的管理，人性假设不同，对人的看法不同，管理者就会采用不同的管理方式和方法。因此，学习、了解和掌握各种人性假设，是开展人力资源管理工作的基石。

西方对于人性假设的研究颇多，其中最具代表性的有两大理论，一是心理学家道格拉斯·麦格雷戈（Douglas M-Mc Gregor）的X理论—Y理论；二是美国行为科学家艾德佳·沙因（Edgar H. Schein）的“四种人性假设理论”。

任务二　了解X理论—Y理论

麦格雷戈经过长期研究后，在1957年11月的美国《管理评论》杂志上发表了《企业中人的方面》一文，提出了著名的X理论—Y理论，这是一对基于两种完全相反假设的理论，X理论认为人们有消极的工作源动力，而Y理论则认为人们有积极的工作源动力。

一、X理论的观点

麦格雷戈将传统的人性假设归纳为X理论，X理论的主要观点是：

（1）大多数人生性都是懒惰的，他们尽可能地逃避工作。

（2）大多数人都缺乏进取心和责任心，不愿对人和事负责，没有什么雄心壮志，不喜欢负责任，宁可被领导。

（3）大多数人都以个人为中心，这会导致个人目标与组织目标相矛盾，为了达到组织目标必须依靠外力严加管制。

（4）大多数人都缺乏理智，不能克制自己，易受别人影响。

（5）大多数人都欺软怕硬，习惯于保守，反对变革，安于现状，为此，必须对他们进行惩罚，以迫使他们服从指挥。

（6）大多数人工作的目的都是为了满足物质和安全需要。人工作是为了钱，为了满足基本的生理需要和安全需要，他们将选择在经济上获利最大的事去做。

（7）只有少数人能克制自己，这部分人应该承担管理的责任。

在管理实践中，与X理论对应的是严格控制的管理方式，以金钱刺激和经济利益作为激励人们努力工作的主要手段，对消极怠工的行为采取严厉的惩罚。只有对员工制定严格的纪律，采取强制、监管、惩罚等措施，企业各项工作才能得以完成。

二、Y理论的观点

与X理论相反，麦格雷戈提出了Y理论。Y理论的主要观点是：

（1）一般人并非天生厌恶工作，在工作中消耗体力与智力，就像游戏和休息一样地自然。工作究竟是一种满足还是处罚，要视环境而定。

（2）促使人朝向组织的目标而努力，外力的控制及惩罚的威胁并非唯一的方法。人们愿意实行自我管理和自我控制来完成目标。

（3）人的自我实现要求和组织要求的行为之间没有矛盾，如果给人提供适当的计划，就能将个人目标和组织目标统一起来。

（4）在适当条件下，一般人不但能学会承担责任，且能学会争取责任。常见的规避责任、缺乏志向，以及强调安全感通常是经验的结果，而非人的本性。

（5）所谓的承诺与达成目标获得的报酬是直接相关的，它是达成目标的报酬函数。

（6）大多数人在解决组织的困难与问题时，都能发挥高度的想象力、聪明才智和创造性，但在现代工业生活的条件下，一般人的智慧潜能仅有一部分被利用。

Y 理论跟我国古代“人之初，性本善”的观点很相似，认为人都是有良心和自觉性的，只要条件合适，员工一般会卖力地工作。如果企业能够采取正确的激励措施，员工不仅能够在工作中约束自己，自觉地完成所分配的工作任务，而且还会发挥自己的潜能。持有这种信念的管理者往往采用松散诱导的管理方式，通过与员工一起制定目标的方式，促使员工参与管理，从而达到完成工作任务的目的。麦格雷戈认为 Y 理论比 X 理论更为优越，因此管理应当按照 Y 理论来行事。

三、超 Y 理论的主要观点

超 Y 理论是 1970 年由美国管理心理学家约翰·莫尔斯（John J. Morse）和杰伊·洛希（Jay W. Lorsch）根据“复杂人”的假定，提出的一种新的管理理论。他们在 1970 年《哈佛商业评论》杂志上发表的《超 Y 理论》一文和 1974 年出版的《组织及其他成员：权变法》一书，提出了超 Y 理论，对麦格雷戈的 X 理论—Y 理论作了进一步的完善。该理论的主要观点是：

（1）人们是抱着各种各样的愿望和需要加入企业组织的，人们的需要和愿望有不同的类型。有的人愿意在正规化、有严格规章制度的组织中工作；有的人却需要更多的自治和更多的责任，需要有更多发挥创造性的机会。

（2）组织形式和管理方法要与工作性质和人们的需要相适应，不同的人对管理方式的要求是不一样的。对上述第一种人要以 X 理论为指导来进行管理，而对第二种人以 Y 理论为指导来进行管理。

（3）组织机构和管理层次的划分，员工的培训和工作的分配，工资报酬、控制程度的安排都要从工作的性质、目标和员工的素质等方面来考虑，不可能完全一样。

（4）当一个目标达到以后，可以激起员工的胜任感和满足感，使之为达到新的更高的目标而努力。

超 Y 理论是在对 X 理论和 Y 理论进行实验分析比较后，提出的一种既结合 X 理论和 Y 理论，又不同于 X 理论和 Y 理论的主张权宜应变的管理理论，其实质是要求将工作、组织、个人、环境等因素进行最佳的配合，管理者应当根据不同的情况，采取不同的管理方式和方法。

任务三　熟悉四种人性假设理论

在总结前人研究的基础上，美国行为科学家沙因在《组织心理学》（1965 年）一书中，把人性假设归纳为“经济人”、“社会人”、“自我实现人”三种，同时提出了“复杂人”的假设，并称为“四种人性假设”。这是到目前为止，对人性假设做的最为全面的概括和研究。

一、经济人假设

该假设的观点建立在 X 理论的基础上。主要观点是：

（1）人是由经济诱因来引发工作动机的，其目的在于获得最大的经济利益。

（2）经济诱因在组织的控制之下，因此，人总是被动地在组织的操纵、激励和控制之下从事工作。

（3）人以一种合乎理性的、精打细算的方式行事，总是力图用最小的投入获得满意的报酬。

（4）人的情感是非理性的，会干预人对经济利益的合理追求，组织必须设法控制人的感情。

二、社会人假设

该假设由“霍桑实验”的倡导者梅奥等人提出。其主要观点是：

（1）人类工作的主要动机是社会需要，人们要求有一个良好的工作氛围，要求与同事之间建立良好的人际关系，通过与同事的关系获得基本的认同感。

（2）工业革命和工作合理化的结果，使得工作变得单调而无意义，因此必须从工作的社会关系中寻求工作的意义。

（3）非正式组织有利于满足人们的社会需要，因此非正式组织的社会影响比正式组织的经济诱因对人有更大的影响力。

（4）人们对领导者的最强烈期望是能够承认并满足他们的社会需要。

知识链接 1

人与动物的最大区别在于人的社会性。人际交往是人本质的表现，是人本性的要求。

在 13 世纪，腓特烈二世试图研究与世隔绝的孩子长大后会讲什么语言，会有什么样的讲话习惯等，让养母和看护只给孩子喂奶、洗脸、洗手、洗澡，但绝不许和孩子讲话与交流。结果，因为没有语言交流，没有爱抚，没有笑脸，没有感情，没有人际互动，他们无法生存，这些孩子都相继死去了。

这个实验是残酷的，它警示世人：人不能离群索居，不能与世隔绝。

人只有在与其他人交往和互动中才能生存和发展。人与人之间在相互交往中发生、发展和建立起来的关系就是人际关系。

知识链接 2

“感觉剥夺”实验

美国有位心理学家曾设计过“感觉剥夺”实验：在无声、无光、完全与世隔绝的实验室里，各放置一张舒适的床，并配备了足够的美味佳酿，只要受试者能单独在这种吃、喝、睡完全自由的实验室里安静地生活 4 天，便可得到一笔数目可观的酬金。

谁知实验结果大大地出乎人们的意料，几位受试者（普林斯顿大学的学生）竟无一人有“睡”享其成的福分。不到两天，他们便都神经质地敲打墙壁，要求放他们出来。当他们重见“天日”后竟然都神情呆滞，动作的协调性和灵活性大为降低，许久不能恢复常态。

这个实验充分说明：如果人不接触外界的环境刺激，包括人际交往，就会影响人的心智功能。

三、自我实现人假设

该假设建立在 Y 理论的基础上。其主要观点为：

（1）人的需要有低级和高级之分，从低级到高级可以划分为多个层次，人的最终目的是满足自我实现的需要，寻求工作上的意义。

（2）人们力求在工作上有所成就，实现自治和独立，提高自己的能力和技术，以便能适应环境。

（3）人们能够自我激励和自我控制，外部的激励和控制会对人产生威胁，从而产生不良的后果。

（4）个人自我实现的目标和组织的目标并不是冲突的，而是能够达成一致的，在适当的条件下，个人会自动调整自己的目标并使之与组织目标相配合。

四、复杂人假设

该理论建立在超 Y 理论的基础上。沙因认为，人不是单纯的“经济人”，也不是完全的“社会人”，而应该是因时、因地、因各种情况采取适当反应的“复杂人”。主要观点是：

（1）每个人都有不同的需要和能力，工作的动机不但非常复杂，而且变动性也很大；不但因人而异，而且对同一个人来说，在不同的时间和地点动机也是不一样的。

（2）人的很多需要不是与生俱来的，而是在后天环境的影响下形成的，一个人在组织中可以形成新的需求和动机，因此一个人在组织中表现的动机模式是他原来的动机模式与组织经验交互作用的结果。

（3）人们在不同的组织和部门中可能有不同的动机模式，例如有人在正式组织中满足物质利益的需要，而在非正式组织中满足人际关系方面的需要。

（4）一个人在组织中是否感到心满意足、是否肯为组织奉献，取决于组织的状况与个人的动机结构之间的相互关系。工作的性质、个人的工作能力和技术水平、动机的强弱以及与同事之间的关系等都可能对人的工作态度产生影响。

（5）人们依据自己的动机、能力以及工作的性质，会对一定的管理方式产生不同的反应。

需要说明的是，以上四种人性假设理论不存在好和坏、对和错、优和劣之分，只是对人性的看法有所不同而已。

【任务互动】

1. 你认为生活中哪种“人”最多？
2. 你最喜欢哪种“人”？
3. 你如何评价上述四种“人”？

【案例分析】

一、王轩是一个小公司的职员，收入不高，再加上妻子有病，孩子上学，家庭经济状况不好。虽然他很喜欢文学创作，但为了生计不得不放弃，他每天下班都要到附近的一家鞋厂去做计件工，赚一些钱来贴补家用。鞋厂的工头是个细心、心肠也很好的人，他总是手把手地教王轩怎样才能做得更快，王轩也非常愿意接受，工厂里有很多像王轩这样的人。

请问：

1. 王轩的人性假定最有可能是（　　）。

A. 经济人　　B. 自我实现人　　C. 社会人　　D. 复杂人

2. 鞋厂的工头认为王轩是什么“人”？（　　）。

A. 经济人　　B. 自我实现人　　C. 社会人　　D. 复杂人

二、一个美国工厂的领班要求员工写下工作中对他们最重要的事。领班相信，第一线工人一定会把“金钱”摆在第一位，再来是“不要工作得太辛苦”。而领班自己当然比那些工人要高尚许多，所以把金钱和轻松的生活，放在诸如“具有挑战性的职务”、“有机会展现创意”等的答案之后。结果出来后，出乎意料的是，大部分工人竟然都和领班一样，把“具有挑战性的职务”等摆在前面，而且很多工人甚至根本没有把“金钱”列上去。

思考：

1. 该公司的领导认为工人的人性假设如何？
2. 该厂工人的人性假设是什么？

任务四　掌握对四种“人”的管理方式

理解了四种不同的关于人性假设的理论，在如何管理不同的“人”上就容易做到对症下药、有的放矢。

一、对“经济人”的管理——胡萝卜加大棒

“胡萝卜加大棒”的说法来源于一个古老的故事：一位农夫赶着驴子去赶集，当驴子

跑得快时，农夫就奖励给它一根胡萝卜；当驴子放慢脚步时，农夫就会用一根棒子抽打它，以驱使驴子继续快跑。在管理工作中，“胡萝卜加大棒”是指运用奖励和惩罚两种手段以诱发员工做出组织所要求的行为。根据“经济人”的特征，一方面需要对其实施严格的控制和管理，督促其完成组织任务；另一方面需要通过经济诱因等奖励办法来激励其努力工作。

二、对“社会人”的管理——融合

对“社会人”管理的重点，应放在营造良好的人际关系和工作氛围上，即融合。具体做法是：

（1）管理人员应把注意力放在关心人、体贴人、满足人的社会需要上。

（2）管理人员不能只注意指挥、监督、计划、控制和组织工作等，而更应该重视员工之间的关系，培养形成员工的归属感和集体感。

（3）由于员工的成功来自于团队的协作和良好的团队关系，所以在实行奖励时，应提倡团队整体的奖励，而不是个人的奖励制度，以树立集体荣誉感。

（4）实行“参与式管理”，吸引员工在不同程度上参与组织的决策和管理。

三、对“自我实现人”的管理——无为而治

“自我实现人”追求工作上的成就感，能够自我激励、自我管理和自我控制，所以管理者对这种下属的管理是相对轻松和省事的，可以采取无为而治的办法。不需要对该类员工进行严格的督促和控制，不需要事事指导和跟踪员工，管理者唯一应当做的是：充分支持并信任员工，为其完成任务创造适合的环境和条件。最终管理者可以达到“虽无为但无不为”的效果。

【小贴士】

仆人式领导者的倡导人格林里夫（Robert Green Leaf）认为，企业领导者是为员工服务的，要扶持员工走好每一步，尤其要发掘他们最好的一面，而不是把容忍他们自缚手脚作为成就。

四、对“复杂人”的管理——权变

根据复杂人假设，没有适合于任何时代、任何组织和任何人的通用的管理方法。管理必须是权变的，根据不同的人、不同需要和不同情况采取相应的管理方式。

“权变”的含义是随机应变，根据不同的情况灵活做出调整和应对。“复杂人”既不是单纯的“经济人”，也不是单纯的“社会人”或“自我实现人”，而会因时、因地、因各种情况出现不同的反应和特征。因此，针对“复杂人”，在不同的时间、地点和条件下，管理者应采取与之相适应的权变的管理方法。这种管理方法不固定、不唯一，也很难统一，呈现出多元性、多变性和灵活性的特点。

【案例分析】

D公司新招入的三名大学生近期不约而同地提出了辞职。人力资源部对其辞职原因进行了调查。调查情况如下：

赵军：生产部技术员。赵军到部门后，发现生产部管理松散，员工上班有时间就聚在一起嘻嘻哈哈、谈天说地，迟到、早退现象严重，操作工经常不执行操作规程，赵军几次向主管反映这些情况，希望部门加强并严格管理，但他们总是不以为然，敷衍了事，认为只要不出事就好了。在这样的工作环境下，赵军无所适从，十分沮丧。

丁丽：财务部出纳。据丁丽自己反映，财务部的同事一天到晚埋头工作，很少交流或聊天，工作气氛沉闷。丁丽曾想打破这种氛围，主动给大家讲了一个笑话，但笑声寥寥，丁丽觉得自己很无趣。她到财务部快一个月了，跟其他同事除了工作上的谈话，再无其他交流。现在，只要一想到上班，一想到面无表情的同事们，丁丽就很灰心。

吴用：电脑部编程员。吴用在校时专业基础非常扎实，在学校的软件编程大赛上曾经获得第一名，所以到公司后很快适应了岗位工作，他自己也很有信心在这里有一番作为。但是电脑部调来一名新主管，是吴用的顶头上司。吴用发现自己跟这位主管很不搭。本来，吴用很喜欢前任主管，前主管对他十分信任，总是交给他工作任务、工作要求和完成期限后，就不再过问他的工作，但会再三强调吴用有工作上的任何困难都可以直接跟他谈，他一定会全力支持和配合吴用的工作，所以吴用跟前主管配合得较为默契。可惜前主管被提升到其他部门了。前几天新主管给他布置了一个编程任务，两天内主管已经到他的工作台巡视和询问了5遍工作进度，吴用觉得新主管对自己很不信任，工作也老是被他打断，真是不堪其扰。

思考：你认为这三位员工离职的主要原因分别是什么？对这三位员工分别应该采用什么管理方式？请运用人性假设的相关理论来进行分析。

项目2　激励理论

任务一　了解激励的含义和作用

【案例分析】

有一个员工出色地完成任务，兴高采烈地对主管说："我有一个好消息，我跟了两个月的那个客户今天终于同意签约了，而且订单金额会比我们预期的多20%，这将是我们这个季度最大的一笔订单。"但是这位主管对这个员工的反应却很冷淡："是吗？你今天上班怎么迟到了？"员工说："二环路上堵车了。"此时主管严厉地说："迟到还找理由，都像你这样公司的业务还怎么做！"员工垂头丧气地回答："那我今后注意。"一脸沮丧的员工有气无力地离开了主管的办公室。

思考：为什么员工会感到很沮丧？你如何看待这位主管的做法？

【案例分析】

韩国某大型公司的一个清洁工，本来是一个最被人忽视和看不起的角色，但就是这样一个人，却在一天晚上公司保险箱被窃时，与小偷进行了殊死搏斗。

事后，有人为他请功并问他的动机时，答案却出人意料。他说：当公司的总经理从他身旁经过时，总会不时地赞美他“你扫的地真干净”。你看，就这么一句简简单单的话，就使这个员工受到了感动，不惜舍命报答。

思考：为什么这名普通的清洁工会为了保护公司利益而不顾个人安危？

激励，即激发鼓励，就是利用某种外部诱因调动人的积极性和创造性，使人有一股内在的动力，朝所期望的目标前进的心理过程。具体来说，激励就是运用物质和精神相结合的手段，采取多种有效的方式方法，最大限度地激发下属的积极性、主动性和创造性，以保证组织目标的实现。

有效的激励会产生巨大的能量和作用。美国哈佛大学心理学家威廉·詹姆士在研究对员工的激励效果时发现：受到充分激励的员工，其能力可发挥出80%—90%，而没有受到激励的员工仅能发挥其能力的20%—30%。在工作中，往往受到激励的员工会积极主动地拼命工作，干劲十足，创造出更大的价值。

管理中最根本的因素是人的因素，即如何才能有效地调动员工的积极性，挖掘其潜能，激发其工作激情，最大限度地发挥其作用，这就是管理中的激励问题。激励既是人力资源管理中重要和核心的内容，也是人力资源管理最为关键、实施难度最大的一项职能；它既是管理，更是艺术，因此吸引着管理者们持久不衰地进行研究和探讨。

【小贴士】

你可以买到一个人的时间，你可以雇一个人到固定的工作岗位，你可以买到按时或按日计算的技术操作，但你买不到热情，你买不到创造性，你买不到全身心的投入，你不得不设法争取这些。

——弗朗西斯（C. Francis）

资料链接1

沃尔玛的激励

美国最大的连锁店沃尔玛百货，成功的秘诀就是大力倡导“以人为导向”的经营激励哲学，运用激励的手段，去挖掘每一名员工的潜能，使其超常发挥。沃尔玛百货对员工的关怀和激励，表现在日常工作的各个层面，总部办公室常常空无一人，像个无人仓库，这些管理者都到哪里去了？原来他们大部分的时间都到各地的下属公司去巡视，激励他们的伙伴们去完成他们所做的工作，并和伙伴们一起进行“知无不言，言无不尽”的座谈。因此沃尔玛百货的每一名管理者，都觉得自己是最成功的激励高手，懂得自我激励和有效地激励别人。

资料链接2

激励的重要性

在韦尔奇的字典里，除了公开、透明之外，激励也是出现频率非常高的一个词，为什么激励会如此重要呢？

在韦尔奇看来，这与他童年的经历有关。童年时期的韦尔奇有一点口吃，讲话讲得不好，演讲的时候经常结结巴巴的，韦尔奇的母亲就告诉他说：“Jack，你之所以会口吃，是因为你脑子转得太快了，舌头跟不上脑子的节奏。”听到这些，童年的韦尔奇开始觉得口吃并不是很大的问题，反而充满了自信。

也正是从这种经历中，韦尔奇告诉后来者：“对于一个经理来讲，或者是母亲、父亲和家中其他的成员，要做的很重要的事情就是让人充满自信，让他们觉得自己是很不错的，让他们为自己感到自豪。”

在他看来，企业家要做的一件重要事情，就是要确保让所有的员工都自我感觉很好，每天都让他们觉得非常自信，让他们愿意做更多的事情，承担更多的风险，做更多的尝试。

韦尔奇甚至用以下的比喻来强调激励的重要性：“公司的员工就像你的种子一样，你给他们的鼓励就像灌溉和浇水，他们会不断地成长。公司里的花园会长杂草，你将他们拔掉，将绩效不好的员工赶出去。你的工作不是吓别人，而是帮助员工不断地发展，就像帮助美丽的植物长得非常漂亮一样。”

（资料来源：http：//www. sina. com. cn. 中国经营报微博，2011 年 9 月 17 日 .）

任务二　了解激励的过程

激励的过程，是指激发人的动机的心理过程，其具体如图 5-1 所示。

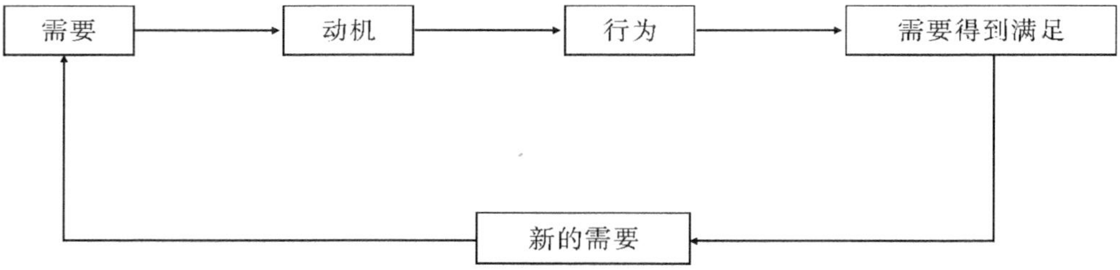

图 5-1　激励的过程

需要是客观的刺激作用于人们的大脑所引起的个体缺乏某种东西的状态。动机是人们行为产生的直接原因。动机是由需要产生的，当人们产生的某种优势需要未能得到满足时，会产生一种紧张不安的心理状态，在遇到能够满足需要的目标时，这种紧张不安的心理就转化为动机。它引起行为、维持行为并指引行为去满足某种需要。行为是指个体在环境影响下所引起的内在生理和心理变化的外在反应。人们在动机的推动下，向目标前进，目标达到后，需要得到满足，紧张不安的心理状态就会消除。随后，又会产生新的需要，引起新的动机和行为。这是一个循环往复、连续不断的过程。

因此，要使员工产生组织所期望的行为，可以根据员工的需要设置某些目标，并通过目标导向使员工出现有利于组织目标的优势动机，从而按照组织所需要的方式行动。

任务三　掌握激励理论的观点与运用

一、需要层次理论

该理论由美国心理学家马斯洛（Maslow）在1943年提出。他把人们的需要划分为五个层次：生理需要、安全需要、社交需要（友爱和归属的需要）、尊重需要、自我实现需要。这五大需要由低到高排列，如图5-2所示。

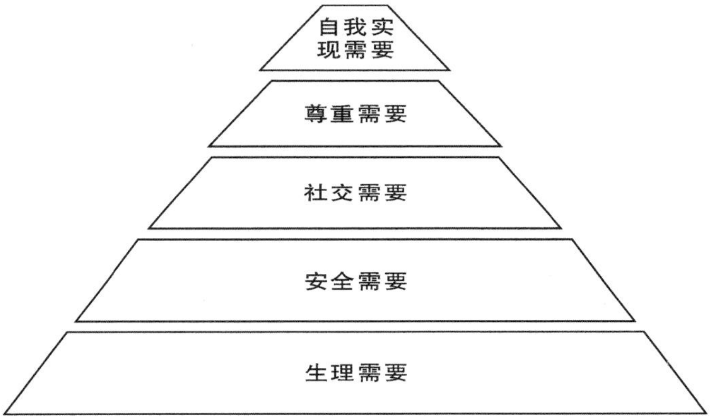

图5-2　马斯洛的需要层次理论

（1）生理需要。这是维持人类自身生存所必要的最基本的需求，包括衣食住行的各个方面，如食物、水、空气、阳光以及住房等。

（2）安全需要。它不仅指人身的安全，还有经济上、心理上及工作上等方面的安全。如稳定的职业、健全的社会保障等。

（3）社交需要。其也称友爱和归属的需要。是指人们希望与他人进行交往，与同事和朋友保持良好的关系，或成为某个组织的成员，或得到他人关爱等的需求。这种需求如果无法满足，可能就会影响人们精神的健康。

（4）尊重需要。包括自我尊重和他人尊重两方面。自我尊重是指对自尊心、自信心、成就感等方面的需求；他人尊重是指希望自己受到别人的尊重、得到别人的承认，如名誉、表扬、赞赏、重视等。

（5）自我实现需要。指人发挥自己最大的潜能，实现自我的发展和自我的完善，成为自己所期望的人的需要，也是最高层次的需要。

根据马斯洛的观点，上述五种需要由低级到高级依次排列，只有当低一级的需要得到满足以后，人们才会去追求更高一级的需要；在同一时间，人们可能会存在不同层次的需要，但总有一个层次的需要是发挥主导作用的，这种需要就称为优势需要；只有那些未满足的需要才能成为激励因素；任何一种满足了的低层次需要并不会因为高层次需要的发展而消失，只是不再成为行为的激励因素而已；这五种需要的次序是普遍意义上的，并非适用于每个人，有时也可能出现颠倒的情况。

马斯洛的需要层次理论将人们的需要进行了内容上的划分，揭示了人类心理发展的一般规律，是提出最早的、影响最大的激励理论。

该理论告诉我们，了解员工的需要是对员工进行激励的一个重要前提。不同组织中不同员工的需要充满差异性，而且经常变化。因此，管理者应该经常性地用各种方式进行调研，弄清员工未得到满足的需要是什么，然后有针对性地实施激励。

【任务互动】

“你把我当人看，我把我当牛干；你把我当牛看，我就什么也不干。”这句顺口溜给你哪些启发？

【案例分析】

素有“经营之神”之称的日本松下电器总裁松下幸之助有一次在一家餐厅招待客人，一行六个人都点了牛排。等六个人都吃完主餐，松下让助理去请烹调牛排的主厨过来。

主厨来时很紧张，因为他知道请自己的客人来头很大。“是不是牛排有什么问题？”主厨紧张地问。“烹调牛排，对你已不成问题”，松下说，“但是我只能吃一半。原因不在于厨艺，牛排真的很好吃，你是位非常出色的厨师，但我已80岁了，胃口大不如前。我想当面和你谈，是因为我担心，当你看到只吃了一半的牛排被送回厨房时，心里会难过。”

思考：如果你是那位主厨，听到松下先生的说明，会有什么感受？为什么？

日立公司内的“婚姻介绍所”

在把公司看作大家庭的日本，老板很重视员工的婚姻大事。例如，日立公司内就设立了一个专门为员工架设“鹊桥”的“婚姻介绍所”。

一个新员工进入公司，可以把自己的学历、爱好、家庭背景、身高、体重等资料输入“鹊桥”电脑网络。当某名员工递上求偶申请书，他（或她）便有权调阅电脑档案，申请者往往利用休息日坐在沙发上慢慢地、仔细地翻阅这些档案，直到找到满意的对象为止。一旦他被选中，联系人会将挑选方的一切资料寄给被选方，被选方如果同意见面，公司就安排双方约会。约会后双方都必须向联系人报告对对方的看法。

日立公司人力资源部门的管理人员说：由于日本人工作紧张，职员很少有时间寻找合适的生活伴侣，我们很乐意帮他们这个忙；另一方面，这样做还能起到稳定员工、增强企业凝聚力的作用。

思考：为什么该公司的“婚介所”会起到这么大的作用？它满足了员工的哪些需要？

二、双因素理论

该激励理论由美国行为科学家赫兹伯格（Herzberg）提出。20 世纪 50 年代，赫兹伯格与同事对匹兹堡地区 9 家工业企业的 200 多位工程师和会计师进行了访谈，调查被访者对工作感到满意和不满意的原因分别是什么。调查结果表明，使员工感到满意的因素往往与工作本身或工作内容有关，如成就、认可、工作本身、责任、晋升和成长等 6 个方面，这些因素被称为“激励因素”。使员工感到不满意的因素则大多与工作环境和工作条件有关，如公司政策、行政管理、监督、与主管的关系、工作条件、薪金、同事关系、地位以及安全保障等 10 个方面，赫兹伯格称这些因素为“保健因素”，具体分类如图 5-3 所示。

赫兹伯格的双因素理论按其激励功能不同，把企业中影响人的积极性的因素分为保健因素和激励因素。保健因素改善后，人们的不满情绪会消除，同时也能防止人们产生不满的情绪，但不能直接起到激励人们的作用，只有激励因素才能使员工感到满意，使他们具有较高的工作积极性和主动性。

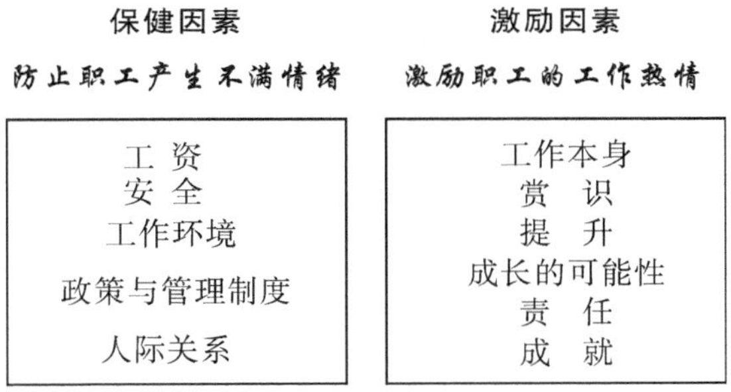

图 5-3 赫兹伯格的双因素理论

赫兹伯格的双因素理论与马斯洛的需要层次理论有相似之处，他提出的保健因素与马斯洛提出的生理需要、安全需要和社交需要相当；而保健因素则相当于尊重需要和自我实现需要。但这两个理论看待问题的角度是不同的，相对于后者，双因素理论更进一步，它使管理者激励的目标更加明确，也更有针对性。

双因素理论告诉我们，管理者实施激励时应当区分激励因素和保健因素。对于保健因素不能无限制地满足，因为这样做并不能调动员工的积极性，而应当更多地关注激励因素，满足员工这方面的需要，以使员工更加积极主动地工作。

【案例分析】

王新在校期间成绩优异、表现突出，对从政有着浓厚的兴趣，并为自己的未来设计了一个宏伟的蓝图。于是1990年研究生毕业后，他毅然放弃了回自己父亲控股的某中型集团企业，考取了某市海关公务员。

刚参加工作时，单位领导亲自督促后勤部门安排王新住进崭新的单身公寓，并配备了空调、冰箱等生活用品。单位给予王新的薪酬也是同龄人所羡慕的：每周工作35个小时，如果需要加班，将得到双倍工资，并报销饭费及出租车费用；第一年有一个星期的带薪假期，以后每年增加2天。公司每年至少安排一次员工培训，以提高员工素质；工作期满3年后，如果个人买车，公司将提供购车款的50%补贴，并报销30%的汽油费。

在第一年的时间里，王新虚心向老同事学习，工作能力有了质的提高，多次受到领导的表扬，并在年终领取奖金时得到5 000元的额外补贴。王新自己感觉也很满意，觉得自己的事业计划正在逐步实现。在接下来的一年里，尽管王新的工作做得非常出色，领导也多次表示可以给予他更大的发展空间，可王新就是没有得到提升。王新渐渐感觉到工作中的收获与原来设想的有一定程度的偏差，自己的价值没有得到充分的实现，于是工作中投入的精力在不觉中减少。

在一次偶然的单位聚会中，王新从单位一位老员工口中得知：由于政界的一些特殊性，即使你工作得再出色，目前都不会给你更大的发展空间，单位不会根据你的工作能力来决定是否提升你。老同事的话让王新重新考虑了自己的人生计划和抱负。经过考虑之后，王新向领导提出能否让他承担一些更重要的工作。领导以他工作时间不长、还需继续锻炼为由，拒绝了王新的请求。王新在此后的工作中，不断地将现实情况和自己的人生计划相比较，经过深思熟虑之后递交了辞呈。在公司领导极力挽留并表示可以改善相应福利的情况下，他毅然离开了工作岗位。

思考并分析：

1. 请以双因素理论分析王新辞职的原因。
2. 王新是什么“人”？请以人性假设理论分析王新离职的原因。

三、期望理论

期望理论是在实践中应用最为广泛的一种激励理论。由美国心理学家弗鲁姆（Vroom）于1964年在《工作与激励》一书中提出。

期望理论认为，激励水平的高低取决于效价与期望值的乘积。具体公式是：

$$\text{激发力量} = \text{效价} \times \text{期望值}$$

$$M = V \times E$$

M：代表激发力量的高低，是指动机的强度，即调动一个人的积极性，激发其内在潜力的强度。

V：代表效价，是指目标对于满足个人需要的价值，或者说是某项活动成果的吸引力的大小（$-1 \leqslant V \leqslant 1$）。

E：代表期望值，即采取某种行为对实现目标可能性的大小。（$0 \leqslant E \leqslant 1$）。

这个公式表明，激发力量的大小与效价、期望值有密切的关系，效价越高、期望值越大，激发力量也越大，反之亦然。如果其中一个变量为零（毫无意义或毫无可能），激发力量也就等于零。

期望理论告诉我们，在激励员工时，既需要注意激励目标的针对性和吸引力，也需要注意目标实现的可能性。只有这样，才能有效地调动员工工作的积极性。

【案例分析】

为了激励业务员更好地完成销售目标，营销部发布了这样一项奖励措施：年终销售业绩前两名，奖励九寨沟双飞旅游一次。这项激励措施在小张、小李和老王三个人身上就产生了不同的效应。

小张大学毕业工作才一年多，别说九寨沟，就是出远门的机会都很少，而且他还没有坐过飞机。听到这项决定后，小张非常兴奋，暗地里发誓一定要努力工作，争取圆满完成任务后出去风光一趟。

小李是一位工作了将近五年的业务员，全国各地跑了不少地方，飞机也坐过了，可是九寨沟却一直没有去过，九寨沟风景美丽他早就知道，也想着什么时候有机会去游览一番。

老王是一位老业务员，是三位中资历最老也是业绩最出色的一个业务员。全国各地几乎没有他没去过的地方，九寨沟他已经去过两次，而且，他老婆刚刚动了一次大手术，因此欠了不少债，大家都知道老王现在最缺的是钞票。

思考并分析：该奖励措施对哪位员工的激励作用最大？

对上述案例的分析：

（1）根据期望理论，小张的效价如果用满分为 1 来计算，凭他的能力和干劲，在三个人当中成功的可能性是 50%，那么这项奖励措施对小张激励效用就是：$1\times50\%=0.5$。

（2）九寨沟旅游对小李的效价虽然不是 1，但也很高，假定为 0.9，凭小李的能力和经验，在三个人中他成功的可能性是 80%，那么这项奖励措施对小李的激励效用就是：$0.9\times80\%=0.72$。

（3）对老王来说，九寨沟对他已经失去了价值，效价应该是 0，但凭老王的能力和业务关系基础，在三个人当中他成功的可能性是 100%，那么这项奖励措施对老王的激励效用就是：$0\times100\%=0$。

四、公平理论

该理论由美国心理学家亚当斯（Adams）提出，是一种研究个人所作的贡献与所得的报酬之间如何平衡的一种理论，侧重研究报酬的公平性、合理性对员工积极性的影响。

亚当斯认为，人们的工作动机，不仅受其所得报酬的绝对值影响，还受到报酬的相对值的影响。即每个人都把个人的报酬与付出的比率同他人的比率作比较，如比率相等，则认为公平合理而感到满意，从而心情舒畅、努力工作，否则就会感到不公平、不合理而影响工作情绪。这种比较过程还包括同员工自身的历史的付出报酬比率作比较，可用公式表示如下：

$$1.\ \frac{\text{自己的报酬}}{\text{自己的付出}} \leftrightarrow \frac{\text{他人的报酬}}{\text{他人的付出}}$$

$$2.\ \frac{\text{自己现在的报酬}}{\text{自己现在的付出}} \leftrightarrow \frac{\text{自己过去的报酬}}{\text{自己过去的付出}}$$

亚当斯所说的付出（或贡献）指的是体力和脑力的消耗，包括技术水平、智慧、经验和工作态度，具体则体现为工作数量与质量。他所说的报酬包括物质和精神的奖励，如工资、奖金、津贴、晋升、名誉地位等。当员工把自己和他人比较或与自己过去比较时，通常会有两种结果：当比率相等时，员工感觉公平，会继续努力工作；当比率不等时，员工会感到不平衡，会产生紧张感，会采取多种方法来寻求自己所感觉的公平和合理。

实践证明，公平理论提出的基本观点是客观存在的，并直接影响员工工作的积极性。为实现有效激励，管理者必须深入了解员工对其劳动报酬是否感到公平，并通过合理分配薪酬、调节奖励形式、纠正认知偏差等措施，力求使每个员工都得到相应的报酬和待遇，进而增加员工的满足感，激发其积极性。

【案例分析】

他为什么走了？

助理工程师黄大佑，名牌大学高材生，毕业后工作已八年，于四年前应聘调到一家大厂工程部负责技术工作，工作诚恳负责，技术能力强，很快就成为厂里有口皆碑的“四大金刚”之一，名字仅排在厂技术部主管陈工之后。然而，他的工资却同仓管人员不相上下，而他们一家三口尚住在来时住的那间平房。对此，他心中时常有些不平。

罗厂长，一个有名的识才的老厂长，经常引用孙中山先生的名言“人能尽其才，物能尽其用，货能畅其流”，实际上他也是这样做了。四年前，黄大佑调来报到时，门口用红纸写的“热烈欢迎黄大佑工程师到我厂工作”几个不凡的颜体大字，是罗厂长亲自吩咐人事部主任落实的，并且交代要把“助理工程师”的“助理”两字去掉。这确实使黄大佑当时更卖劲工作。

两年前，厂里有指标申报工程师，黄大佑属于有条件申报之列，但名额却让给了一个没有文凭、工作平平的老同志。黄大佑想问一下厂长，谁知还未去找厂长时，厂长却先来找他了：“黄工，你年轻，机会有的是。”

去年，他想反映一下工资问题。这问题确实重要，来这里其中一个目的不就是想拿高一点的工资，提高一下生活待遇吗？但是几次想开口，都没有勇气讲出来。因为厂长不仅在生产会上大夸他的成绩，而且有几次外地人来取经，罗厂长当着客人的面赞扬他：“黄工是我们厂的技术骨干，是一个有创新的……”哪怕厂长再忙，路上相见时，总会拍拍黄工的肩膀说两句，诸如“黄工，干得不错”，“黄工，你很有前途”之类，这的确让黄大佑兴奋。“罗厂长确实是一个伯乐。”此言不假，前段时间，罗厂长还把一项开发新产品的重任交给黄大佑呢，大胆起用年轻人，然而……

最近，厂里新建好了一批职工宿舍，听说数量比较多，黄大佑决心要反映一下住房问题，谁知这次罗厂长又先找他，还是像以前一样，笑着拍拍他的肩膀：“黄工，厂里有意培养你入党，我当你的介绍人。”他又不好开口了，结果家没有搬成。

深夜，黄大佑对着一张报纸的招聘栏出神。第二天一早，罗厂长办公台面上放着一张小纸条，写着：

罗厂长：您是一个懂得使用人才的好领导，我十分敬佩您，但我决定走了。

黄大佑于深夜。

思考：

1. 在本案例中，根据马斯洛的需要层次理论，住房、评职称、提高工资和入党对于黄工来说分别属于什么需要？
2. 请用公平理论分析黄大佑离职的原因。
3. 如果你是罗厂长，你将根据什么激励理论，采取什么激励措施来留住黄大佑？

项目 3　激励的具体实施

任务一　掌握激励的原则

激励是把双刃剑，激励措施得当，员工士气高涨，工作积极性高；激励措施不当，员工士气低落，工作效率低下。因此，为达到激励的效果，激励时需要注意以下基本原则：

1. 按需激励原则

需要是激励过程的起点，不了解员工的需要实施激励，就是无的放矢；只有针对员工的需要进行的激励，才可能事半功倍。在管理工作中，应当因人而异、按需激励。因员工的需要具有差异性、复杂性和变化性的特点，管理者必须深入地调查研究，全面了解员工的需要，将这些需要整理、归类，然后再制定相应的激励措施。

2. 物质激励和精神激励相结合

物质激励是基础，精神激励是根本。只有物质激励，或只有精神激励，激励的效果都不会太好。有效的激励是将两者有机结合，并在两者结合的基础上，逐步过渡到以精神激励为主。

3. 正、负激励相结合

正激励就是对员工的符合组织目标的期望行为进行奖励，负激励就是对员工违背组织目的的非期望行为进行惩罚。正、负激励相结合，就是奖惩结合。在管理实践中，正、负激励都是必要而有效的，缺一不可。

4. 时效性

激励的时机会影响激励的效果，就如同“雪中送炭”和“雨后送伞”的效果会有很大差别。激励就像催化剂，激励越及时，催化剂效应越明显，越有利于人们创造力的持续有效发挥。

任务二　熟悉激励的具体形式

在人力资源管理的实际工作中，激励的形式多种多样，每个公司都有自己的特色和做法。

1. 目标激励

为那些工作能力较强的员工设定一个较高的目标，并向他们提出工作挑战。这种做法可以激发员工的斗志，激励他们更出色地完成工作。这种工作目标挑战如果能结合一些物质激励，效果会更好。

2. 参与激励

在公司的规章制度上为员工参与管理提供方便，创造和提供一切机会让员工参与管理。在工作中，让员工对自己的工作过程享有较大的决策权。通过参与管理，促使员工形成对企业的归属感、认同感，从而满足其自尊和自我实现的需要，达到激励的目的。

资料链接

德国企业里的工厂委员会

在德国企业里，参与管理主要通过工厂委员会的协商、董事会的共同决策、监事会的制衡及其他一些方式实现。工厂委员会由不包括管理阶层的所有员工选举代表组成，委员会定期与雇主举行联合会议。法律规定雇主有义务向工厂委员会提供各种信息和有关文件，尤其是涉及财务生产、工作流程的改变等方面。员工超过 100 人的企业，工厂委员会必须委任一个财务委员会，定期与管理层会面，了解公司的财务状况；1 000 人以上的企业，每季度雇主还必须书面报告企业各方面的情况。委员会几乎可以对企业中所有重大的决策与举措表达看法。在工作时间、工资福利等方面，委员会还具有共同决策权，特别是当发现劳动条件的改变损害了员工的人性化需要时，可以要求雇主予以改变或赔偿。

（资料来源：http：//www. doc88. com/p-779474236123. html. ）

3. 工作激励

“工作的报酬就是工作本身！”工作本身具有激励力量。具体做法是：管理者应该了解员工的兴趣所在，让员工干其最喜欢的工作，发挥各自的特长。管理者为员工寻求工作的内在意义，并考虑如何才能使其工作更有挑战性和价值，给员工自我实现感。企业可以通过进行“工作设计”，采用工作内容丰富化、工作范围扩大化和工作轮换等方式，激发员工的工作兴趣和热情。

资料链接

把理由告诉他们

第二次世界大战时，美国为了尽快结束战争，制订了“曼哈顿计划”以开发原子弹。罗斯福总统赋予这一计划“高于一切行动的特别优先权”，并由军方全权实施。

这项工程极其复杂，因此在工程管理区内汇集了以奥本海默为首的一大批来自世界各国的科学家。

科学家人数之多简直令人难以想象，在某些部门，带博士头衔的人甚至比一般工作人员还要多，而且其中不乏诺贝尔奖得主。

然而，尽管人才荟萃，工程进度却很慢。原来，由于这是一项绝密计划，当时在“曼哈顿工程区”工作的1.5万人当中，只有12个人知道全盘的计划。全体人员很少有人知道他们是在从事制造原子弹的工作，他们不可能了解这些工作的实际意义，也不会对工作产生真正的兴趣。

当时负责技术监察工作的李察·费曼为了突破这个困境，费尽口舌说服上级同意告诉在这里工作的人他们正在做什么。结果获上级批准，计划主持人奥本海默向这些杰出工程师们说明了“曼哈顿计划”的本质。

在了解到他们的工作可以结束战争的重大意义之后，全体工作人员的工作积极性立刻高涨起来，工作效率也得到了惊人的提高。经过全体人员的艰苦努力，原子弹的许多技术与工程问题得到解决。1945年7月15日凌晨5点30分，美国第一颗原子弹“胖子”试验成功。

“曼哈顿计划”的成功显示出内部交流、信息沟通的重要性。无论是一家企业，还是一个团队，要想激发起成员的工作积极性，除了应制订好正确的目标和计划外，还必须让成员分享信息，尤其是完成工作所需要的信息、衡量工作成果的信息以及员工的工作如何对整体产生贡献的信息。有了充分的工作理由，就有了努力工作的激情和无限的创造力。

[（资料来源：林玉椿．职业．2008（19）．]

4. 培训激励

当今世界日趋信息化、数字化和网络化，知识更新的速度不断加快，员工知识结构不合理和知识老化现象日益突出。通过培训，可以提高员工实现目标的能力，为承担更大的责任、更富挑战性的工作及提升到更重要的岗位创造条件。在知识经济时代，培训已经成为受员工欢迎的福利和激励。

5. 榜样激励

公司可以将优秀的员工树立成榜样，让员工向他们学习。虽然这个办法很传统，但是实用性很强。榜样的力量是无穷的，一位优秀的榜样可以改善员工的工作风气，既可以激励自己，也可以激励他人。许多公司采用“明星榜”、“公司之星”等方式，就是实施了榜样激励。

6. 荣誉激励

荣誉激励如发奖状、证书、记功、通令嘉奖及表扬等，是组织对个体或群体的较高评价，对于一些工作表现比较突出、具有代表性的先进员工，给予必要的荣誉奖励，是满足人们自尊需要和自我实现的需要、激发人们奋力进取的重要手段。荣誉激励成本低廉，但效果很好。

资料链接

美国IBM公司有一个“百分之百俱乐部”，当公司员工完成他的年度任务，他就被批准为该俱乐部的会员，他和他的家人将被邀请参加隆重的集会。结果，公司的雇员都将获得“百分之百俱乐部”会员资格作为第一目标，以获取那份光荣。

日本电气公司在一部分管理职务中实行“自由职衔制”，就是说可以自由加职衔，取消“代部长、代理”、“准”等一般普遍管理职务中的辅助头衔，代之以“项目专任部长”、“产品经理”等与业务内容相关的、可以自由加予的头衔。

（资料来源：http：//www.doc88.com/p-779474236123.html.）

7. 竞争激励

在公司管理中适度引入“能者上、庸者下、劣者淘汰”的竞争机制，形成你追我赶争上游的工作氛围，从而激发员工的工作积极性和主动性。

资料链接

日本松下公司每季度都要召开一次各部门经理参加的讨论会，以便了解彼此的经营成果。开会以前，把所有部门按照完成任务的情况从高到低分别划分为A、B、C、D四级。会上，A部门首先报告，然后依次是B、C、D部门。这种做法充分利用了人们争强好胜的心理，因为谁也不愿意排在最后。

美国西南航空的内部杂志经常以“我们的排名如何”这个版块让西南航空的员工知道他们的表现如何。在这里，员工可以看到运务处针对准时、行李处置、旅客投诉案三项工作的每月例行报告和统计数字。并将当月和前一个月的评估结果做比较，制定出西南航空公司整体表现在业界中的排名。还列出业界的平均数值，以利员工掌握趋势，同时比较公司和平均水准的差距。西南航空的员工对这些数据具有十足的信心，因为他们知道，公司的成就和他们的工作表现息息相关。当某一家同行的排名连续高于西南航空几个月时，公司内部会在短短几天内散布这个消息。之后，员工会加倍努力，期待赶上人家。西南航空第一线员工的消息之灵通是许多同行无法企及的。

（资料来源：http：//www.doc88.com/p-779474236123.html.）

8. 沟通激励

管理学家巴纳德认为“沟通是把一个组织中的成员联系在一起，以实现共同目标的手段”。高效的管理离不开有效的沟通。与员工及时充分地沟通，既能了解员工所思所想，又能了解到公司日常经营与管理中的问题所在，还体现了对员工的尊重，也有助于缓解员工的心理压力和工作压力，提高其工作效率。所以，和员工的有效沟通也是一种激励。

资料链接

安利被评为2001年中国十佳雇主之一，这与其内部充分的沟通分不开。在安利的内部网上，员工可以随时发表自己的建议和不满，公司有专门的人员处理网站上的员工意见，并且迅速对员工作出回应。安利在全国有60个地区中心、2 000名员工，每个月各地区中心和安利总部都要召开一次员工大会，所有的高层经理都会利用这个机会和员工见面，听取员工们的意见。许多问题，大家坐下来沟通一下，马上就能解决掉。人力资源总监会出现在不同地区的会场上，随时了解员工的动向，并把安利的使命传达给每一位员工。

实　训

一、案例分析

案例1：美国一个毕业于斯坦福大学的年轻人，一直想找一份既可以赚大钱、又不耽误他白天打高尔夫球的工作。当硅谷一家计算机系统集成公司了解到他真的很有才华和能力以后，决定满足他的要求。

于是，此人白天打高尔夫球，晚上工作，而且工作质量和效率很高。该公司和这个年轻人都感到很满意，直到现在这个年轻人也没有离开公司。人们将这种工作时间称为“超弹性工作时间”。

思考：该公司的做法满足了员工的哪些需要？

案例2：加薪之后，他们怎么了？

有一天，副总经理对人事经理说：“嗨！老王，自从上个月加薪及增加员工福利后，我想员工们都很高兴吧！”人事经理决定亲自调查员工的感受，以下就是他的发现。

小倩说：“公司装了冷气后，我的脖子就酸痛不停，跟主任讲了多次能不能改改出风口，他就不当回事。”

小钱说：“在公司三年了，餐厅的菜几乎都没有变化，现在想到中午吃饭就觉得没胃口。”

老吴说：“你看看我要弯腰才能捡这些零件，一个月前就和领班建议装个料架，既可省掉无谓的动作，又免得我一直弯着身子，但一直没下文。”

阿洪说：“厂里那么多员工，平时除了工作也没什么交流的机会，都不知大家在做什么，建议办些活动，但都被各种理由打回票。”

美美说：“这份工作我已经做了五年了，闭着眼睛都能做，一点意思也没有，我自己都不知道还要做多久。”

小力说：“上次参加同学会，同学名片一拿出来就是经理、主管等，我在公司都七年了，好不容易才升到组长，名片实在不敢拿出来。更不服气的是，他们的薪水也不见得比我多。”

分析并回答：

1. 你认为这些员工分别是什么“人”？
2. 这些员工都分别有哪些需要？
3. 员工们对加薪及增加员工福利满意吗？为什么？
4. 该公司的激励措施违背了激励的哪些原则？

案例3：一起人才流动的“官司”

浙江省某乡镇工业公司眼看近几年市场钢琴走俏，供不应求，决定生产钢琴。该厂厂房和资金均可解决，单缺精通钢琴制作的技术人员。经多方打听，得知有几位浙江同乡在上海钢琴厂担任技术员，决定派罗乡长前往上海去找这几个人。

罗乡长通过同乡找到了在上海钢琴厂工作的何乐、张平以及李明，四人一谈，一拍即合。罗乡长不仅答应每人月薪2 500—3 000元，而且帮助解决住房和家属户籍问题，还给每人提供7万元生活保证金；同时在第一台钢琴试制成功后，每人还可获得2 000元奖金；待形成生产能力后，他们每人还能从利润额中提取1%作为分成。

何乐、张平、李明三人都是上海钢琴厂的生产技术骨干，他们辞职出走，除了优厚的待遇诱惑外，各人还有其他原因。

何乐，现年50岁。他于1953年进厂，工作了三十多年，才是一个助理工程师。他单身在上海，妻子和子女均在绍兴农村。30多年来夫妻两地分居这个问题一直得不到解决。他渴望夫妻团圆，全家和和美美地一起生活。当他听罗乡长说，该乡要办钢琴厂，需要技术人员，不仅待遇优厚，还能帮助他解决住房和家属户籍问题，他欣然同意去该乡钢琴厂工作。

张平，现年52岁。他进厂也有三十多年，“文革”前曾任本厂技术检验科科长，自“文革”开始被下放车间劳动，至今未有机会很好地发挥他的才能；另外，他与现任一位副厂长长期存在隔阂，关系不够融洽，多年来一直不讲话。他一直想调换工作环境，在有生之年施展自己的才能。当罗乡长来邀请他到该乡钢琴厂工作时，尽管他的家小均在上海，他还是一口答应了。

李明是一名青年技术人员，现年30岁，上海人。1975年进厂就跟何乐师傅学手艺。他业务上肯钻研，几年来进步较快，成为生产技术骨干。由于他没有文凭、没有学历，职称不能解决，晋升希望也很小。当他听到该乡钢琴厂要人时，他也愿意前往，认为到浙江农村创新事业，更符合自己的性格和兴趣；工作虽然比较艰苦，但经济待遇优厚；何况他与何、张关系处得不差，也乐意在一起工作。

何、张、李三人与罗乡长谈好后，立即分别向厂领导打了辞职申请报告。

党政领导都不同意批准他们辞职，并决定派厂领导去浙江与有关部门交涉，要求送还被“挖”走的技术人员。何乐等三人得知厂领导不同意辞职申请以后，便毅然离开上海钢琴厂，到该乡钢琴厂上班去了。

三名技术人员到乡镇企业后备受信任，分别担任副厂长、厂长助理和检验科长，生产积极性也调动起来了。他们与当地职工一起艰苦奋斗，经过不到十个月的时间，研制了八台“伯乐”牌的立式钢琴。这批钢琴不仅吸收了国外钢琴的优点，而且还作了多方面的改进和创新，获得了行业内专家的称赞。该厂准备从下一年起正式投产，年计划产量为300台。

上海钢琴厂经多方交涉，毫无结果，最后迫不得已贴出布告：对何乐三人的厂籍作除名处理，何乐的党籍也被厂党委开除。

思考：

1. 该乡钢琴厂为什么能吸引人才？试用激励理论说明。
2. 该乡钢琴厂是如何激励员工的？符合哪些激励原则？采用了哪些激励形式？

案例4：通用汽车的危机与解决

通用汽车为了提高劳动生产率曾实施过一次企业再造、改革计划，对汽车生产装配操作加强控制。改革后，工人把它看作是恢复了30年代“血汗工厂式”的管理，让工人以同样的工资做更多的工作。随着作业越来越容易、简单和重复，对工人的技能要求降低了，工人无法对工作产生兴趣，不满大大增加，工人的不满指责从每年100个增加到5 000个。最后工人举行了一次罢工，企业损失4 500万美元。此后装配线停工的事屡次发生，因为工人怠工，汽车没有进行必要的检验就出厂，因而出现了大量质量问题。

通用汽车公司组织了恢复正常工作环境的活动。他们对全厂工人进行了问卷调查，与各级领导、管理人员一起举行了一系列会议，最后得出以下结论：

工人认为管理部门不关心他们的需要、情感等问题；

工人的工作无保障，他们认为管理部门不事先通知或进行协商就改变他们的工作计划，增加或取消加班时间，随意通知他们停工，工人们不知如何与公司合作；

工人们认为管理部门对他们改进工作方法和工厂业务的意见没有兴趣；

有些工人对劳动环境提出了种种意见但迟迟得不到改善，对繁重、机械的重复劳动感到厌倦和不满；

许多工人对公司的目标和计划不了解，企业和员工之间缺乏共同的目标，公司想干什么，为何要这样干，工人无法知道，因此没能形成凝聚力；

第一线的管理人员认为，他们也不十分了解整个管理部门的目标和计划，因此没有把这些目标和计划同他们每天对工人的管理工作结合起来。

经过上述诊断，公司发现产生危机的主要根源是管理部门和工人之间缺乏及时的沟通和必要的交往。

经过广泛的讨论和研究，公司开始全面实施“交流计划”，内容是：

每天用5分钟在工厂广播与汽车工业、公司和工厂有关的新闻。这些新闻主要涉及销售、库存和生产计划的状况，使工人对公司的情况有大体的了解，其内容也张贴在工厂的各处布告栏里面。

消息公报：作为工厂经理和工人之间一种直接交流的方法，所有有关工厂业务的主要消息都直接传给工人，并贴在布告栏里面，包括新产品、轮班、生产计划、每周生产和新订货等变化。工厂经理还告诉大家该厂存在的问题，征求工人对解决这些问题的意见。

管理训练：为了加强管理人员在工作中的人际交往作用，所有管理人员以及职员都要经过人际关系和交往的训练，由富有组织装配线经验的公共关系协调员和质量控制主任来设计和指导。

管理部门发展了一种作业轮换计划，给予对轮换工作有兴趣的工人必要的训练，帮助他们提高在同一装配工作组内的工作能力，其中包括熟悉大约30种各不相同的但基本上属于同一技术水平的工作。

交流计划实行一段时间后看到了效果，公司恢复了正常生产，不满度下降到前一年的1/3，生产效率也有明显提高。

思考：通用公司危机的解决主要采用了什么方式？这种方式有哪些激励作用？

模块六　绩效考核

【知识目标】

1. 掌握员工绩效的定义与特点
2. 了解绩效考核的含义与作用
3. 了解绩效考核的分类
4. 了解绩效考核的流程
5. 熟悉绩效目标的制定
6. 掌握绩效考核的原则
7. 了解绩效考核的主要方法

【技能目标】

1. 掌握绩效目标订立的SMART原则
2. 熟悉绩效考核的各类误差
3. 了解绩效考核的反馈与面谈

【任务引导】

每学期末进行优秀班干部评选时，你投票的依据是什么？评选存在着哪些不合理的地方？请你帮忙设计班干部的考核标准。

【案例引导】

老张的苦恼

质量部经理老张最近有点烦，因为该部门一名主管离职，老张需从现有的3名技术员中挑选出一位来接任。

3名技术员各有千秋。小王虽说刚毕业一年，但是是正规院校毕业的大学生，技术水平提高较快；小李工作多年，质检经验丰富，但和客户关系较差；小杜为人活络，人际关系良好，还是现任副总经理的侄子。

老张觉得这3个人都可以晋升，但名额却只有1个，该怎么办呢？

思考：你认为老张应该如何确定晋升人选？

项目 1　绩效考核基础知识

任务一　掌握员工绩效的含义与特点

员工绩效就是员工的工作效果、业绩和贡献。主要包括完成工作的数量、质量、效率等。绩效是员工知识、能力、态度等综合素质的反映，是组织对员工的最终期望。员工绩效的高低直接影响组织的整体效率和效益。

【绩效举例】

推销员　月销售额 10 万元

生产部员工　月合格产品数量 3000 件

工资核算员　每月工资核算的准确率不低于 98%

【任务互动】

谁的绩效高？

员工甲：共生产 100 件，废品率 10%。

员工乙：共生产 90 件，全部合格。

思考：两位员工谁的绩效较高？

员工绩效具有以下特点：

1. 多因性

员工绩效的高低受到多重因素的影响，如能力、机会、激励和环境等，是多种因素共同作用的结果。

2. 多维性

员工绩效要从多方面考察，不能只看一个方面。只有从多个侧面和角度进行考核，才能对员工绩效作出合理的评价。例如，对一个生产工人，不仅要考察他生产的产品数量，还要考察其生产的产品质量、原材料消耗、工具损耗、出勤率、与他人的协作等。再如，对一位销售部经理，不仅要考察他管辖部门的销售额，还要考察他对下属的指导与监督等。

3. 动态性

员工绩效通常会呈现出一种变化状态，不是固定不变的。不同员工的绩效水平一般会有不同，同一员工在不同时期的绩效也可能会有所不同。员工能力的不断提升、员工受激励的状态、工作机会和环境的变化等因素，都会导致员工绩效的动态性。

【任务互动】

请分析以下情形体现了员工绩效的哪些特征？

1. 销售员小刘前三个月的月均销售额是20万元，但受金融危机的影响，近3个月的月均销售额只有5万元。

2. 小吴被部门推选为先进，因为他从不迟到；小李虽然能力最强，业绩也最好，但人际关系较差，所以落选了。

3. 小赵今年的业绩一直很糟。因为家中老人生病需要照顾，小赵曾请假3周照顾，结果流失了许多老客户；再加上行业衰退的原因，整个部门的业绩都很差。

4. 关于自己的绩效，有员工说："今天不好，不等于以后不好，今天好，也不一定以后就好！"

任务二　了解绩效考核的含义及作用

绩效考核又称绩效考评或绩效评估，是指对员工工作业绩的考核和评定，即根据工作目标或一定的绩效标准，采用科学的方法，对员工的工作完成情况、职责履行程度等进行定期的评定，并将评定结果反馈给员工的过程。

由于不同员工的绩效水平存在着很大的差异，因此需要对之进行科学的考核，以决定对不同的人采取不同的管理政策。绩效考核的最终目标是改善员工的工作表现，以实现企业的经营目标，并提高员工的满意度和成就感。

【小贴士】

绩效管理和绩效考核的区别

绩效管理是一个完整的系统，包括绩效计划、绩效辅导、绩效考核与面谈、绩效改进与激励等环节，而绩效考核仅仅是绩效管理中的一个环节。

作为人力资源管理的基础性环节，绩效考核为各项人力资源管理决策提供基本依据，在各项人力资源管理的职能实施中发挥着极其重要的作用。绩效考核的作用主要表现在以下几方面。

1. 绩效考核有利于员工进行自我约束和自我管理

有效的绩效考核一方面能对员工有一定的约束力和导向作用，使员工明确怎样做才能符合组织要求，从而不断增强责任感、提高忠诚度和提升敬业精神；另一方面，通过绩效考核还可以让员工了解企业对自己的评价及自身的优势与不足，从而达到激励的效果。这有利于员工自我价值的真正实现，也有利于组织工作效率的提高。

2. 绩效考核有利于提高组织的劳动生产率和竞争力

一般来说，员工的工作表现对组织的劳动生产率和竞争力有着非常重要的影响。有效的绩效考核不仅能规范员工的日常行为，而且能够调动员工的积极性、主动性和创造性，这对组织提高劳动生产率和竞争力大有裨益。

3. 绩效考核有利于组织人事决策的合理化

组织的绩效考核是组织内人事决策的重要参考标准，员工的调任、升降、淘汰、加薪、培训等都涉及绩效考核。如果组织没有规范的绩效考核机制，在进行人事变动的时候往往就会失去衡量标准，很容易出现不公平的现象。在规范的绩效考核机制下，组织的人事决策才能走向合理化。

4. 绩效考核可以减少不必要的法律纠纷

一般来说，组织绩效考核记录为日后可能发生的法律纠纷提供可靠的证据。员工招聘和解聘过程容易给组织带来法律纠纷，而绩效考核的翔实记录就可以证明组织决策的合理性，从而避免不必要的纠纷。

另外，绩效考核还可以在管理者和员工之间搭建起一个正式的沟通桥梁，促进管理者和员工之间的理解与合作。

资料链接

制度的力量

18 世纪末，英国人来到澳洲，随即宣布澳洲为他们的领地。这么辽阔的大陆怎么开发呢？当时英国没有人愿意到荒凉的澳洲去。后来英政府想了一个绝妙的办法：把罪犯发配到澳洲去。

于是，一些私人船主承包了大规模运送犯人的工作。起初政府以上船的人数支付船主运费，至于到澳洲上岸时还有多少人就与船主无关了。船主为了牟取暴利，尽可能多装人，就把生活标准降到最低。一旦船离开岸，船主按人数拿到了钱，对这些人是否能活着到达澳洲就不管了。有些船主故意断粮断水，致使从英国运到澳洲的犯人死亡率极高，不仅英政府遭受巨大损失，英国民众也对此极为不满。

英政府于是想了很多办法，比如给每条船上配一名监督官，再派一名医生，同时对犯人生活标准做了硬性规定。但死亡率不但没降下来，有的监督官和医生也不明不白地死了，老问题没解决，还出现了新问题，政府多花了钱却照常死人。

后来一位英国议员想到了制度，那些船主钻了制度的空子，而制度的缺陷在于政府付给船主的费用是以上船人数来计算的。假如倒过来，以到达澳洲的人数为准来计算费用会怎样呢？

结果，问题迎刃而解了。船主主动请医生跟船，在船上准备药品，尽可能让每位犯人都能健康抵达澳洲。因为在船上死一个人就意味着减少一份收入，从此死亡率降到了最低。

这就是制度的力量。犯人还是同样的犯人，船主还是那些船主，一个制度的改变把所有问题都解决了。

任务三　了解绩效考核的分类

根据不同的标准，绩效考核通常被分为不同的类型。

（1）按考核时间划分，可分为定期考核、不定期考核和日常考核。

（2）按考核目的划分，可分为例行考核、晋升考核、转正考核、评定职称考核、培训考核、新员工考核等。

（3）按考核对象划分，可分为经营者考核、管理人员考核、技术人员考核、业务人员考核和一般人员考核五种。

（4）按考核主体划分，可分为上级考核、自我考核、同事考核、专家考核和下级考核，以及综合以上各种方法的立体考核。

（5）按考核形式划分，可分为口头考核与书面考核、直接考核与间接考核、个别考核与集体考核。

任务四　了解绩效考核的流程

绩效考核工作一般按四个步骤展开，具体流程如图 6-1 所示。

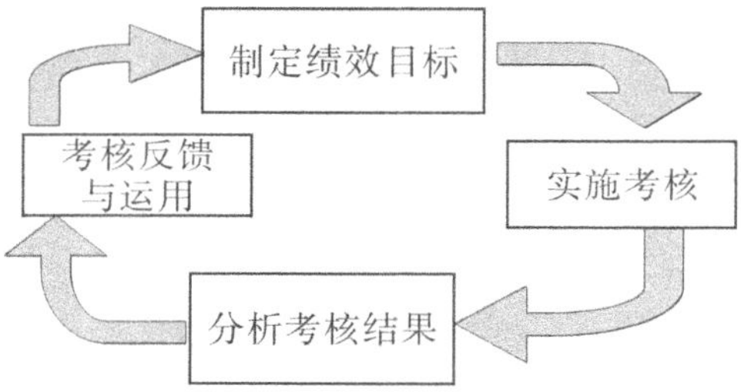

图 6-1　绩效考核的流程

在进行绩效考核时，首先需制定绩效目标或标准；其次是实施绩效考核；再次是对绩效考核结果进行分析；最后需要对考核结果进行反馈和运用。

项目 2　绩效目标的制定与绩效考核实施

任务一　熟悉绩效目标的制定

一、绩效目标的来源

绩效目标是绩效考核的前提和基础，而岗位职责和企业目标则是订立绩效目标的基础。员工的绩效体现的是其履行现有岗位职责的情况，离开了岗位职责，绩效考核就成了无源之水、无本之木。考虑到岗位内容动态性的特点，确定员工绩效目标时，应当结合公司的战略目标与年度计划，在充分沟通和协商的基础上确立员工的年度、季度或月度绩效目标。绩效目标的来源如图 6-2 所示。

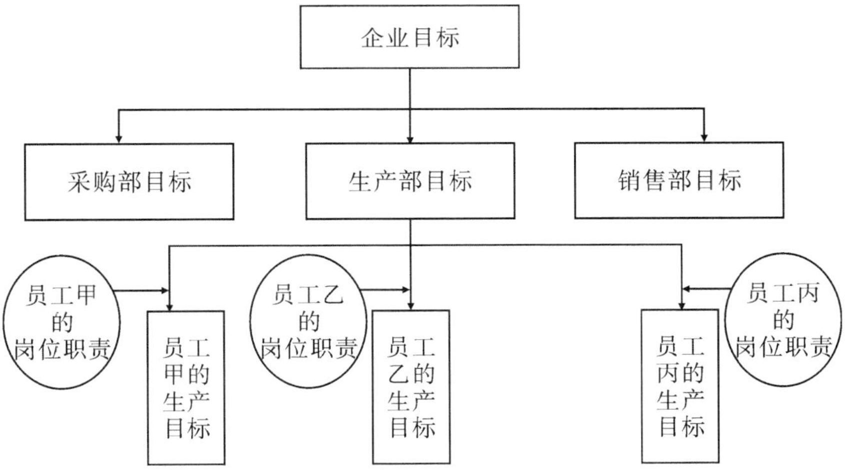

图 6-2　绩效目标的来源：企业目标和岗位职责

二、订立绩效目标的 SMART 原则

订立绩效目标应该符合 SMART 原则。

（1）S—Specific，即绩效目标应该是具体、明确的，不能笼统、抽象或模糊，以免造成主观评价。如生产合格产品 300 件，这个目标就清晰、明确，没有任何歧义。

（2）M—Measurable，即绩效目标应该是可测量和可量化的。如员工流失率不得超过

8%（员工流失率=离职人数/员工总人数），这些数据都是很容易测量和查找的。

（3）A—Attainable，即绩效目标应该是可达到的。绩效目标不能过高，如果员工无论怎样努力都达不到，就会失去信心，破罐破摔，这样就失去了绩效考核本来的意义；绩效目标不能过低，过低就没有挑战性，无法引导员工去追求高绩效，导致员工养成懒惰的习性。绩效目标的标准应当是“跳一跳，够得着”的范围。比如对销售经理的考核，去年销售收入4 000万，今年要求1.5亿，也不给予任何支持，这就是一个完全不可能实现的指标。

（4）R—Relevant，即绩效目标应该是相关的，要与所考核的岗位紧密相关，也应与公司和部门的目标相关，否则也容易偏离绩效考核的目的。

（5）T—Time-bounded，即绩效目标应该是有时限的，有明确、具体、合理的时间要求，要在规定的时间内完成，时间一到，就要看结果。如要求3 000万的销售额，仅仅这样要求是没有意义的，必须规定在多长时间内完成3 000万的销售额，这样才有意义。

【任务互动】

以下绩效考核目标中哪些是符合SMART原则的？

1. 厨房的破损度应保持在最小。
2. 在9月1日前以不超过30工时的时间消除现存电脑程序中的编码错误。
3. 在不增加费用的前提下，本季度男用手表的销售量增加10%。
4. 尽量避免设备事故的发生。
5. 每月工资核算准确。
6. 来电应马上应答，不能超过两声。回电时要遵照公司手册中的电话礼仪。
7. 为客户提供满意的服务。
8. 每月工作计划完成率在95%以上。
9. 领导100%满意。

三、订立绩效目标时的沟通

沟通在绩效考核中有着重要的作用。缺乏沟通或沟通不当，都可能会导致绩效考核的失败。确定制定绩效目标的过程，也是主管与员工双向沟通的过程。双方讨论需要完成的任务和需要达到的目标，就达到目标、绩效考核的目的、所需的支持和资源等内容达成共识，确保员工充分理解要完成的任务、工作进度和跟踪检查等问题。经过这个沟通环节，容易获得员工的理解和支持，也有利于激发员工的工作积极性，促使员工达成高绩效。在实际工作中，经常是员工被动地接受上级订立的绩效目标，这样的做法极易导致员工的抗拒和反感，最终导致绩效考核的流产。因此，在订立绩效目标时，一定要重视事前的沟通环节。

资料链接

安利公司的绩效考核指标

安利公司的绩效考评围绕“创新精神、程序管理、团队精神、持续学习的态度、坦诚的沟通”等五项能力和行为要求进行评分。但对不同职位的员工有不同的具体衡量标准。如“坦诚的沟通”：

普通员工：做一个好听众，敞开心扉，提供反馈意见时要客观；

主管级：主动征求他人的意见和评价，并能积极倾听；能用积极态度解决工作上的冲突；

经理级：鼓励开放的沟通；影响他人。

任务二　掌握绩效考核的原则

在绩效考核的过程中，必须要遵循以下基本原则。

1. 公开原则

绩效考核的标准要公开，为考核提供客观的标准以促使绩效考核活动公开化。应提高绩效考核的透明度，破除神秘观念，让考核者和被考核者直接对话，并把员工能力开发等内容融入考核体系中。

2. 开放原则

进行考核时，应加强同员工的沟通，允许员工的自我申辩，既要做到让员工心服口服，又要让员工认识到自身的差距，明确以后的努力方向；同时，绩效考核系统应保持开放性，发现原有的考核程序和指标不合理时应及时改正，从而不断完善绩效考核体系。

3. 客观原则

绩效考核的指标应该尽可能地量化，考核的方法和手段应规范化，这有助于考核者摒弃个人好恶与恩怨，防止用感情和偏见代替政策、用主观想象代替客观事实现象的出现。

4. 全面原则

因为绩效具有多维性的特点，这就要求绩效考核标准应全面，既有定性指标也有定量指标，考核方式应多样化、多层次、多角度，只有这样才能防止主观片面性，保证考核结果的客观和有效。

5. 规范化原则

如前所述，员工绩效具有动态性的特点，在不同时期、地点，员工绩效常常有很大的差别，为了全面真实地考察、了解员工的绩效，绩效考核工作应该经常化和规范化。

【案例分析】

唐僧分伞

唐僧团队是一个知名的团队，在培训的时候经常被作为典范来讲。但是这个团队的绩效管理似乎做得并不好，我们来看一下他们绩效管理的故事。

一次，唐僧团队乘坐飞机去旅游，途中，飞机出现故障，需要跳伞逃生。不巧的是，四个人只有三个降落伞，势必有一个人没有办法使用降落伞逃生，这给师傅提出了一个管理难题。为了做到公平，唐僧想到了一个办法，对各位徒弟进行考核，根据考核结果决定谁可以得到降落伞，如果考核没有通过，没有办法，只能自己受苦，以自由落体的方式，自己跳下去。

于是，师傅问孙悟空："悟空，天上有几个太阳?"悟空不假思索地答道："一个。"师傅说："好，答对了，给你一个伞。"接着又问沙僧："天上有几个月亮?"沙僧答道："一个。"师傅说："好，你也答对了，给你一个伞。"八戒一看，心里暗喜："啊哈，这么简单，我也行。"于是，摩拳擦掌，等待师傅出题，师傅的题目出来，八戒却跳下去了，大家知道为什么吗？师傅的问题是：天上有多少星星？八戒当时就傻掉了，直接就跳下去了。

过了些日子，师徒四人又乘坐飞机旅游，结果途中飞机又出现了故障，同样只有三个降落伞，师傅如法炮制，再次出题考大家。师傅先问悟空："中华人民共和国是哪一年成立的?"悟空答道："1949 年 10 月 1 日。"师傅说："好，给你一个。"又问沙僧："中国的人口有多少亿?"沙僧说是13 亿，师傅说："好的，答对了。"沙僧也得到了一个伞，轮到八戒，师傅的问题是：13 亿人口的名字分别叫什么？八戒再次晕倒，又一次以自由落体方式结束旅行。

第三次旅游的时候，飞机再一次出现故障，这时候八戒说："师傅，你别问了，我跳。"然后纵身一跳。师傅双手合十，说："阿弥陀佛，殊不知这次有四个降落伞。"

（资料来源：赵日磊．轻松做绩效：让员工和组织一起成长．北京：中国电力出版社，2012.）

思考：

1. 第三次考核时，为什么八戒自愿跳下去？
2. 唐僧的绩效考核存在着哪些问题？
3. 本案例中的绩效考核违背了哪些原则？

【任务互动】

以下考核情形违背了绩效考核的哪些原则？

1. 小唐知道自己的年终考核肯定不合格。虽然他的采购任务早就超额完成了，但因为自己前天跟一个蛮横的顾客吵架，被经理狠狠批评了一顿。

2. 小余看到工资条才知道本次绩效考核自己得了优秀，虽然多得了 500 元奖金，但小余觉得怎么也高兴不起来。

3. C 公司的绩效考核中断了两年，今年又重新开始实施了。为什么中断，又为什么重新开始，谁也不知道原因，除了人力资源部外。

任务三　了解绩效考核的方法

绩效考核的方法有很多，下文介绍几种常见的绩效考核方法。

一、排序法

1. 简单排序法

简单排序法就是考评者将员工们按照整体上的工作情况从最好到最差进行排序。这种方法简便易行，一般适合于员工数量比较少的绩效考核。

2. 交替排序法

具体做法是：考核者从被考核者中挑出最好和最差的员工各一名，分别列为第一名和最后一名，然后在余下的员工中再挑出最好和最差的员工各一名，分别列为第二名和倒数第二名。依此类推，直至将全部员工排序完毕，即可得到所有员工的完整排序。

3. 配对比较法

考核者根据某一标准将每一个员工与其他员工逐一比较，选出每次比较的优胜者，最后根据每一个员工净胜次数的多少进行排序。具体过程如表 6-1 和表 6-2 所示。

表 6-1 配对比较表

姓　名	员工甲	员工乙	员工丙	员工丁
员工甲		甲	丙	甲
员工乙	甲		丙	乙
员工丙	丙	丙		丙
员工丁	甲	乙	丙	

表 6-2 配对比较的结果排序

姓　名	胜出次数	优劣排序
员工甲	2	2
员工乙	1	3
员工丙	3	1
员工丁	0	0

这种考核方法一般只考核总体状况，不测评具体行为，结果只是相对等级顺序。该方法经济、节约时间，但不适宜被考核人数太多的情况。

4. 强制分布法

具体做法是：按“两头小，中间大”的正态分布规律，先确定好各等级在总数中所占的比例，然后按照每人绩效的相对优劣程度，强制列入其中的一定等级。如某部门员工有 20 人，其中 10% 的比例为优秀，若某员工绩效考核的排名是第三，则被列入良好等级，见表 6-3。

表 6-3 强制分布法表（示例）

等级	比例（%）	人数（个）
优秀	10	2
良好	20	4
合格	60	12
不合格	10	2

这种方法的缺点是：各等级比例的确定不太合理，在总体偏优或偏差的情况下，有可能抹杀成绩或“矮子里拔大个”。

二、关键绩效指标法（Key Performance Indicator，KPI）

关键绩效指标法把对绩效的评估简化为对几个关键指标的考核，将关键指标当作评估标准，把员工的绩效与关键指标进行比较的评估方法，关键指标必须符合 SMART 原则。KPI 法在实际工作中的运用较为广泛。这种方法的优点是标准比较明确，易于作出评估。它的缺点是对简单的工作制定标准难度较大，缺乏一定的定量性；绩效指标只是一些关键的指标，对于其他内容缺少一定的评估，具体实例见表 6-4。

表 6-4　采购部经理绩效考核指标量表

被考核人姓名		职　位	采购部经理	部　门	采购部
考核人姓名		职　位	总经理		
序　号	KPI 指标	权　重	绩效目标值		考核得分
1	采购计划完成率	20%	考核期内采购计划完成率达到（　）%		
2	采购成本降低目标达成率	15%	考核期内采购成本降低目标达成率达到（　）%		
3	采购部门管理费用控制	10%	考核期内控制在预算范围内		
4	采购及时率	10%	考核期内采购及时率达到（　）%		
5	采购质量合格率	10%	考核期内采购质量合格率达到（　）%		
6	采购计划编制及时率	10%	考核期内采购计划编制及时率达到（　）%		
7	供应商开发计划完成率	10%	考核期内供应商开发计划完成率达到（）%		
8	供应商履约率	5%	考核期内供应商履约率达到（　）%		
9	供应商满意率	5%	考核期内供应商满意率达到（　）%		
10	员工管理	5%	部门员工绩效考核平均得分在（　）以上		
本次考核总得分					
考核指标说明	1. 采购及时率=规定时间内完成采购订单数/应完成采购订单总数＊100% 2. 采购计划编制及时率=规定时间内完成采购计划编制的次数/应完成采购计划编制的总数＊100%				
被考核人签字：		日　期：	考核人签字：		日　期：
复核人签字：		日　期：			

三、关键事件法

考核人将被考核人在完成工作任务时所表现出来的特别有效的行为和特别无效的行为

记录下来，以便对被考核人的绩效进行评价并提出改进意见。需注意的是，所记录的事件必须是具体的、突出的、与工作绩效直接相关的事件（即关键事件）。具体示例见表6–5。

这种方法一般作为其他考核方法的补充，其优点是：为考核人进行考核时提供客观依据，又为与被考核人的沟通提供事实依据。同时，对员工较长时间内的绩效进行了记录，符合绩效动态性的特点，可以获得关于员工绩效改进的具体实例。

表6–5 关键事件记录表

<table>
<tr><td>员工姓名：</td><td>岗　位：</td><td>所属部门：</td><td>日　期：</td></tr>
<tr><td rowspan="4">积极的关键事件</td><td colspan="3">事件名称：</td></tr>
<tr><td>时　间：</td><td colspan="2">地　点：</td></tr>
<tr><td colspan="3">事件发生的过程描述：</td></tr>
<tr><td colspan="3">事件的正面影响：</td></tr>
<tr><td rowspan="4">消极的关键事件</td><td colspan="3">事件名称：</td></tr>
<tr><td>时　间：</td><td colspan="2">地　点：</td></tr>
<tr><td colspan="3">事件发生的过程描述：</td></tr>
<tr><td colspan="3">事件的正面影响：</td></tr>
<tr><td colspan="2">直接上级签名：</td><td colspan="2">员工签名：</td></tr>
</table>

【案例分析】

一个积极的关键事件

王林是一家公司的销售员，李志光是他的老板。一天，李志光路过王林的座位时，正巧他在打电话。李注意到王正在给买了产品的客户打电话，询问客户使用产品的情况。“您觉得用起来怎么样啊？”“您觉得我们的产品还有哪些需要改进的方面吗？除了我们的产品，您还用过其他品牌的产品吗？他们在哪些方面比我们好？”并且看到王认真地记录下客户的意见。过了几天，一份整理完好的客户意见调查报告呈现在李的办公桌上。李发现，王详细地对客户使用产品的意见进行了总结和归类，并且有自己的分析意见，这些意见对于产品的改进很有帮助。

一个消极的关键事件

赵爽将一份打印精美的月度报告交给了高经理。高经理非常认真地阅读了这份报告，他对报告中的一些数据感到有些怀疑，于是就重新计算了一下，果然发现有错误。高经理忽然想到赵爽的报告与林磊的报告用的是同样的模板，于是他拿出林磊的报告与其对照了一下，结果发现赵爽的报告中有些数据由于粗心没有被替换掉，用的还是林磊的数据，这样就导致了数据的错误。

四、行为锚定等级评价法

将同一职务工作可能发生的各种典型行为进行评分度量，建立一个锚定评分表，以此为依据对员工工作中的实际行为进行测评分级的考评办法。

行为锚定等级评价法是关键事件法的进一步拓展和应用，它将关键事件和等级评价有效地结合在一起。通过一张行为等级评价表可以发现：在同一个绩效维度中存在一系列的行为，每种行为分别表示这一维度中的一种特定绩效水平，将绩效水平按等级量化，可以使考评的结果更有效、更公平，具体示例见表6-6。

这种方法的优点是：评估指标简明、扼要，同时又能抓住关键工作要素；有较强独立性，评估尺度较精确；对具体的行为进行评估，准确性较高。缺点是：考核对象一般是从事具体工作的员工，对其他工作适用性较差；该方法设计比较困难，需要聘请专家进行设计，成本较高。

表6-6　百货店售货员对待顾客投诉的处理态度与方式考评行为锚定评分表

事件描述	锚定分值	参考得分
一个女顾客持在本公司另一分店所购女式衬衫，要求退换成另一款式，售货员成功予以退换后，该顾客大受感动，当场又另购三件衬衫、一条裙子与一件上衣。	8.7	
一怒气冲冲的顾客持一件羊毛衫来，声称上周购自本店，今日发现有一小洞。售货员及时为她退换并表示歉意，同时感谢她指出本店缺点，欢迎以后多加监督，结果该顾客满意而归。	8.3	
一顾客持购自本店的男式大衣一件，说才买一年多，衬里已磨损，要求更换，售货员友好接待并为他更换衬里。	7.4	
顾客本周从本店所购一副手套，但嫌小了，要求换大一码的，售货员及时礼貌地为她退换。	6.7	
用理性方式处理了几位春节前购物高潮中在本店购买了商品、节后又来退货的顾客。	5.7	
一顾客要求将一件背心退款。因未见瑕疵，售货员起先委婉拒绝，后在顾客的坚持下，终于接受为其退货、退款。	4.6	
在顾客要求将已购商品更换为另一颜色或式样的货品时，售货员予以拒绝，态度粗鲁，令顾客悻悻而去。	3.6	
当一顾客要求退换一在本公司购得的商品时，售货员虽明知该商品尚在规定的退货有效期内，却谎称已过期限，无法再退。	2.7	
一老年妇女要求更换刚购得的围巾，说原以为是天然羊毛的，回家后女儿指出混有大量人造毛，保温不良。售货员开始对此不理，继而粗暴拒绝，指责顾客自己粗心，最后发生争吵，对顾客破口大骂。	1.6	

（资料来源：陈天祥．人力资源管理．广州：中山大学出版社，2001.）

五、目标管理法

通过将组织的整体目标逐级分解直至个人目标，最后根据被考核人完成工作目标的情况来进行考核的一种绩效考核方式。在开始工作之前，考核人和被考核人应该对需要完成的工作内容、时间期限、考核的标准达成共识。在时间期限结束时，考核人根据被考核人的工作状况及原先制定的考核标准来进行考核。具体示例见表6-7。

它考核的对象是员工的工作业绩，即目标的完成情况而非行为。这种方法的优点是：通过目标能够调动起员工的积极性，千方百计地改进工作效率；有利于在不同情况下控制员工的方向；同时员工相对比较自由，可以合理地安排自己的计划和应用自己的工作方法；员工工作结果易于观测，评价失误较少。缺点是：目标必须具有激发性和具有实现的可能性，目标的设定难度较大，成本较高，对员工的行为在某种程度上缺少一定的评价。

表6-7 某公司推销员绩效考评表

目标项目	计划目标	完成情况	完成率（%）	权 重	得 分
1. 销售电话拨打次数	100	104	104	10%	
2. 接触新客户数目	20	18	90	10%	
3. 批发销售17号新产品的数量	30	30	100	20%	
4. 销售12号产品的数量	10 000	9 750	97.5	20%	
5. 销售7号产品的数量	17 000	18 700	110	20%	
6. 客户投诉/服务电话	35	11	31.4	10%	
7. 成功完成销售函授课程的数量	4	2	50	5%	
8. 每月底完成销售报告的次数	12	10	83	5%	
总 分					

六、360°绩效考核法

360°绩效考核法是指全方位、多角度考核员工的方法。即由被考核人的上级、同级、下级和内外部客户甚至本人担任考核者，从四面八方对被考核者进行全方位的评价。

这种方法的优点是比较全面地对员工进行评估，易于做出公正的评价，同时通过反馈可以促进员工工作能力的提高，有利于团队建设和沟通。它的缺点是：因为是来自各方面的评估，工作量比较大；可能存在非正式组织，从而影响评价的公正性；需要作为考核人的员工具备一定的绩效考核技巧。

项目 3　绩效考核误差与绩效反馈

任务一　熟悉常见的考核误差

绩效考核的过程中，由于受到多方面因素的影响，考核结果容易出现误差。产生考核误差的主要原因如下：

1. 首因效应

首因效应就是人们常说的第一印象。考核者往往根据对考核对象的第一印象的好坏来评定考评结果。如果第一印象好，对考核对象各方面的评价都比较高，第一印象不好，则对其他各方面的评价都较低。这样就容易导致绩效考核的不客观，从而出现考核误差。

2. 晕轮效应

考核者在考察考核对象的工作实绩时，特别看重考核对象的某种特性，一好百好，一差百差，以偏概全，从而产生考评误差。例如：一个与考核者关系非常好的考核对象，他的考评结果可能是每一项都是“好”，而不仅仅是“人际关系”一项”好”；再如，有的考核者对被考核女性的衣着打扮时髦看不惯而影响对她的工作实绩的评价。

3. 近因效应

人们对近期发生的事情往往印象比较深刻，而对远期发生的事情印象比较模糊。在绩效考核中也会经常发生这种情况，即评价一个人时，只看其近期的表现和成绩，以近期的记忆或印象来代替考核对象在整个被考评期的工作表现情况，因而造成考评误差。有的考核对象往往会利用这种误差效应，在一年中的前半年工作马马虎虎，到最后几个月才表现好一点。为了避免这种误差的出现，应做好员工的平常表现记录，这样有利于从整个考评期的角度衡量一个人的绩效。

4. 趋向性误差

绩效考核过程中，有的考核者倾向于对所有考核对象给予高分，导致出现趋宽误差；有的考核者倾向于给所有考核对象低分，导致出现趋严误差；有的考核者倾向于给所有考核对象的评价集中在中等区域内，导致出现趋中误差。

5. 对照误差

对照误差是指把某一考核对象与其前一位考核对象进行对照，从而根据考核者印象的偏爱而做出与考核对象实际工作情况有偏差的结论。例如，如果前一位考核对象看来各方面表现都很出色，那么在对比之下，就可能会给后一位考核对象带来不利的影响。相反，如果前一位考核对象的工作绩效及表现较差，那么后一位考核对象就可能获得高估。

6. 定势误差

定势误差是指人们根据过去的经验和习惯的思维方式，在头脑中形成对人或事物的不正确看法，从而导致考评中出现误差。这种定势主要来自于籍贯、种族、性别、性格、年龄等多个方面。

7. 类己效应

在考评中，考核者对那些与自己的性格、能力、作风等相似的考核对象，倾向于给予较高的评价；相反，对那些与自己有些格格不入的人，就作出偏低的评价。例如，主管是一个非常严谨的人，那么，他就会认为那些做事一丝不苟的员工，在各方面的表现都很出色；而不拘小节、粗线条性格的员工，各个考评项目都可能得低分。

8. 感情效应

人与人之间是有感情的，考核者与考核对象之间也存在着一种感情关系。考核者可能随着他对考核对象的感情好坏程度而会自觉或不自觉地对考核对象的工作绩效评价偏高或偏低。

【任务互动】

昆仑电子公司的绩效考评

陈平是昆仑电子公司的生产经理，他平时总是尽个人所能帮助他的员工，因此深受下属爱戴。

快到年底了，员工王霞却经常不来上班。据了解，王霞的丈夫去年得了重病，至今仍在家休养。前不久，她的儿子又得肺炎住院，这对于债台高筑的王霞来说，无疑是雪上加霜。

到年终考评的时候，陈平决定尽可能地帮助王霞。虽然王霞在各方面都不突出，但陈平在每一项考评上都给她评为“优秀”。由于公司的绩效评价与薪酬紧密挂钩，所以王霞有资格得到丰厚的奖金和加薪。

员工张明在工作中经常“突发奇想”，有“偷懒”现象，陈平劝说无效，于是他在张明的工作态度栏填上较差，但没有说明具体原因。

对员工赵华进行考评时，因赵华曾因陈平的决策失误而降职，所以为了弥补自己的负罪感，陈平给赵华评了较高的分数。

思考：陈平的考评方法存在着哪些问题？

任务二　了解考核结果的反馈与面谈

考核结果的反馈是绩效考核的最后环节。绩效考核完毕后，还应该及时地与员工面谈，将考核结果反馈给考核对象，否则，绩效考核无法实现激励、控制、奖惩等方面的功能。

一、考核反馈与面谈的基本技巧

考核结果的反馈与面谈并非一件轻而易举的事情，需要具备一些基本的技巧，具体如下：

（1）对事不对人，尽量描述事实而不是主观评论；

（2）反馈要具体，避免空谈；
（3）注意倾听；
（4）选择时机并做记录；
（5）现实的问题诊断与未来的辅导并重。

面谈的目的是对员工过去工作业绩的回顾，肯定员工的优点和成绩，并找出有待改进的地方，同时指出员工以后发展的方向。

二、反馈面谈的步骤

（1）营造和谐的气氛；
（2）说明讨论的目的、步骤和时间；
（3）根据每项工作目标考核完成的情况；
（4）分析成功和失败的原因；
（5）考查员工在价值观方面的行为表现；
（6）评价员工在工作能力上的强项和有待改进的方面；
（7）讨论员工的发展计划；
（8）为下一阶段的工作设定目标；
（9）讨论需要的支持和资源；
（10）签字。

三、面谈的方法

1. 汉堡法——正面反馈

具体做法是：先给予真心的肯定和表扬，然后提出需要改进的特定的行为表现，诚恳地指出不足，提出能够让员工接受的改善方法，最后以肯定和支持结束，并和员工一起制订绩效改进计划，表达对员工未来发展的期望。

例如，会计小杜的工作业绩不错，但近期迟到现象较为严重，财务经理用了“汉堡法”对其进行了批评。

经理找到小杜，笑着说：“小杜，你最近工作做得不错，账目很准确，上级领导很满意。”	⇨第一步：表扬特定成绩，给予真诚肯定
经理说：“但是你最近总是迟到，这个星期已经三次了吧？”小杜点头，“销售部的同事找你报销，几次都没找到你，对你很有意见”。小杜面有歉意。	⇨第二步：指出需要改进的特定行为表现
经理笑着说：“你工作一向很认真，希望你能改了迟到的问题，如果有什么困难可以提出来，我们一起解决。”后来小杜果然不再迟到。	⇨第三步：给予支持和肯定

2. BEST 法——负面反馈

当员工绩效考核效果不佳，主管人员需要纠正员工某方面的错误时，可以运用 BEST 法。

B（Behavior Description）表示行为，描述第一步先做什么事情。

E（Express Consequence）表示后果，描述做这件事的后果是什么。

S（Solicit Input）表示征求意见，问员工觉得应如何改进。

T（Talk about Positive Outcomes）表示肯定和支持，针对员工的改进措施，以肯定和支持收场并积极鼓励。

对客服人员小张的 BEST 法面谈

经理：小张，这是你第二次和客户吵架了。(B)

这不但影响你这个月的表现，而且使得销售部门对我们客服部的意见更大了。(E)

这种情况你觉得如何改进呢？(S)

小张：经理，我知道错了，下一次再有冲突发生时，我一定要从大局着想，尽量克制自己。

经理：这样做对你和部门的形象都非常有帮助，如果有什么困难，我们会尽量想办法解决，并大力扶持你。(T)

【分析与启示】

一、西游记团队的成功因素分析

西游记团队由以下成员构成：唐僧、孙悟空、猪八戒、沙僧（注：为了分析的方便，该团队中默默前行、主要负责后勤运输的白龙马在此忽略）。这个 4 人的团队之所以能够完成困难极大的组织任务，主要是因为以下几方面：

1. 目标一致

西游记团队的成员们最初是带着不同的动机和目的进来的，但不管最初的动机是什么，当加入这个团队后，每个成员都接受和认同了团队的目标，即：到西天，取真经，普度众生。“上下同欲者，胜。”目标一致奠定了西游记团队成功的基石。

2. 分工明确合理

在西游记团队中，每个成员的角色、地位和职责都有着清晰、明确而合理的划分。

(1) 唐僧——精神领袖，一把手。

(2) 孙悟空——技术总监，二把手。

(3) 猪八戒——开心果和调和剂。

(4) 沙僧——后勤部长。

3. 优势互补

(1) 能力互补。

西游记团队的成员各有千秋。从使用的武器来看，悟空有火眼金睛加金箍棒，八戒使的是九齿钉耙，沙僧用的是月牙铲，唐僧则擅长念经；从成员们的核心能力来看，唐僧领导能力卓越，悟空业务能力高强，八戒沟通和表达能力突出，沙僧对行政事务的执行力优秀。

(2) 性格互补。

西游记成员分别代表着不同的血型和性格。唐僧——A 血型。顽强、执着、坚定、百折不挠、严谨。

孙悟空——O血型。精力充沛、勇往直前、好动、冲动、行动迅速、执行力强；猪八戒——B血型。个性爽朗、开门见山、心地善良、不拘小节，喜欢自由自在。沙僧——AB血型。冷静，理性，客观，缓慢、不愠不火。

西游记成员也分属不同的气质类型。唐僧——黏液质，稳重、沉着、善于忍耐、注意力难转移而且很固执；孙悟空——胆汁质，直率热情、精力旺盛、行动敏捷、易冲动；猪八戒——多血质，活泼好动、喜欢交往、无拘无束；沙僧——抑郁质，沉默寡言、谨慎、孤僻、但善于观察到别人不容易察觉的细节。

西游记团队成员能力互补，性格互补，各有优缺点，把他们组合到一起后，达到了扬长避短的效果。比如：唐僧的坚定+悟空的勇猛+八戒的直率+沙僧的稳重=团队绩效，或者是唐僧的严谨+悟空的冲动+八戒的懒惰+沙僧的勤勉=团队绩效。还可以组合为更多的公式，无论是哪一种公式，我们都会感受到西游记团队成员们互补的巨大能量。

4. 有效激励与管理

西游记团队成员都得到了适合而有效的激励与管理。

（1）对唐僧——使命与授权。

（2）对悟空——恩威并施。

（3）对八戒——管制与言论自由。

（4）对沙僧——信任与自我管理。

5. 队伍精干

在西游记团队里，既不能裁掉任何一位员工，也不能再增加任何一位员工，这恰恰说明，西游记团队的人员配置已经达到了最精干、最优化也最为高效的人力资源配置状态。

二、西游记团队中的人力资源管理原理

1. 能级对应原理

西游记团队成员的分工既明确又合理：品行高洁、意志坚定的唐僧做团队的精神领袖和一把手；精通业务、技术全面的悟空做团队的技术总监和大师兄；直爽幽默、心地善良的八戒做了团队的开心果和二师兄；勤勤恳恳、任劳任怨的沙僧做了团队的后勤部长。这种岗位的安排与他们每个人的能力和特长是相匹配的。显然，孙悟空不可以代替唐僧，猪八戒无法做大师兄，唐僧也不能够代替沙僧，沙僧也代替不了猪八戒。每位成员都被安排在最适合的岗位上。

2. 互补增值原理

西游记团队成员能力各异，性格反差大，在团队中却产生了显著的互补增值效应，这种效应是4个唐僧、4个孙悟空、4个猪八戒或4个沙僧等任何其他组合都无法实现的。唐僧师徒4人相互制约、相互补充，最大限度地发挥了团队优势。

3. 分类管理原理

在西游记团队中，因为每位成员的需求、性格、能力、素质都有不同，所以需要对其区别对待。如对品行高洁的唐僧，采用使命与授权式的管理，对技术精英悟空进行恩威并施的管理，对自由散漫的八戒采用管制与言论自由的管理，对勤勉踏实的沙僧则是信任与自我管理。这些管理方式分别适合不同的成员。

4. 激励强化原理

唐僧师徒4人最初并不是自觉自愿走上西天取经道路的，在取经途中，他们历经九九八十一难，遇上妖魔无数，部分成员也曾产生过中途退却的想法，但最终都坚持到达了西天，修成了正果。之所以能够坚持下去，主要还得力于他们都受到了有效的激励。到西天取真经以普度众生的神圣使命让他们深深体会到自己工作的价值与意义，而完成组织任务后可以位列仙班，重回天庭，衣食无忧的美好愿景又不断诱惑着他们，使其摇摆不定时最终总是能够返回到组织的阳光大道上来，并能够保持降妖除魔的斗志与激情。

实　训

一、讨论题

1. 以下员二的话反映出绩效的哪些特征？

某员工说："今天人力资源部找我谈了，还说是老板的意思，说我这次绩效考核的成绩不好，除了我主观的原因外，也有客观原因。他们还告诉我，老板说了，相信我下次绩效考核一定能取得好成绩，他说他相信我，他能这样说，我的心情的确好多了。"

2. 以下绩效考核目标有效吗？请说明理由。

（1）在5月4日前减少当前经营所需的费用。

（2）接电话要迅速，必要时要记录电话信息。

（3）本月锅炉保养费比上月减少15%，一次性修理费不超过10 000元。

（4）一季度将办公费用控制在5万元内。

（5）华北地区s产品的投诉量低于50起。

（6）每日高效率地工作。

二、案例分析

案例1：著名绩效管理专家罗伯特·巴克沃先生讲过一个故事，他说："有一次，某著名企业的人力资源总监绘声绘色地向我介绍他们企业引进的绩效管理软件系统，他们企业的绩效目标的设定由主管和员工通过电脑网络进行，每当考核的时候，绩效考核也是全部通过电脑网络进行，主管只需要在电脑上填写考核打分表，然后把表格发给员工，让员工在考核表进行电子签名，再发回网络系统就可以了，这样节省了大量的时间，而且不受地域的限制，非常方便，非常受管理者的欢迎。听了这位总监的讲述，我说：'其实科技在给人带来方便的同时，也在破坏一些东西，绩效管理是员工与直接主管面谈、沟通的过程，在电脑上完成绩效目标的设定和绩效考核的过程，使得员工和直接主管失去了面对面沟通的机会，使绩效考核成为冷冰冰的工具，反而在相当的程度上降低了绩效管理的效果。'"

思考：这个故事给了你哪些启发？

案例2：F公司又到了年终绩效评估的时候了，从主管到每个人都惴惴不安。由于F公司采用的是强制分布法，即每个部门中A、B、C、D、E 五个等级各占一定比例，因此主管人员就需要按照给定的比例将部门的员工分配到各个档次上去。这是令主管人员非常头痛的事情，特别是该把谁评为E等确实很难办，结果往往还要向员工解释一番："其实今年我们部门大家都表现不错，只是上面规定每个部门必须要有15%的人被评为E等，上次开会只有你迟到了，所以只有委屈你了，我也是没办法。"员工们更是猜测着自己会被评为几等，甚至会对主管察言观色。如果这段时间主管对自己总是笑容可掬，心里就会猜测自己的结果差不多；如果看到主管总是对自己板着脸，那自己说不定就成了牺牲品。

思考：

1. 你如何看待F公司的考核制度？
2. 如何你是该公司的人事主管，你是否采用强制分布法进行年终考核？
3. 如何才能有效地利用强制分布法？

案例3：某公司物业主管岗位的考评细则

1. 有强烈的事业心，不计个人得失，不以权谋私，工作任劳任怨。(以上4点满分20分)
2. 参加部门召集的会议和活动；迟到一次或早退一次扣1分，缺席1次扣2分。(满分10分)
3. 外出情况：一月中无交代外出，查到1次扣2分。(满分10分)
4. 精通岗位业务知识，不断改进业务工作。(满分10分)
5. 善于发动群众，善于识人、用人。(满分10分)
6. 每月按时上交工作计划；下属人员职责明确；工作有条不紊；有考核标准和要求。(满分20分)
7. 按期按质完成部门交办的任务；工作成效明显或群众反映良好。(满分10分)

本考评细则由个人自评，本科员工、其他科及部门领导分别测评，将相加数平均后得出总分。

思考：这份考核细则存在着哪些问题？

案例4：工程部的绩效考核

人力资源部向工程部宋经理催交本季度的绩效考核结果。宋经理10分钟之内就做好了本部门五位员工的考核，然后向人力资源部上交了绩效考核结果。他的评价结果如下：

小曲，工程主管。工作能力和业绩出众，在部门内有一定威信，但上周他对宋经理的一个决定提出了异议，这让宋经理很不舒服，认为小曲太爱卖弄，对自己不太服气。所以，小曲的考核结果是“合格”。

老王，技术员。老王技术一般，还老是因为给家里买菜而迟到，今年50岁，是本部门年龄最大的一位。考虑到老王的年龄和他的暴躁脾气，宋经理还是评价老王为“良好”。

小刘，工程部文员，也是工程部唯一的女性。小刘性子慢，办事拖拉，还老是丢三落四的，但是脾气好，对宋经理言听计从。所以小刘的考核结果是“优”。

老李，电工。技术好，爱钻研，工作中没有他解决不了的问题。但是一天到晚牢骚满腹，愤愤不平。宋经理认为老李在部门没起到什么正面的作用，所以老李的考核结果是“合格”。

小丁，技术员。毕业两年了，工作还不能独当一面，只能给别人打下手，还经常请假出去旅游。不批假还不行，因为他是公司副总经理的侄儿。最后，小丁的考核结果是“良好”。

思考：宋经理的绩效考核存在着哪些问题？

模块七　员工工资

【知识目标】

1. 掌握员工工资的主要构成
2. 了解影响员工工资的因素
3. 了解员工薪酬设计的原则
4. 掌握计时工资的相关知识
5. 了解加班工资的相关知识
6. 掌握计件工资的相关知识

【技能目标】

1. 掌握员工计时工资的核算
2. 熟悉员工计件工资的核算
3. 掌握员工加班工资的认定与核算
4. 掌握个人所得税的核算

项目 1　工资基础知识

【任务引导】

赵琴是一位人力资源部经理，她所在的公司是一家服装生产企业，有100多名员工，公司设有生产部、销售部、财务部、广告策划部、人力资源部等部门。现请你替赵琴设计一份简易的生产部员工工资方案：以4—5人为一个小组，进行集体讨论。讨论结束后，派一名代表陈述方案的设想与工资核算办法，并说明其理由。

【案例引导】

同工不同酬

两个同龄的年轻人同时受雇于一家店铺，并且拿同样的工资。不久，叫阿诺德的小伙子薪水大增，而那个叫布鲁诺的却仍在原地踏步。布鲁诺对老板给自己的待遇很不满意。终于有一天，他发脾气了。老板一边听着他的牢骚，一边盘算着怎样解释。忽然，老板想出了一个方法。

“布鲁诺先生，你到集市上去一下，看看今天有什么卖的。”布鲁诺从集市回来后汇报说：“只有一个农民拉着一车土豆在卖。”“有多少？”老板问。布鲁诺赶快又去了，然后回来告诉老板是40

袋。"价格是多少?"老板又问。布鲁诺第三次到集市上问价格。"好吧",老板说,"现在你坐在这儿,看看别人是怎样做的"。

老板让人叫来了阿诺德,也叫他到集市上去看一看有什么卖的。阿诺德很快就从集市上回来了,汇报说:到现在为止只有一个农民在卖土豆,一共40袋,价格是多少,土豆质量不错,他带了一个回来给老板看。他还说,1个小时后,这个农民还会拉几箱西红柿来卖,据他看价格非常公道。昨天,铺子里的西红柿卖得很快,库存已经不多。他想,这样的西红柿,老板肯定会进一些的,所以他也带回了一个样品,而且把那个农民也带来了,他现在正在外面等着回话呢。

此时,老板转过头来对布鲁诺说:"现在你肯定知道阿诺德的薪水比你高的原因了吧?"

思考:布鲁诺与阿诺德两人同工不同酬,你认为合理吗?请说说你的理由。

任务一　掌握工资的构成

工资是指用人单位依据国家有关规定或劳动合同的约定,按照劳动者提供的劳动数量与质量,以货币形式直接支付给本单位劳动者的劳动报酬。它通常由基本工资、绩效工资、附加工资及奖金等构成:

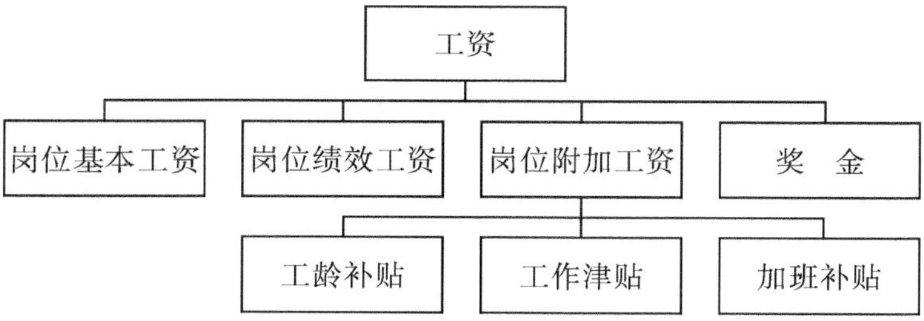

图7-1　工资结构图

一、基本工资

劳动者的基本工资是根据劳动合同约定或国家及企业规章规定的工资标准计算的工资,也称标准工资。一般情况下,基本工资是职工劳动报酬最主要、也是最稳定的部分。

在企业薪酬管理实践中,根据薪酬设计与工资支付的依据不同,以一类基本工资为核心形成以下几种主要工资制度形式:

(1)岗位工资制或职务工资制:依据岗位或职务进行支付的基本工资。

(2)技能工资制:依据技能或能力进行支付的基本工资。

(3)绩效工资制:依据绩效进行支付的基本工资,如计件工资制、提成工资制、承包制等。

(4)岗位技能工资制或职务技能工资制:即一种以劳动技能、劳动责任、劳动强度、劳动条件等基本劳动要素为评价依据，以岗位或职务工资和技能工资为主要内容，根据劳动者的实际劳动质量和数量确定报酬的多元组合的工资类型。

二、绩效工资

绩效工资，是依据员工个人绩效而增发的奖励性工资。它是以对员工绩效的有效考评为基础，实现将工资与考评结果挂钩的工资制度。为发挥工资的保障性作用，绩效工资在员工工资收入中的比例一般不宜太高，在10%—30%即可。

以绩效考核结果为基础计算薪酬，既能体现客观公正，又能促进员工之间的竞争，从而推动企业整体业绩的提升。

【任务互动】

小周在2010年4月1日到甲公司工作，双方劳动合同中约定：小周每月的基本工资为800元，此外，小周在劳动合同期限内每收回一笔公司合同货款，公司给小周1%的提成作为奖励。2012年5月31日小周提出辞职时，小周催收回来的合同款项共计20万。

思考：小周的工资由哪几部分构成？试初步核算小周平均每月领取多少工资？

三、附加工资

附加工资主要包括补贴与津贴。补贴是指为保证职工工资水平不受物价上涨或变动影响而支付的各种补贴。如冬季取暖补贴、夏季降温补贴、交通补贴、住房补贴、水电补贴、物价补贴等。津贴是指补偿员工特殊或额外劳动消耗的报酬。包括岗位津贴、保健性津贴、技术性津贴、年功性津贴及其他津贴。

（1）岗位津贴。指为了补偿员工在某些特殊劳动条件岗位劳动的额外消耗而建立的津贴。员工在某些劳动条件特殊的岗位劳动，需要支出更多的体力和脑力，因而需要建立津贴，对这种额外的劳动消耗进行补偿。岗位津贴主要有高空作业津贴、井下作业津贴、高温作业津贴、低温作业津贴、班组长津贴、夜班津贴及特种作业津贴。

（2）保健性津贴。主要是针对在工作中身体健康容易受到损害的岗位而设定的。比如卫生防疫津贴、医疗保健津贴等。

（3）技术性津贴。主要是针对拥有特殊或特种技能及贡献的岗位职工而设定的。其具体有特级教师补贴、科研津贴、工人技师津贴、中药老药工技术津贴及特殊教育津贴等。

（4）年功性津贴。即工龄工资，是用人单位为促进员工队伍的稳定，鼓励员工忠诚于企业的一种激励措施。工龄工资的发放通常会参考两个因素：员工参加工作的年限和在现工作单位的工作年限。工龄越长，在单位工作的时间越长，工龄工资越高。

（5）地区津贴。针对单位职工在不同国家或地区的生活条件和物价水平的差异而发给的津贴。如特区津贴、少数民族地区津贴等。这部分津贴通常在行政机关和事业单位的工资结构中出现，企业工资中一般不涉及这一部分。

四、奖金

奖金是指支付给员工的超额劳动报酬和增收节支的劳动报酬。包括：生产奖、节约奖、劳动竞赛奖、半年奖、季度奖、加班奖、先进奖及考勤奖等。

【任务互动】

下面是某企业员工李小丽2012年1月的工资发放表，请仔细阅读，并回答后面的问题：

表7-1　2011年1月工资发放表

（单位：元）

序号	姓名	工资标准	出勤天数	出勤工资	绩效工资	工作餐补贴	住房补贴	职务补贴	电话补贴	应发工资	代缴养老保险费	代缴失业保险费	工会费	代扣公积金	其他扣款	个人所得税	实发工资	备注
1	李小丽	3 000	26天	3 000	346.2	150	100	150	100	3 796.2	135.36	16.92	19	215		3.65	3 406.27	

思考：请将上表的各工资项目进行归类。

任务二　了解影响员工工资水平的因素

影响员工工资水平的因素有很多，主要有以下几个方面：

一、员工个人因素

一般来说，员工工资水平与自身的学历、能力、经验及业绩等成正比。

1. 学历

在劳动力市场上，学历仍是毕业生工资起薪的决定因素。根据智联招聘薪酬数据中心对2008—2011年毕业生的起薪调查显示，如图7-2所示，随着毕业生学历层次的提高，薪酬差距不断拉大。中专毕业生的平均月薪为1 500元，大专生为1 600—1 700元，本科生为2 400元左右，硕士毕业生为4 100元左右。计算机类专业毕业生起薪高于其他专业，技术类部门起薪高于其他部门，外资企业和上市公司的毕业生起薪较高。从薪酬满意度上看，57.9%的毕业生对目前的薪酬表示满意。

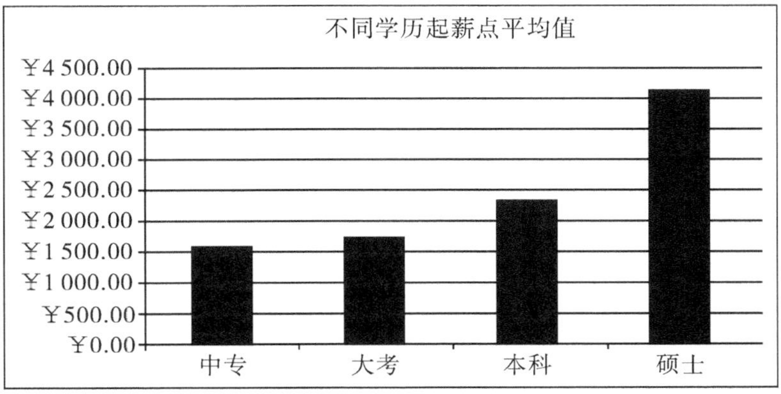

图 7-2 2008—2011 年不同学历起点薪酬平均值

2. 能力

能力也是影响员工工资的重要因素。能力越强，所获工资越高。加拿大统计局的研究报告显示，具较高教育程度、较强读写能力的人，通常获较优厚薪酬。报告指出，读写程度对收入的影响极大，大约等于教育回报的 1/3。每多接受一年教育，平均年薪增长 8.3%。

3. 年龄与经验

随着年龄和工作经验的增长，薪资水平也会递增。企业通常在工资结构中设置工龄工资或年功性工资等项目，以激励那些忠于企业的员工。在一份对白领的薪酬调查中，工作 6 年以上者，年薪均值达到了 4.5 万元以上，是工作不到 1 年者的 2 倍。

【小贴士】

《财经》杂志的一项人才薪酬调查表明：人才的薪酬与经验成正比，经验多、工作时间长者，薪酬也高。在下面的对比中也能发现：销售部代表中，有 2 年经验的年总薪金平均是 3.27 万元，有 13 年经验的平均是 7.18 万元。销售主管中，有 2 年经验的年总薪金平均是 4.7 万元，有 6 年经验的平均是 8.4 万元。

二、企业的外部因素

1. 当地的生活水平

为保障员工及其家庭的基本生活，企业确定员工工资时，必须考虑当时当地的生活水平和物价水平。如当地的生活水平和物价水平上升，则员工工资水平也需相应增长。

2. 劳动力市场的供求状况

当劳动力供不应求时，企业为了吸引人才，会提高工资待遇；当劳动力供大于求时，员工处于不利地位，其工资水平会相对较低。

3. 行业背景

受多种因素影响，不同行业的工资水平差异较大。

【小贴士】

2005 年一项对京、沪、穗、深四城市白领年薪的调查显示，北京地区收入最高的是计算机行业，白领平均年薪为 50 095 元；上海、广州均是“律师、会计师”行业高居榜首，平均年薪分别为 54 242 元和 50 000 元；在深圳，薪水最高的是“教育、文化、科研、医疗”行业，平均年薪高达 70 200 元。

从我国的产业结构来看，目前我国第三产业只占 GDP 的 30%，不仅低于发达国家，也低于印度（41.8%）、印度尼西亚（41.9%）、菲律宾（45.3%）、泰国（50.2%）、阿根廷（63.3%）等发展中国家。随着对外经贸的发展和国内市场的扩大，服务业——尤其是知识、技术含量较大的服务行业势必大大发展。

4. 国家法律和政策

员工工资水平的确定也会受到国家法律和相关政策的影响。比如，关于最低工资的条款，任何企业确定员工工资都必须要遵守。

5. 经济发展水平

员工工资与国家经济发展水平紧密相关。经济发展水平越高，员工工资水平也应该水涨船高。

三、企业的内在因素

1. 企业的发展阶段

在企业的不同发展阶段，员工的工资一般会呈现不同的水平。如在企业的初创阶段，员工工资水平相对较低；而到了企业发展的成熟期，员工工资水平会普遍较高。

2. 企业的经营状况

一般情况下，企业经营状况越好，员工工资水平越高。

3. 企业文化

在拥有以人为本、注重分享企业文化的企业，其员工工资水平普遍较高；在企业文化较为专制、保守的企业，员工工资增速会较为缓慢。

在西方国家，员工工资水平还会受工会力量的影响。

任务三 了解员工薪酬设计的原则

一、公平原则

公平是薪酬设计的基础，只有在薪酬设计是公平的前提下，员工才会产生认同感和满意度，薪酬才能产生激励作用。公平原则是制定薪酬体系首要考虑的一个重要原则，因为这是一个心理原则，也是一个感受原则。

员工对公平的感受通常包括五个方面的内容：第一是与外部其他类似企业（或类似岗位）比较所产生的感受；第二是员工对本企业薪酬体系分配机制和人才价值取向的感受；第三是将个人薪酬与公司其他类似职位（或类似工作量的人）的薪酬相比较所产生的感受；第四是对企业薪酬制度执行过程中的严格性、公正性和公开性所产生的感受；第五是对最终获得薪酬多少的感受。

薪酬体系是否公平，会直接反映在员工工作的努力程度和工作态度上。当员工对薪酬体系感觉公平时，会受到良好的激励并保持旺盛的工作热情和积极性；当员工对薪酬体系感觉不公平时，通常会采取消极的应对措施，如降低对工作的投入，不再珍惜已有工作，对企业的亲和力降低，寻找低层次的比较对象以求暂时的心理平衡，甚至可能辞职。

二、竞争原则

企业想要获得具有真正竞争力的优秀人才，必须要制定出一套对人才具有吸引力并在行业中具有竞争力的薪酬体系。如果企业制定的薪酬水平太低，那么在与其他企业的人才竞争中必然处于劣势，甚至本企业的优秀人才也会流失。在进行薪酬设计时，除了较高的薪酬水平和恰当的薪酬价值观外，企业应针对各类员工的自身特点制定灵活、多元化的薪酬结构体系以增强对员工的吸引力。

三、激励原则

在确定企业内部各类、各级职位的报酬水准时，要适当拉开差距，体现按贡献分配的原则。即多贡献多得、少贡献少得。只有这样，才能不断激励员工不断提高自身能力和素质，创造出更好的业绩。同时，单纯的高薪并不能有效地激励员工，只有以员工绩效为依据的薪酬，才具备真正的激励作用。

四、经济原则

员工的薪酬通常会列入企业的成本部分。薪酬水平的高低首先取决于企业的承受能力，任何超出企业承受能力的薪酬都是不现实和无法实现的。同时，在设计薪酬时，应追求以最小的成本获取最大的收益。这就是薪酬设计中的经济原则。

表面看来，经济原则、竞争原则和激励原则都是相互对立和矛盾的。竞争原则和激励原则提倡较高的薪酬水平，而经济原则则提倡较低的薪酬水平。但实际上，三者并不对立，也不矛盾，而是统一的。当三个原则同时作用于企业的薪酬体系时，竞争原则和激励原则就受到经济原则的制约。这时企业管理者所考虑的因素就不仅仅是薪酬体系的吸引力和激励性了，还会考虑企业承受能力的大小、利润的合理积累等问题。

五、合法原则

合法原则是企业的薪酬制度与薪酬水平必须严格遵守国家相关政策、法律法规的规定，不得出现与国家政策和法律法规相违背的情形。比如我国《中华人民共和国劳动法》（简称《劳动法》）第四十八条规定：国家实行最低工资保障制度。最低工资的相关标准由省、自治区和直辖市人民政府根据各地经济发展水平与当地物价水平等多种因素统筹兼顾制定，报国务院备案。用人单位支付劳动者工资不得低于当地最低工资标准。这一法规就要求用人单位发给任何一名员工的工资都不能低于当地最低工资标准。

表 7-2　2011 年全国最低工资纵览（部分）

省市	标准实行日期	最低工资标准（元/月）
北京	2011-01-01	1 160
上海	2011-04-01	1 280
重庆	2011-01-01	710—870
广州	2011-03-01	1 300
深圳	2011-03-01	1 320
珠海	2011-03-01	1 150
清远	2011-03-01	850
东莞	2011-03-01	1 100
中山	2011-03-01	1 100
潮州	2011-03-01	850

（资料来源：http. //www. 51labour. com/show/165100. html）

【任务互动】

请判断以下现象分别体现了薪酬设计的哪些原则？

1. 把工资列入人工成本，企业对工资水平予以控制。（　　）
2. 小王本月业绩第一，因此他本月的工资是本部门最高的。（　　）
3. 主管的工资通常比文员的工资高。（　　）
4. FT 公司的薪资水平在行业内排名第一。（　　）
5. 任何员工的工资不得低于当地最低工资。（　　）

项目2 工资的核算

任务一 掌握计时工资的核算

一、计时工资的概念

计时工资是指按照劳动者的工作时间来计算工资的一种方式。计时工资的具体形式有：小时工资制、日工资制、月工资制。另外年薪制指的是对企业中受聘担任厂长、经理等企业经营者实行的一种特定形式的计时工资制。

二、计时工资的适用范围

计时工资直接以劳动时间计算报酬，简单易行，便于计算；而各种劳动均可用劳动时间来计量，因此计时工资的适应性强，实施范围广，任何部门、任何单位和各类工种、岗位均可采用。其中，最适用的行业、企业、车间、工种、岗位有：

（1）机械化、自动化水平较高，技术性强、操作复杂，产品需要经过多道工序、多道操作才能完成，不易单独计算个人的劳动成果的行业和工种。

（2）主要为生产第一线服务和从事辅助工作，其劳动量不便于用产品产量准确计量的工人和服务人员。

（3）劳动量不便于统计计量的企业行政管理人员和技术人员等。

（4）产品、经营项目和生产条件多变的企业。

计时工资以劳动时间核算工资，能够保证职工出勤率和提高技术业务水平，从而确保劳动的质量。

三、计时工资的核算方法

计时工资主要由三个要素构成：①计量劳动与支付报酬的时间单位，如月工资按一个月计算；②计量劳动量与相应报酬的技术标准，如月工资标准；③劳动者所付出的实际有效劳动时间，即实际出勤时间。

1. 制度工作时间的计算

根据2008年1月1日起施行的《国务院关于修改〈全国年节及纪念日放假办法〉的决定》：我国全体公民的法定节假日由原来的10天增设为11天。据此，职工全年月平均制度工作天数办法分别调整如下：

年工作日＝365天－104天（双休日）－11天（法定节假日）＝250天

季工作日=250 天÷4 季=62.5 天/季

月工作日=250 天÷12 月=20.83 天/月

工作小时数的计算：以月、季、年的工作日数除以每日 8 小时。

2. 日工资、小时工资的折算

按照《劳动法》第五十一条规定，法定节假日用人单位应当依法支付工资，即折算日工资、小时工资时不剔除国家规定的 11 天法定节假日。据此，日工资、小时工资的折算为：

日工资=月工资收入÷月计薪天数

小时工资=月工资收入÷（月计薪天数×8 小时）

月计薪天数=（365 天-104 天）÷12 月=21.75 天

【小贴士】

从 2008 年 1 月 1 日起我国法定假日主要有元旦、清明节、五一、端午节、中秋节各 1 天，春节、国庆节各 3 天。共计 11 天。折算日工资、小时工资时不剔除国家 11 天法定节假日。根据《劳动法》相关规定，在计算制度工作时间应使用 20.83 天；计算日工资、小时工资及加班工资时应使用 21.75 天。

四、计时工资核算的简易流程

实行计时工资制的单位，核算工资是根据工资标准、考勤记录和有关制度计算的。

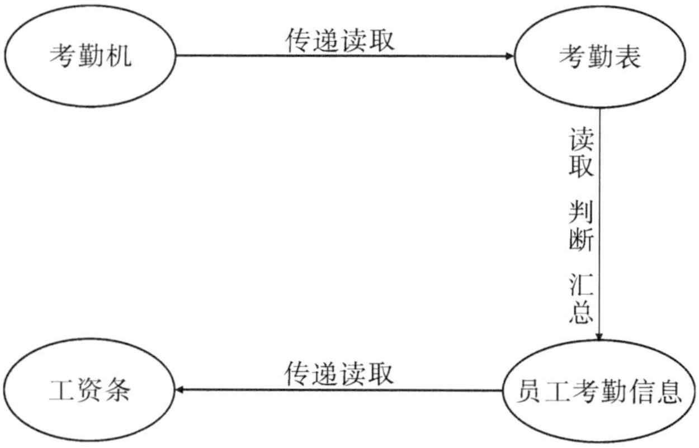

图 7-3　考勤记录与计时工资形成简易流程图

从图 7-3 中，可了解到计时工资形成的简易过程：

第一步　经过手工或电子设备采集企业相应部门或车间班组的考勤记录，计算汇总为员工考勤表（样式见表 7-3）；

表 7-3 某企业员工考勤表

月份： 月份 迟到△ 早退○ 旷工× 病假◇ 事假◎ 公假⊙

日期 姓名	1	2	3	4	5	6	7	8	9	10	11	12	13	14	15	16	17	18	19	20	21	22	23	24	25	26	27	28	29	30	31

第二步 根据核算准确的考勤记录与每个员工标准工资（查找样式见图 7-4），计算生成每个员工相应的工资单。即要准确核算员工计时工资，必须已知两个关键因素：员工在某一时段（如日、月、季度或年）准确的考勤记录及月（日、小时）标准工资，这样才能计算员工计时工资。

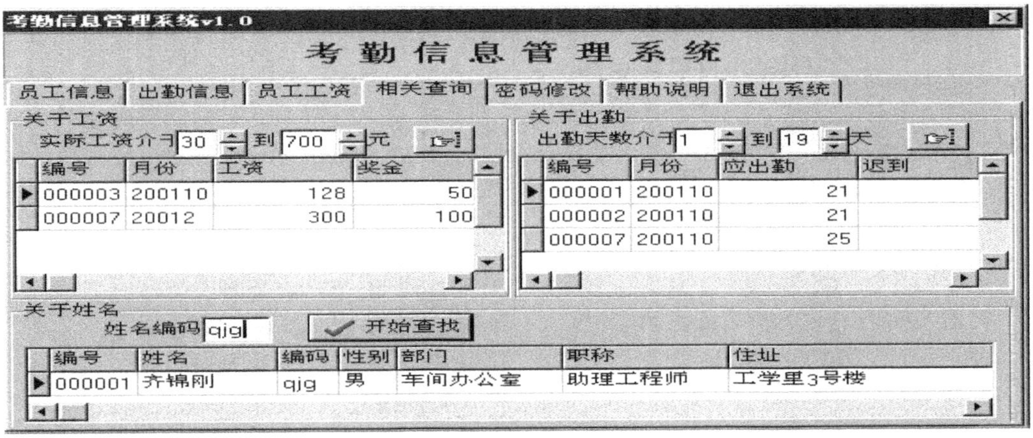

图 7-4 某企业考勤信息管理系统

五、考勤记录采集方式

准确考勤记录是工资核算准确的保障。为保证考勤的采集是准确的，考勤需要采取科学合理的方法，通常企业使用的考勤方法有三种：

首先是最原始的手写式考勤。企业按部门或车间班组出勤安排，进行登记与汇总。方法简单、成本低廉但比较费时。一般5—50人之间的企业是可以使用的。

其次是考勤钟式的考勤，俗称打卡。员工上下班时将自己的考勤卡直接插入考勤钟，考勤卡立刻会显示上下班的具体时间。考勤记录直观明了、采集科学，考勤记录的查找较为方便，但也需要管理人员费时收集考勤卡并累计汇总，一般适合于50—200人之间的企业。

再次是指纹或刷卡式考勤，这两种方式操作均方便快捷，且考勤记录可直接存入电脑中，计算累计也较方便，是很好的管理考勤的方法，为很多企业所使用。这两种考勤方法各有利弊：刷卡可以替代，易出现代人打卡的现象，导致考勤管理记录失实，加大了监管的难度；而指纹考勤则不易出现代打卡现象，相对科学，只是设备价格较贵，购买和维护成本高。

【任务互动】

下面是某企业甲工程项目考勤计酬表（见表7-4），仔细阅读下表，思考并讨论下面的问题：

表7-4　某企业甲项目考勤计酬表

说明：缺勤　　迟到□　　病假◇　　因公事假○　　因私事假☆　　出勤■

		1	2	3	4	5	6	7	8	9	10	11	12	13	14	15	16	17	18	19	20	21	22	23	24	25	26	27	28	29	30	31	出勤天数
张三	上午					■	■	■	■		■	■	■																				7
	下午					■	■	■	■		■	■	■																				
	晚上					■	■	■	■		■	■	■																				
李四	上午					■	■	■	■		■	■	■	■	■																		9
	下午					■	■	■	■		■	■	■	■	■																		
	晚上					■	■	■	■		■	■	■	■	■																		
王五	上午					■	■	■			■	■	■	■				■	■	■	■	■											12
	下午					■	■	■			■	■	■	■				■	■	■	■	■											
	晚上					■	■	■			■	■	■	■				■	■	■	■	■											
刘六	上午					■	■	■	■		■	■	■	■	■			■	■	■	■	■			■	■	■	■					18
	下午					■	■	■	■		■	■	■	■	■			■	■	■	■	■			■	■	■	■					
	晚上					■	■	■	■		■	■	■	■	■			■	■	■	■	■			■	■	■	■					
赵七	上午																	■	■	■	■	■			■	■	■	■					9
	下午																	■	■	■	■	■			■	■	■	■					
	晚上																	■	■	■	■	■			■	■	■	■					

上海银商新一代项目补助计算方法：

姓名	出勤天数	应发补助	扣除部分	应发补助	实发补助
张三	7	55×7=385	15	370	
李四	9	55×9=495	5	490	
王五	12	55×12=660	15	645	
刘六	18	55×18=990	15	975	
赵七	9	55×9=495	15	480	
合计	55	3 025	65	2 960	

注：1. 扣除部分为不足一天的扣除费用。请领导审批本阶段的有关补助。谢谢！

* * *项目开发组

2011 年 7 月 1 日

思考：

1. 请简要说说计时工资核算流程。
2. 该项目考勤记录的采集选择的是哪一种方式？简述这种考勤记录的采集是否合理。
3. 简要说说参与项目的员工补助是如何计酬的？
4. 请归纳一下计时工资的两个关键因素。

六、月薪制计时工资的核算

由于我国大多数单位均采用月薪制，因而重点介绍月薪制情况下计时工资的两种计算方法：

1. 按月标准工资扣除缺勤天数应扣工资额计算（减法）

某职工本月应得工资=该职工月标准工资-（日标准工资×事假天数）-（日标准工资×病假天数×病假扣款率）。

2. 按出勤天数直接计算（加法）

某职工本月应得工资=日标准工资×该职工本月出勤天数+日标准工资×病假天数×（1-病假扣款率）。

3. 日标准工资的计算方法

（1）按 30 天算日工资率：日标准工资=月标准工资/30。

（2）按 20.83 天算日工资率：日标准工资=月标准工资/20.83。

在按 30 天计算日工资率的企业中，由于节假日也算工资，因而出勤期间的节假日，也按出勤日算工资。事、病假等缺勤期间的节假日，也按缺勤日扣工资；在按 20.83 天计算日工资率的企业中，节假日不算、不扣工资。

（3）按 21.75 天计算日工资率：日标准工资=月标准工资/21.75。

上述三种计算方法中，月计薪天数具体取值需根据企业实际情况来选择。不同企业，工资制度不同，月计薪天数取值也不同。工资核算人员要严格按照本企业的工资制度来确定月计薪天数。

【任务互动】

某企业工人张军的月工资标准为840元。2011年8月份31天，事假4天，病假2天，星期休假10天，出勤15天。根据该工人的工龄，其病假工资按工资标准的90%计算。该工人病假和事假期间没有节假日。试按三种不同计薪天数分别计算该工人本月应得工资。

（1）按30天计算日工资率：

日标准工资＝840/30＝28（元）

①按月标准工资扣除缺勤天数应扣工资额计算（减法）：

某职工本月应得工资＝该职工月标准工资－（日标准工资×事假天数）－（日标准工资×病假天数×病假扣款率）＝840－28×4－28×2×（1－90%）＝840－112－5.6＝722.4（元）

②按出勤天数直接计算（加法）：

某职工本月应得工资＝日标准工资×该职工本月出勤天数＋日标准工资×病假天数×（1－病假扣款率）＝28×（15＋10）＋28×2×90%＝700＋50.4＝750.4（元）

（2）按20.83天计算日工资标准：

日工资标准＝840/20.83＝40.33（元）

①按月标准工资扣除缺勤天数应扣工资额计算（减法）：

某职工本月应得工资＝840－40.33×4－40.33×2×10%＝670.61（元）

②按出勤天数直接计算（加法）：

某职工本月应得工资＝40.33×15＋40.33×2×90%＝677.54（元）

思考：试用21.75天月计薪天数来计算该工人的本月应得工资。

任务二　掌握加班工资的认定与计算

【案例引导】

小李是广东地区某服装生产企业的工资核算员，其劳动合同中明确约定月工资为900元，其每月的实际收入为1 200元，包含交通费80元/月、通信补贴40元/月、伙食补贴180元/月，但这三种补贴以充值卡和现金的形式发放，未在工资总额中体现。当地最低保障收入为750元/月。2008年春节前一月，由于工作忙，小李被要求在一个周末加班两天，而在春节前第二周，由于事情做不完，她自己决定每天加班2小时。而且，在春节期间，还安排了值班三天，分别是初一、初四和初五。当月累计加班时间50小时。

春节后一上班，小李就向人力资源部递交了辞职申请，并在第二天就获得同意辞职的批复。在结算工资时，小李获得的加班工资为180元，过节费150元。并在春节上班后的第一周安排小李补休1天。小李认为加班费的计算不合理，要求人力资源部提供加班工资的算法，人力资源部告诉她，其加班工资240＝750÷25÷8×32×2。小李觉得这种算法不合理，认为：（1）公司应该按照其月实际收入的1 200元来计算加班工资基数。(2) 春节前一周，她每天加班2小时，累计有10小时，也应该计算加班费。(3) 补休只能补休休息日加班，而不应补休春节当天的3倍加班工资，因此，其加班工资＝1 200÷25÷8×（24×2+1.5×10+8×3）＝522元，要求企业补给她282元加班工资。

企业不同意小李的要求，认为：(1) 加班工资基数在不低于当地最低生活保障的情况下可以自行决定；(2) 春节前每天加班2小时是小李的自愿行为；(3) 企业给小李发了过节费，又安排了补休，不能按3倍计发春节当天的加班工资。

双方各执一词，无法达成一致，小李便向当地劳动仲裁部门申请仲裁。仲裁结果认定：小李的加班工资＝900÷21.75÷8×（24×2+8×3）＝372元，裁定企业补发小李加班工资132元。同时，认定服装公司在1月内安排小李的累计加班时间40小时，超过了一月内累计加班超过36小时之规定，对服装公司做出行政处罚。

案例中小李、服装公司和劳动仲裁机构之间争议主要集中在以下几个方面：①加班事实的认定，即在什么样的情况下加班是法律意义上的加班；②加班工资基数如何认定；③加班倍数如何确定；④法定假日加班是否可补休；⑤加班时间如何限定。下文就对这些内容逐一进行说明。

一、加班事实的认定

按照加班的性质来看，加班是指劳动者根据用人单位的要求，在8小时之外、休息日、法定节日等时间继续从事生产或工作。通俗地说，就是在假期里继续干原工作。加班是应用人单位的要求。根据单位的相关通知，或开会通知，或者是经过审批并有单位受权人的签字的加班申请单（样式见表7-5），都可视为用人单位要求员工加班的书面证据。如果确认单位安排加班的事实，应该支付相应的加班工资。在案例中，小李属于自愿加班，不能算加班也无法享受加班工资。

表7-5　员工加班申请单

单位名称：

姓　名		所属部门		填表日期	
加班时段	□工作日加班　□周末假日加班　□法定节日加班				
预定加班时间	年　月　日　时　分 — 年　月　日　时　分				
加班事由					
加班工作内容					
加班地点					
部门审批	年　月　日				
人力资源部审批	年　月　日				
总经理审批	年　月　日				

二、加班工资基数的确定

认定了加班的事实后，要准确计算加班费，首先必须正确核定加班费的计算基数，即员工的小时工资率。员工小时工资率＝月工资收入÷月计薪天数，确定员工的小时工资率的前提是能清楚界定“月标准工资”和“月计薪天数”两个概念。“案例引导”中各方争议的一个重点就是应以“1 200 元”、“900 元”还是“750”元作为“月标准工资”，以及应以 25 天还是 21.75 天作为“月计薪天数”。

1. 月计薪天数

根据国家相关规定，法定节假日用人单位应当依法支付工资，即折算日工资、小时工资时不剔除国家规定的 11 天法定节假日。据此，日工资、小时工资的折算为：日工资＝月工资收入÷月计薪天数；小时工资＝月工资收入÷（月计薪天数×8 小时）。月计薪天数＝（365 天－104 天）÷12 月＝21.75 天。由此可见，法律明确规定“月计薪天数”一律为 21.75 天。

2. 月工资收入

针对“月工资收入”由于国家相关法律没有明确规定，为此加班工资争议颇多。薪酬管理实践中“月工资收入”的确定应把握以下几点：

（1）如果劳动合同有明确约定工资数额的，按不低于劳动合同约定的工资标准确定“月工资收入”。集体合同（工资集体协议）确定的标准高于劳动合同约定标准的，按集体合同（工资集体协议）标准确定“月工资收入”。劳动合同、集体合同均未约定的，由用人单位与员工代表通过集体协商确定“月工资收入”，协商结果应签订工资集体协议。应当注意的是，如果劳动合同的工资项目分为“基本工资”、“岗位工资”、“职务工资”等，应当以各项工资的总和作为基数计发加班费，不能以“基本工资”、“岗位工资”或“职务工资”单独一项作为计算基数。

（2）如果劳动合同没有明确约定工资数额，或者合同约定不明确时，原则上“月工资收入”以员工实际月工资为标准。如果有具体的地方法规，遵照相应的地方法规执行。例如，上海市出台了《上海市企业工资支付暂行规定》，其中第十一条明确规定“月工资收入”可以按照“在正常情况下的本人月实得工资的 70%”确定。应当注意一点，虽然说，原则上以实际工资收入作为“月工资收入”计算加班费基数，但是，未在工资条中体现的补贴及津贴，可以不计入“月工资收入”。

（3）实行计件工资的，应当以法定时间内的计件单价来核算加班费的计算基数。尤其要强调的是，“月工资收入”不得低于当地最低工资标准，否则，应确定最低工资为“月工资收入”。

综上所述，“案例引导”中小李在劳动合同中约定月收入为 900 元/月，因此，应该以 900 元作为其“月工资收入”，其加班工资基数＝900÷21.75＝41.38 元。

如果小李是在上海地区，按照 70% 计算其“月工资收入”的结果为 630 元，低于当地最低工资标准，因此，其“月工资收入”应等于当地最低工资标准 750 元。

三、加班倍数的确定

在规定工作时间以外延长员工工作时间和休息日，法定休假日安排员工工作，都占用了员工的休息时间，从法律角度是不予鼓励并应加以限制的，因而，我国的《劳动法》明确规定：用人单位在延长员工工作时间的情况下应当支付高于员工正常工作时间工资的工资报酬。

【小贴士】

《劳动法》第四十四条：

在标准工作日内安排员工延长工作时间的，支付不低于工资的百分之一百五十的工资报酬；

休息日安排员工工作又不能安排补休的，支付不低于工资的百分之二百的工资报酬；

法定休假日安排员工工作的，支付不低于百分之三百的工资报酬。

“案例引导”中小李春节当天的加班，应该按300%支付加班费。如果春节前一周小李每天自愿2小时的加班也获得企业追认，那该段时间的加班费应按正常小时工资的150%支付。

四、补休与加班费

“案例引导”中小李与企业还有一个争议点就是“法定假日能不能因为安排补休和发了过节费而不发加班工资”，答案是否定的。根据规定，单位在法定节假日安排员工加班的，应当按照不低于员工本人日或小时工资的300%的标准支付加班工资，而不得以调休等方式代替。但是，依据《劳动法》第四十四条规定，休息日安排员工加班工作的，应首先安排补休，不能补休时，则应支付不低于工资的百分之二百的工资报酬。补休时间应等同于加班时间。因而，在休息日安排员工工作，安排了补休可以不再支付加班工资。

另外，过节费与加班工资是完全不相关的两回事，过节费是公司的一种福利政策，而加班工资是公司对员工在额外工作时间提供的补偿，不管公司是否支付过节费，如果安排员工加班，就必须按照相关规定安排补休或计算加班工资。

“案例引导”中服装公司的说法是没有依据的，小李春节当天的加班可以获得300%的加班工资，补休可以抵消小李周末或“初四、初五”四天中的两天。

五、加班时间限定

企业安排员工加班需要支付员工加班费，那企业是不是就可以无限定地安排员工加班了呢？答案是否定的。《劳动法》第四十一条明确规定“用人单位由于生产经营需要，经与工会和员工协商后可以延长工作时间，一般每日不得超过一小时；因特殊原因需要延长工作时间的，在保障员工身体健康的条件下延长工作时间每日不得超过三小时，但是每月不得超过三十六小时”。如果超时，无论给多少加班费，用人单位都违法了。

“案例引导”中，服装公司安排小李的有效加班时间为40小时，违反了《劳动法》的规定，这也是案例中仲裁机构要对服装公司做出行政处罚的原因。

任务三　掌握计件工资的核算

一、计件工资的概念

计件工资是按照员工生产合格产品的数量（或作业量）和预先规定的计件单价来计算劳动报酬的一种工资形式。在这种工资形式下，员工的工资与其劳动直接相关，多劳多得，少劳少得，不劳不得，能够较好地体现按劳分配的原则，也因此对员工有明显的激励作用。

计件工资的计算公式是：

计件工资=计件单价×合格产品数量

二、实施计件工资制的条件

企业实施计件工资，应当具备如下条件：

（1）产品的数量能够被准确统计，并能正确反映工人所支出的劳动量。

一般来讲，机械化、自动化程度较低，主要依靠体力劳动和手工操作进行生产的企业和工种最适宜采用计件工资制。此外，那些机械化和手工操作并用，或是机械化程度较高，但产品数量能够计量的工种或单位，也可以采用计件工资制。而机械化、自动化程度较高，产品品种复杂，数量不易计量的生产单位和工种，一般不宜采用计件工资制。

（2）产品的数量和质量主要取决于工人主观努力的工种或岗位。

工人的生产成绩大小主要取决于本人的操作熟练程度和充分有效地利用工时。那些生产成果的多少与工人的操作没有直接或密切联系的生产单位或工种，一般不适合采用计件工资制。

（3）具有明确的产品质量标准，且能够检验产品质量。

凡是没有产品质量标准或质量标准不明确，难于严格检验产品质量的单位或工种，不宜实行计件工资制。

（4）具有先进、合理的劳动定额和比较健全的原始记录统计制度，有严格的计量标准。那些不能准确制定劳动定额的单位或工种，不宜实行计件工资制。

另外，还有一些生产任务饱满，原材料、燃料、动力供应和产品销路比较正常，能够组织均衡生产，并鼓励增加产量的单位，才能实行计件工资制。

上述条件不是孤立的，而是互相结合的，企业或工种必须基本上具备这些条件，才能实行计件工资制。

三、个人计件工资的基本核算方法

1. 全额无限计件工资核算

全额无限计件工资，就是员工全部工资都依照所完成劳动定额，以统一的计件单价来计发，不受限制。实行无限计件工资制的工人，计件期间不再领取本人标准工资。

这种计件工资形式应用得较为普遍。它计算简单，工资和劳动成果的联系密切，员工容易掌握。在计件单价已经确定的情况下，工人应得工资同完成产量定额程度成正比，同单位产品实耗工时成反比，多劳多得，能激发工人发挥主观能动性，有利于提高劳动效率。

计算公式：

计件工资＝计件单价×实际完成的合格产品数量

或

计件工资＝小时工资率×实际完成的定额工时

【例】 工人甲在2012年3月内共生产合格产品300件，每件产品规定的计件单价为3.50元，计算其实得计件工资。

根据公式，则为：甲该月实得计件工资＝3.50×300＝1 050（元）

2. 超额无限计件工资核算

超额无限计件工资核算，又称分段计件工资制，是在劳动定额内，按计时发给标准工资，超额部分发给计件工资。

具体做法为：工人完成劳动定额，按月计发给本人标准工资；超额部分，不同等级的工人按照同一单价计发超额计件工资，不受限制；没完成定额的，适当减发当月标准工资。一般来说，老工人较多的车间、工种，为了兼顾新、老工人的利益，宜于采用这种形式。

其计算公式：

实得计件工资＝定额内应得标准工资+超额部分应得计件工资

超额部分应得计件工资＝计件单价×超定额产量

【例】 工人乙月标准工资为800元，实行超额无限计件工资，规定的定额产量为250件，计件单价为3元，2012年4月实际完成定额280件，试计算乙该月实得计件工资。

根据公式，则为：

乙该月实得计件工资＝800+3×（280−250）＝890（元）

项目3 个人所得税的核算

任务一 掌握个人所得税的计算

一、个人所得税的内涵

个人所得税是以个人（自然人）取得的各项应税所得为对象的一种税，统一适用于中国公民和在我国取得收入的外籍人员。根据我国税法规定，个人领取工资与奖金时，要依法纳税。依法纳税是每个公民应尽的义务。

个人所得税的三要素。具体是：

（1）纳税人。依照国际通常惯例，我国个人所得税的纳税人，按照住所与居住时间两个标准，区分中国公民和个人工商户等居民纳税人、外籍个人与港澳台同胞等非居民纳税人，分别承担不同的纳税义务。

（2）纳税对象。我国个人所得税，有11项应税所得项目。形式包括现金、有价证券、实物和其他形式的经济利益。本任务中仅涉及工资薪金所得（含一次性奖金所得）这一纳税对象。

（3）个人所得税税率。依照我国个人所得税的有关规定，个人工资薪金所得采取超额累进制税率，即工资收入越多、应纳个人所得税越多。

二、工资薪金所得的个人所得税计算

1. 工资薪金所得额确定

工资、薪金所得是指个人因任职或受雇而取得的现金及非现金形式的报酬，包括工资、薪金、奖金、年终加薪、劳动分红、津贴、补贴以及与任职、受雇有关的其他所得。

根据《全国人大常委会关于修改个人所得税法的决定》规定，2011年9月1日起个税起征点从2 000元提高到3 500元。

【小贴士】

下列所得不属于工资、薪金性质的所得，不予征税：

（1）企业和个人按照国家或地方政府规定的比例提取并实际缴付的住房公积金、医疗保险金、养老保险金及失业保险金。

（2）省级人民政府、国务院部委和中国人民解放军以上单位，以及外国组织、国际组织颁发的科学、教育、技术、文化、卫生、体育、环境保护等方面的奖金。

（3）按照国家统一规定发给干部、职工的安家费、退职费、退休工资、离休工资、离休生活补助费。

(4) 按照国家统一规定发给的补贴、津贴。如独生子女补贴。

(5) 抚恤金、救济金。

(6) 保险赔款。

(7) 军人的转业安置费、复员费。

此外，托儿补助费、差旅费津贴、误餐补助等均免予征收个人所得税。

2. 个人所得税税率

我国个人所得税采用七级超额累进制税率，具体如表7-6所示。

表7-6 七级超额累进个人所得税税率表

级数	全月应纳税所得额	税率（%）	速算扣除数
1	不超过1 500元	3	0
2	超过1 500元至4 500元的部分	10	105
3	超过4 500元至9 000元的部分	20	555
4	超过9 000元至35 000元的部分	25	1 005
5	超过35 000元至55 000元的部分	30	2 755
6	超过55 000元至80 000元的部分	35	5 505
7	超过80 000元的部分	45	13 505

3. 工资薪金所得个人所得税的计算

工资、薪金所得应纳个人所得税的计算公式如下：

应纳税所得额=月工资薪金所得额-各项法定扣除额

应纳税额=应纳税所得额×税率-速算扣除数

【任务互动】

小王2012年1月工资收入9 000元，当月个人承担住房公积金、基本养老保险金、医疗保险金、失业保险金共计2 000元，试计算小王当月应纳个人所得税额。

应缴纳个人所得税=（9 000-2 000-3 500）×10%-105=245（元）

【小贴士】

个人所得税代扣代缴义务

所谓扣缴义务人，是指有义务从持有的纳税人收入中扣除应纳税款并代为缴纳的企业或单位。工资薪金的个人所得税以支付工资薪金所在单位为扣缴义务人。

三、全年一次性奖金个人所得税的计算方法

全年一次性奖金，是指行政机关、企事业单位等扣缴义务人根据其全年经济效益和对雇员全年工作业绩的综合考核情况，向雇员发放的一次性奖金，包括年终加薪、实行年薪制和绩效工资办法的单位根据考核情况兑现的年薪和绩效工资。

根据《国家税务总局关于调整个人取得全年一次性奖金等计算征收个人所得税方法问题的通知》（国税发［2005］9号）规定，纳税人取得全年一次性奖金，单独作为一个月工资、薪金所得计算纳税，并按以下计税办法，由扣缴义务人发放时代扣代缴。

先将雇员当月取得的全年一次性奖金除以12，按其商数确定适用税率和速算扣除数。在此基础上，再计算个人所得税，分两种情形：

（1）个人取得全年一次性奖金且获取奖金当月个人的工资所得高于（或等于）税法规定的费用扣除额的。

计算公式为：应纳个人所得税税额=个人当月取得的全年一次性奖金×适用税率-速算扣除数

个人当月工资、薪金所得与全年一次性奖金应分别计算缴纳个人所得税。

（2）个人取得全年一次性奖金且获取奖金当月个人的工资、薪金所得低于税法规定的费用扣除额的。

计算公式为：应纳个人所得税税额=（个人当月取得全年一次性奖金-个人当月工资、薪金所得与费用扣除额的差额）×适用税率-速算扣除数。

【任务互动】

某企业雇员小李，2011年度每月工资收入3 250元，当月个人承担住房公积金、基本养老保险金、医疗保险金、失业保险金共计1 000元，2011年12月取得全年一次性奖金20 000元。公司对小王全年一次性奖金全额代扣代缴个人所得税（暂不考虑税法变动的差异，按2011年新个人所得税法核算）。

第一步：查找税率及速算扣除数：

经计算小李当月工资薪金所得与费用扣除额的差额为3 250-1 000=2 250（元）

（20 000-2 250）÷12=1 479.17，适用税率为10%，速算扣除为105。

第二步：计算应纳税额：

应纳税额=（雇员当月取得全年一次性奖金-雇员当月工资薪金所得与费用扣除额的差额）×适用税率-速算扣除数=（20 000 - 2 250）×10%-105=1 670（元）

因此，2011年12月该公司在发放全年一次性奖金时应代扣代缴小李个人所得税1 670元。

实 训

一、练习与思考

李珊是我国中部某省份一家高速公路公司普通职工，大专学历，2001 年参加工作，以下是她 2011 年度工资收入一览表：

工资部分	奖金部分	福利部分
1. 实发基本工资：794 元； 2. 加班费：1 491 元（每月基本一致）； 3. 工地补助：1 430 元； 每月合计：3 715 元， 年度合计：3 715×12＝44 580 元	1. 季度奖：3 600 元， 合计：14 400； 2. 第十三月工资：1 060 元； 3. 年终奖：17 280 元； 4. 目标奖：6 200 元； 年度合计：38 940 元	1. 开门红：1 000 元； 2. 元宵节：1 000 元； 3. 五一节：1 000 元； 4. 端午节：1 000 元； 5. 防暑费：1 000 元； 6. 十一节：1 000 元； 7. 中秋节：1 000 元； 8. 元旦：1 000 元； 9. 防寒费：1 000 元； 10. 春节：2 000 元； 年度合计：11 000 元
年度总收入：以上各项合计 94 520 元，大写为玖万肆仟伍佰贰拾元		

思考：

（1）李珊的 2011 年度工资收入中哪些是基本工资？哪些是绩效工资？

（2）李珊的津贴与奖金分别有哪些？

二、下面是某职业学校教职工工资信息管理系统，请仔细阅读下图

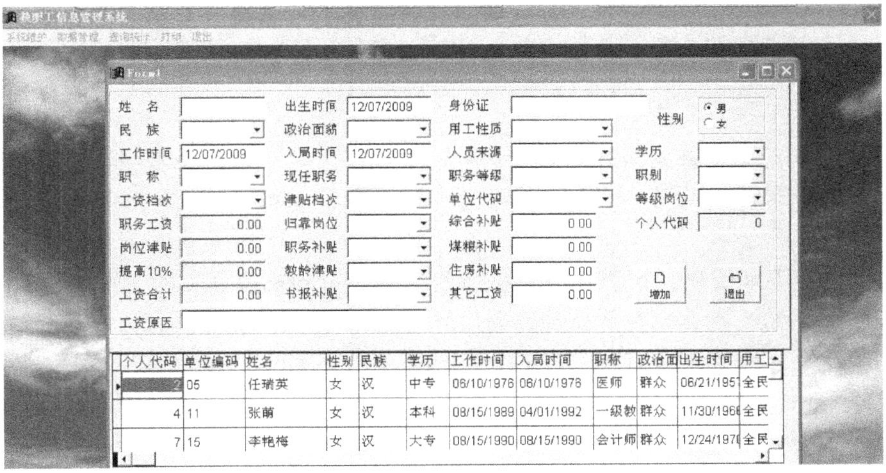

某职业学校教职工信息管理系统图

思考：

（1）你了解这张表的用途吗？试试说你的看法。

（2）你能不能将该校教职工的工资构成归类？

（3）试推断该校教职工任瑞英一个月的工资是怎样计算出来的？

三、下表是杭州富士康某工人的工资构成

时 间	工作部门	底 薪	出勤天数	加班时间	加班费	应发工资
2012 年 3 月	SMT	1 250 元	21.75 天	104 小时	1 123 元	2 373 元

注：SMT 是表面组装（贴装）技术，是目前电子组装行业里最流行的一种技术和工艺。

思考：

（1）该工人的工资总额由哪几部分构成？

（2）该工人拿的是计时工资还是计件工资，说说你的理由。

四、下面是北京某有限公司物流专员送货结算明细工资单

（时间：2009-10-01 至 2009-10-31）

姓名：张三　　职务：物流专员　　部门：商流部

	五环以内	五环以外	总台数	提成（元）	违规罚款（元）	共计（元）
电视	51	14	65	2 470	30	
冰箱	18	5	23	135	10	
洗衣机	15	6	21	840		
影音	11	8	19	798	10	
	95	33	128	4 243	50	4 193

注：2009 年 10 月份累计送货 128 台合计 4 193 元，违规次数共计 5 次罚款 50 元，基本工资 1 200 元，合计发放工资 5 393 元。

思考：

（1）张三的月工资总额由哪几部分构成？

（2）张三拿的是计时工资还是计件工资？说说你的理由。

五、请根据下列资料，计算江汉机械股份有限公司的三位员工的工资

资料一：江汉机械股份有限公司病事假规定。

职工请事假按天扣发日工资。职工请病假，工龄 8 年以下（含 8 年）扣发日工资 50%；工龄 9—15 年（含 15 年）扣发日工资 25%；工龄 15 年以上扣发日工资 15%（月工资按 21 天计算）。奖金发放：全月出勤 21 天以上的（含 21 天）发全额奖金；出勤 21 天以下的，每缺勤 1 天扣发 100 元。

资料二：职工养老保险金，上缴标准按个人承担基本工资的6%，企业承担个人基本工资的14%执行。住房公积金，个人承担工资总额和副食品补贴之和的10%，单位按个人承担的金额进行补贴。工会经费按照工资总额的2%计提。职工教育经费按照工资总额的1.5%计提。职工福利费按照工资总额的14%计提。

资料三：工资发放费用有关标准：

表1　江汉机械股份有限公司工资发放费用标准

项目	单位	金额/元	项目	单位	金额/元
加班津贴	一班次	20.00	经常性生产奖	人	1 000.00
中班津贴	一班次	5.00	副食补贴	人	500.00
夜班津贴	一班次	10.00			

资料四：江汉机械段份有限公司考勤表

表2　考勤卡记录

序号	姓名	日期									公休加班	出勤天数	中班	夜班	缺勤情况				
		1	2	3	4	5	…	29	30	31					病假	事假	工伤	产假	探亲
1	李林	/	休	休	中	中	…	中	休	休	2	21	12	5					
2	姬向	/	休	休	中	中	…	中	休	休	1	21	10	5					
3	王民	/	休	休	中	中	…	中	休	休		21	10	5					

审核员：　　　　　　　　　　　　考勤员：

资料五：江汉机械股份有限公司工资卡片

表3　江汉机械股份有限公司工资卡片

建卡日期：1994年6月　　　　　　　　　　编号：00324

<table>
<tr><td>姓　名</td><td>李林</td><td>性　别</td><td>男</td><td>民　族</td><td>汉</td><td>出生日期</td><td>1974.04.05</td></tr>
<tr><td>参加工作时间</td><td>1994.06</td><td>进厂时间</td><td>1994.06</td><td>工种</td><td>车工</td><td>签合同日期</td><td></td></tr>
<tr><td colspan="8">所属单位及工资津贴标准</td></tr>
<tr><td colspan="2">2011年</td><td rowspan="2">车间</td><td rowspan="2">工　龄</td><td rowspan="2">职务</td><td rowspan="2">级别</td><td rowspan="2">工资标准</td><td rowspan="2">变动记录</td></tr>
<tr><td>月</td><td>日</td></tr>
<tr><td>12</td><td>31</td><td>机加工</td><td>12</td><td></td><td>7</td><td>1 500</td><td></td></tr>
</table>

表 4　江汉机械股份有限公司工资卡片

建卡日期：1985 年 4 月　　　　　　　　　　　　　　　　　　　　　编号：00325

姓　名		姬向	性　别	男	民族	汉	出生日期	1963.07.28
参加工作时间		1985.04	进厂时间	1985.04	工种	车工	签合同日期	
所属单位及工资津贴标准								
2007 年		车　间		工　龄	职务	级别	工资标准	变动记录
月	日							
12	31	机加工		21		7	1 620	

表 5　江汉机械股份有限公司工资卡片

建卡日期：1995 年 7 月　　　　　　　　　　　　　　　　　　　　　编号：00326

姓　名		王民	性　别	男	民族	汉	出生日期	1972.04.05
参加工作时间		1995.07	进厂时间	1995.07	工种	车工	签合同日期	
所属单位及工资津贴标准								
2007 年		车　间		工　龄	职务	级别	工资标准	变动记录
月	日							
12	31	机加工		11		6	1 400	

六、案例分析

案例 1：今年五一节期间，某公司因接待外宾参观，安排产品调试车间的 10 位员工加班一天。后来又安排他们补休了一天。6 月初发工资时，10 位员工均没有领到加班工资，随即一起提出质疑。公司辩解称五一节加班是由于接待外宾的工作需要，而且后来也安排了补休，拒绝再发加班工资。10 位员工向当地劳动争议仲裁委员会提出申诉，请求补发其五一节加班工资。后来劳动争议仲裁机构裁决支持了 10 位员工的诉求。

思考：这 10 位员工提出的诉求是否合理？

案例 2：某企业雇员小张，2012 年度每月工资收入 5 000 元，当月个人承担住房公积金、基本养老保险金、医疗保险金、失业保险金共计 1 500 元，2012 年 12 月取得全年一次性奖金 20 000 元。

思考：小王全年一次性奖金应缴多少个人所得税？

模块八　社会保险

【知识目标】

1. 了解社会保险的内涵与构成
2. 熟悉社会保险的特点
3. 熟悉社会保险与商业保险的区别
4. 掌握社会保险的缴费基数和比例
5. 了解参加社会保险的好处

【技能目标】

1. 掌握社会保险缴费的核算办法
2. 了解各项社会保险待遇及其申领条件

【任务引导】

李婷是一位中职毕业生，2012 年 7 月份刚办理转正手续，月工资为 2 300 元，其工作单位为中华技术有限公司广州分公司。请你核算李婷缴纳社会保险费的金额。

要求：以 4—5 人为小组进行讨论，讨论完毕，各派一名代表陈述讨论结果。

【案例引导】

小丁今年 29 岁，6 年前来浙江奉化务工，有一手过硬的修理技术，现在一家机械厂当车床工。过去他一是觉得自己月收入 1 000 元，如果拿出 198.2 元缴纳社保费，真有些舍不得；二是觉得自己还年轻，要力气有力气，要技术有技术，现在不需要去考虑家庭或养老的问题。“票子一分不少装进口袋，不是更实在？再说我一个外来务工人员，这个月在这里，说不定下个月就去了别的城市，社保关系转来转去岂不太麻烦?”

可有一件事让小丁对参保态度来了个 180° 大转弯。隔壁厂一个小伙子工作时不慎弄伤了手指，花了不少钱，但小伙子没参保，花去的医药费到现在还没着落，也不知道老板给不给出。“这社保我可一定要参加，大不了少抽几包烟、少喝几瓶酒。”小丁说。

奉化市里出台了“五费统征”政策，员工参不参保，厂里都得出这笔钱来缴员工大部分的社保费，里面包括了医疗、工伤、失业等保险。“这对我来说可是难得的福利，工作中受点伤也不是什么新鲜事，参了保，万一受了伤也可以报销大部分医疗费，还有工伤赔偿，觉得心里踏实。”小丁爽快地参加了农民工劳动合同签订“春暖行动”，确定了参加社保一事。

“政策越来越好，要是这样还不参保，我不成傻子啦!”小丁越说越得意：“我带的徒弟有几十个，我这个当师傅的要好好提醒一下他们，让他们也赶紧参保。”

（资料来源：方叶等．一个车床工的“社保故事”．奉化日报，2010-07-28.）

思考：员工参加社会保险，单位与个人分别要如何缴费？个人又能享受哪些社保待遇？

项目1　社会保险基础知识

任务一　了解社会保险的内涵与构成

一、社会保险的内涵

社会保险是国家通过立法建立的一种社会保障制度，目的在于使劳动者因为年老、患病、生育、伤残、失业、死亡等原因而暂时中断劳动或者永久丧失劳动能力，以致不能获得劳动报酬，劳动者个人和供养的亲属失去生活来源时，能够从社会（国家）获得物质帮助。

社会保险以建立劳动关系为前提，只要用人单位与劳动者建立了劳动关系（含事实上的），单位都必须依法为劳动者参加社会保险，缴纳社会保险费。

二、社会保险的构成

社会保险的具体险种共包括五项：

1. 养老保险

国家为保障劳动者因年老丧失劳动能力，退出劳动岗位后的基本生活而建立的一种社会保险制度。

2. 医疗保险

国家为补偿劳动者因疾病风险造成的经济损失而建立的一项社会保险制度。

3. 失业保险

国家通过立法强制实行的，由社会集中建立基金，对因失业而暂时中断生活来源的劳动者提供物质帮助的制度。其目的是通过建立社会保险基金的办法，使员工在失业期间获得必要的经济帮助，保证其基本生活，并通过转业训练、职业介绍等手段，为他们重新就业创造条件。

4. 工伤保险

劳动者因工作原因遭遇意外伤害、患职业病、致残或死亡，暂时或永久丧失劳动能力，劳动者或其供养的亲属从国家或社会得到法定医疗生活保障及必要的经济补偿的一种社会保险制度。这种补偿包括受伤的职工的医疗和康复费用，也包括职工及供养亲属生活保障所需的物质帮助。

知识链接

如何认定工伤?

根据《工伤保险条例》第十四条的规定，职工有下列情形之一的，应当认定为工伤:

(一) 在工作时间和工作场所内，因工作原因受到事故伤害的;

(二) 工作时间前后在工作场所内，从事与工作有关的预备性或者收尾性工作受到事故伤害的;

(三) 在工作时间和工作场所内，因履行工作职责受到暴力等意外伤害的;

(四) 患职业病的;

(五) 因工外出期间，由于工作原因受到伤害或者发生事故下落不明的;

(六) 在上下班途中，受到非本人主要责任的交通事故或者城市轨道交通、客运轮渡、火车事故伤害的;

(七) 法律、行政法规规定应当认定为工伤的其他情形。

同时，根据本条例第十五条的规定，职工有下列情形之一的，视同工伤:

(一) 在工作时间和工作岗位，突发疾病死亡或者在48小时之内经抢救无效死亡的;

(二) 在抢险救灾等维护国家利益、公共利益活动中受到伤害的;

(三) 职工原在军队服役，因战、因公负伤致残，已取得革命伤残军人证，到用人单位后旧伤复发的。

5. 生育保险

通过国家立法规定，劳动者因生育子女而暂时中断劳动时，由国家或社会及时给予物质帮助的一种社会保险制度。

【任务互动】

思考: 同学们入学后每年自愿购买的人身意外保险是否属于社会保险?

任务二　熟悉社会保险的主要特点

社会保险主要有四个特点:

1. 强制性

由国家立法，强制实施，用人单位和劳动者都必须参加。

2. 保障性

社会保险覆盖社会的全体劳动者，参保面广、人数众多、影响深远，在维护社会的稳定方面起重要作用。

3. 非营利性

社会保险不是以赚钱盈利为目的，国家不收任何税费，基金入不敷出时，国家财政给予支持。

4. 互济性

社会保险实行互助共济，在整个社会范围内统一筹集和调剂使用基金，依靠全社会的力量均衡负担和分散风险。

任务三　熟悉社会保险与商业保险的区别

一、商业保险的内涵

社会保险与商业保险是两种不同的保险形式。商业保险是指通过订立保险合同运营，以盈利为目的的保险形式。它由专门的保险企业经营，商业保险关系是当事人自愿缔结的合同关系。投保人根据合同约定，向保险公司支付保险费，保险公司根据合同约定承担给付保险金的责任。

二、商业保险的特征

（1）商业保险的经营主体是商业保险公司。

（2）商业保险所反映的保险关系是通过保险合同来体现的。

（3）商业保险的对象可以是人和物（包括有形的和无形的），具体标的有人的生命和身体、财产以及与财产有关的利益、责任、信用等。

（4）商业保险的经营要以盈利为目的，而且要获取最大限度的利润，以保障投保人享受最大程度的经济保障。

【任务互动】

以下哪些保险属于商业保险？

银行超市意外保险、旅游保险、健康保险、住院保险、养老保险、少儿保险、投资保险、家庭财产险、企业财产险、机动车辆保险、人寿保险。

三、商业保险与社会保险的关系

从功能上看，两者都是一种社会风险化解机制。社会保险是多层次社会保障体系的主体，商业保险可以作为对社会保险的补充，是多层次社会保障体系的一个组成部分。社会保险的产生晚于商业保险，它所使用的术语和计算、预测方法与商业保险相同。

是否以盈利为目的，是区分社会保险与商业保险最重要的标志。具体地说，二者有以下区别：

（1）性质不同。社会保险是国家社会保障制度的一种，目的是为劳动者提供基本的生活保障，以国家财政支持为后盾。商业保险是一种经营行为，保险业经营者以追求利润为目的，独立核算、自主经营、自负盈亏。

（2）原则和基础不同。商业保险依照平等自愿的原则，是否建立保险关系完全由投保人自主决定，以合同契约的形式规范双方的权利与义务关系；而社会保险具有强制性，建立在劳动关系的基础上，只要形成了劳动关系，用人单位就必须依法为劳动者办理社会保险。

（3）对象不同。社会保险以劳动者及其供养的直系亲属为对象，在劳动者丧失劳动能力后给予物质帮助；商业保险的对象既可是人，也可以是物。针对商业保险的对象人来讲，是根据其缴保费多少和事故发生的种类给予一定的经济补偿。

（4）权利与义务对等关系不同。社会保险强调劳动者必须履行为社会贡献劳动的义务，并由此获得社会保险待遇的权利，实现权利与义务的基本对等；商业保险则主要表现为“多投多保，少投少保”的等价交换关系。

（5）保障范围不同。社会保险是以保障劳动者的基本生活为标准，解决绝大多数劳动者的生活保障问题；商业保险则以投保所缴保费为标准，只解决投保人的问题；社会保险看重保障，商业保险看重“偿还”。

（6）保险待遇不同。社会保险的给付原则是保障劳动者的基本生活，保险待遇很大一部分采取按月支付形式，并随社会平均工资增长而每年调整；商业保险则按“多投多保、少投少保、不投不保”的原则确定理赔标准。

（7）资金的来源不同。社会保险的资金由国家、用人单位与个人三方承担；商业保险的资金只有单一来源，即投保人保费。

（8）法律基础不同。社会保险由劳动法、社会保险法等法规来规范，属于劳动立法范畴；商业保险由合同法、商业保险法等来规范，属于经济立法范畴。

（9）管理体制不同。社会保险由政府职能部门统一管理，商业保险由商业性的保险公司经营管理。

【小贴士】

广东省社会保险业务办理的相关机构

从2009年1月1日开始，社会保险缴费登记由地方税务机关负责办理，社会保险经办机构根据地方税务机关提供缴费登记信息办理参保登记。地方税务机关实时将缴费登记、申报、审核（核定）、征收、入库各环节的相关信息传递给社会保险经办机构，社会保险经办机构根据地方税务机关传递的单位和个人缴费明细信息建立单位和个人保险账户，按月记录、核算个人账户基金。

任务四　了解个人参与社会保险的好处

社会保险的五个险种都是国家强制性要求单位为员工购买的。国家提倡人人参保，人人有保障。社会保险对个人有着实实在在的好处。

（1）缴纳社会保险费，单位必须缴费而且占较大比例，个人只是缴小额部分，工伤保险与生育保险个人不需缴费，同时针对养老、医疗、失业三个需个人缴费的险种还建立了个人账户，个人缴费额是全部记入个人账户的。

（2）社会保险待遇每年还随社会平均工资进行调整，如社会平均工资负增长，社会保险待遇则不变，即只升高不降低。

（3）社会保险费在税前支付。

项目2　社会保险的参保

任务一　掌握社会保险的参保与缴费

一、谁参保

根据我国劳动法规，中华人民共和国境内的用人单位及与之建立劳动关系的员工都可成为参保对象。无雇工个体户、非全日制从业人员、其他灵活就业人员可自愿参保。公务员及参公人员无须参保。

【任务互动】

小A每月工资2 400元，其中200元缴纳社保等费用，同时，公司也会替他缴纳400元的社保。小A觉得没有必要，反正自己不是当地人，有没有社保都没有关系，于是和公司谈条件，不需要公司为自己缴纳社保，并将缴纳社保的费用直接折算现金给他，并愿意和公司签下相关承诺书。

思考：小A与公司签订承诺书合法有效吗？请说说你的看法。

关于社会保险参保补充说明：

（1）凡是应当按《中华人民共和国劳动合同法》（以下简称《劳动合同法》）及其实

施条例订立劳动合同的人员，即为《中华人民共和国社会保险法》（以下简称《社保法》）所规定的“职工”，必须参保。

（2）实习生（全日制在校），退休返聘人员不属于劳动关系调整的范畴，不用参保。

（3）劳务派遣人员，严格来说，应在签订劳动合同的单位参保。

（4）已参农保的，参加工作时需参加企业养老保险。

（5）用人单位需要为处于试用期的员工缴纳社会保险。

（6）用人单位与劳动者在劳动合同中协商无须为劳动者缴纳社会保险的约定为无效条款。

知识链接

社会保险费强制性缴纳法规条款

《劳动法》：

第七十二条　社会保险基金按照保险类型确定资金来源，逐步实行社会统筹。用人单位和劳动者必须依法参加社会保险，缴纳社会保险费。

《劳动合同法》：

第三十八条　用人单位有下列情形之一的，劳动者可以解除劳动合同：

（三）未依法为劳动者缴纳社会保险费的；

第四十六条　有下列情形之一的，用人单位应当向劳动者支付经济补偿：

（一）劳动者依照本法第三十八条规定解除劳动合同的；

二、谁缴费

社会保险由单位和职工共同缴费或由单位缴费，具体情况如表 8–1 所示。

表 8–1　社会保险的单位与个人缴费

社保险种	缴费主体	个人缴费
养老保险、医疗保险、失业保险	单位和职工共同缴费	个人部分由单位代扣代缴
工伤保险、生育保险	单位缴费	个人不用缴纳

三、缴多少

社会保险的缴费主要取决于三个因素：缴费基数、缴费比例及缴费年限。

1. 社会保险缴费基数

职工在一个社保年度的缴费基数是按上年 1—12 月申报个人所得税的工资、薪金税项的月平均额进行确定。缴费基数有上下限的规定，低于上年度全省在岗职工月平均工资 60% 的，按 60% 缴纳（下限）；高于 300% 的，按 300% 缴纳（上限）。在岗职工平均工资每年由当地统计局公布。

缴费基数在同一缴费年度内一年一定，中途不作变更。每年4—6月，用人单位应根据当地市社会保险经办机构的通知，申报本单位职工新一年度的缴费基数。

【小贴士】

申报个人所得税的工资、薪金税项是指个人因任职或受雇而取得的工资、薪金、奖金、年终加薪、劳动分红、津贴、补贴以及与任职或者受雇有关的其他所得，不得扣除住房公积金、养老保险金、失业保险金和医疗保险金。

下表是广州户口员工的社会保险缴费基数确定情况。

表8-2 广州户口社会缴费基数明细表（以最低基数为核算基数）

缴费基数（2012年7月至2013年6月）：养老保险，2 258—11 289元；失业保险、工伤保险，1 300—14 367元；生育与医疗保险，2 873-14 367元。

险种	缴费基数（元）	单位		个数		小计
		费率	缴费（元）	费率	缴费（元）	
养老保险	2 258	12.00%	270.96	8.00%	180.64	451.60
失业保险	1 300	2.00%	26.00	1.00%	13.00	39.00
工伤保险	1 300	0.50%	6.50	/	/	6.50
生育保险	2 873	0.85%	24.42	/	/	24.42
基本医疗	2 873	8.00%	229.84	2.00%	57.46	287.30
重大疾病		/	12.45	/	/	12.45
合计		单位	570.17	个人	251.10	821.27

注：残保金每人每月54.49元，总费用是875.96元。

从上表看出，广州2012年7月至2013年6月社保缴费基数分别为：养老保险是2 258—11 289元，失业保险和工伤保险是1 300—14 367元，生育保险与医疗保险是2 873—14 367元。

2. 社会保险缴费比例

缴费比例是确定社会保险缴费金额的重要指标。社会保险各险种的缴费比例各有不同，具体情况如表8-3所示。

表 8-3　社会保险各险种的缴费比例

社会保险险种	社会保险缴费比例	
	单位缴纳	个人缴纳
基本养老保险	20%或12%	8%
基本医疗保险	8%	2%
失业保险	2%	1%（农民工个人不缴费）
工伤保险	按单位类型分别按1.50%、1.00%、0.50%征缴	无
生育保险	0.85%	无

知识链接

工伤保险：实行行业基准费率和浮动费率

基准费率：根据不同行业的工伤风险程度，参照《国民经济行业分类》（GB/T4754-2002），行业划分为三个类别：

初次参加工伤保险的单位，实行行业基准费率。具体比例为：一类行业为职工工资总额的0.5%，如银行业、证券业、保险业、餐饮业、邮政业、教育等；二类行业为职工工资总额的1%，如食品、饮料制造业、纺织、皮革制造业等；三类行业为职工工资总额的2%。如石油加工、化学原料及化学制品制造业等。

社保机构根据用人单位的工商登记和主要生产经营业务情况，分别确定各单位适用的费率。

浮动费率：根据用人单位以前年度工伤保险费使用情况、工伤发生率、职业病危害程度等因素，费率实行定期浮动。

3. 社会保险缴费年限

社会保险缴费年限是指用人单位与个人缴纳社会保险费的年限。以广州市为例，基本养老保险缴费个人缴费年限需累计15年；基本医疗保险缴费年限至少需累计10年；失业保险缴费需满1年。社会保险不同险种在享受待遇时，国家规定的缴费年限各有不同。

任务二　了解社会保险各项待遇与申领条件

我国幅员辽阔，各地经济发展水平千差万别，社会保险缴费基数、年限及比例均有差别，与此相适应的是各地社会保险待遇也各不相同。下文以广州市为例，具体说说社会保险各险种相应的待遇。

一、养老保险待遇

1. 退休年龄

- 退休年龄
  - 正常退休
    - 男满60周岁
    - 女
      - 满55周岁——管理、专业技术岗位的人员，城镇个体工商户等自谋职业者及采取各种灵活方式就业的人员
      - 满50周岁——生产岗位的人员
      - 说明：1998年7月1日前参加工作的城镇个体工商户等自谋职业者及采取各种灵活方式的就业人员，可选择50岁退休
  - 提前退休
    - 特殊工种
      - 男满55周岁
      - 女满45周岁
    - 病退
      - 男满50周岁以上
      - 女满45周岁以上

注：(1) 特殊工种是从事井下、高空、高温、特别繁重体力劳动或者其他有害身体健康的工作；

(2) 提前病退经（广州）市劳动鉴定委员会鉴定确认为完全丧失劳动能力的。

图8-1　广州市员工退休或提前退休年龄一览图

2. 按月享受养老待遇的条件

参保人符合下列条件之一的，可申请按月领取基本养老金：

（1）1998年7月1日后参加基本养老保险，达到国家规定退休年龄，累计缴费年限（含视同缴费年限，下同）满15年的。

（2）1998年6月30日前参加基本养老保险，2013年6月30日前达到国家规定的退休年龄，累计缴费年限满10年的（广州市户口）。

（3）1998年6月30日前参加基本养老保险，2013年7月1日后达到国家规定的退休年龄，累计缴费年限满15年的。

（4）1998年6月30日前应参保而未参保，1998年7月1日以后办理参保补缴手续，达到国家规定的退休年龄，累计缴费年限满15年的。

3. 申领基本养老金的手续

（1）用人单位应在职工达到法定退休年龄的当月，为职工到社保经办机构办理退休手续。

符合按月领取基本养老金的，办理时请提供以下资料：

①《社会保险增减人员申报表》一式两份；

②《退休人员申请表》或《职工提前退休（职）审批表》一式两份；

③《广州市职工劳动手册》；

④《广州市职工连续工龄审批表》及复印件；

⑤职工身份证复印件一份；

⑥军转干部除提供上述资料外，还需提供《军队干部转业审批报告表》及复印件。

（2）符合按月领取基本养老金的灵活就业人员在达到法定退休年龄的前三个月，应先到所属区的退休职工管理委员会办公室申请，然后再到所属区的社会保险经办机构打印办理退休手续时所需的资料。

4. 养老保险待遇

（1）按月领取的基本养老金。

①基本养老金=（全省上年度在岗职工月平均工资×a+本人指数化月平均缴费工资）/2×缴费年限（含视同缴费年限）×1%；

关于a的取值，当本人指数化月平均缴费指数大于等于0.6时，a=1；当本人指数化月平均缴费指数小于0.6时，a=本人平均缴费指数÷0.6，其中，平均缴费指数=（视同缴费指数×视同缴费月数+实际月缴费指数之和）÷（视同缴费月数+实际缴费月数）；

②个人账户养老金=个人账户储存额/个人账户养老金计发月数；

③按规定建立视同缴费账户的参保人，在计发基础养老金和个人账户养老金的基础上再计发过渡性养老金；

每月具体领取养老金金额由当地社会保险基金局予以核定，退休金的计算过程在此不再赘述。

（2）一次性领取养老金。

参保人达到国家规定的退休年龄但未达到按月领取基本养老金条件的，可一次性领取个人账户储存额，同时终结养老保险关系。

（3）退休人员死亡待遇。

①丧葬费=死亡时本市上年度在岗职工月平均工资×3个月；

②抚恤金=死亡时本市上年度在岗职工月平均工资×3个月；

③供养直系亲属一次性救济金=死亡时本市上年度在岗职工月平均工资×6个月；

④个人账户余额一次性支付给法定继承人，无法定继承人的，转入养老保险统筹基金。

（4）退休前出境定居或死亡时，个人账户储存额一次性支付给本人或者死者的法定继承人；同时退还建立个人账户前的个人缴费本息。

【小贴士】

个人养老金账户中的钱主要包括三部分，一是个人缴纳的基本养老保险费；二是单位缴纳保险费的一部分，这部分是缴费工资基数的3%；三是账户中的储蓄存款的利息。

二、医疗保险待遇

基本医疗保险由个人医疗账户和统筹基金构成。个人医疗账户的资金由员工自主处理，灵活使用。统筹基金不计入员工个人账户，由社会保险基金局统一管理，主要用于重病、大病医疗的使用。

买了医疗保险，就可以享受门诊报销和住院优惠。个人当月缴纳的医疗保险费，全都转账到自己的医保卡或者存折上。员工生病时可以使用这个账户的钱来购买药品或交费。患大病超过最高支付额的部分可由重大疾病医疗补助金按 90%—95% 的比例支付，最高可再支付 15 万元（重大疾病费用由企业购买）。

近几年，我国很多省市都陆续推出了医疗保险卡。医疗保险卡由市劳动保障行政部门统一制发，作为参保人员就医、记录和使用个人医疗账户资金的凭证。参保人员在定点医疗机构就医或在定点零售药店配药，凭卡享受相应的医疗保险待遇。参保人员可以使用医疗保险卡，在医疗保险查询设施上查询其个人医疗账户的有关情况。医疗账户的本金和利息归个人所有，可以结转使用和继承。

资料链接

医疗保险卡是什么？有哪些作用？

医疗保险卡是医疗保险个人账户专用卡，以个人身份证为识别码，储存记载着个人身份证号码、姓名、性别以及账户金的拨付消费情况等详细资料。医保卡由当地指定的银行办理，是一种多功能借记卡，参保单位缴费后，在月底将个人账户金部分通过银行拨付到参保就职人员的医保卡上。

医疗保险主要分为两个账户，一个是个人账户，一个是统筹账户。个人账户可以去指定的诊所或者指定药店刷卡购买药品。统筹账户则由医保中心管理，参保人员发生符合当地医保报销的费用由统筹账户支付。

在医保人员进行结算的时候，个人的部分自己刷医保卡或者现金，报销的部分则由医保中心和医院进行结算，省去了中间很多不必要的麻烦。

三、失业保险待遇

（一）失业保险申领条件

（1）按规定参加失业保险，履行缴费义务满一年；

（2）非因本人意愿中断就业的；

（3）按规定办理了失业保险金申领手续；本市城镇户口的人员已办理失业登记，并有求职要求和接受职业介绍的。

（二）失业保险的待遇

（1）领取失业保险金期限。根据国家、省、市有关规定，参保人每连续参加失业保险一年可享受一个月的失业保险待遇，连续参保四年后每多参保一年可享受两个月的待遇。但参保人最多累计享受失业保险待遇年限不得超过两年。

（2）失业保险直接与城市最低工资标准挂钩，并按照最低工资标准的 80% 计算。

如 2012 年广州调整最低工资标准由 1 100 元/月提升到 1 300 元/月后，与此相适应，从 2012 年 3 月 1 日起，广州市失业保险金标准由 880 元/月提高到 1 040 元/月，提高了近 18% 。根据有关规定，失业人员在享受失业待遇期间，如选择不由失业基金支付参加医保，还可每月领取一笔医疗补助金。此次调整，医疗补助金标准也由原来的 110 元/月上调到130元/月。因此对这一类失业人员而言，他们的失业保险待遇可达1 170元/月。

（三）失业保险待遇的申领手续

1. 用人单位

（1）单位为职工办理了社会保险停保手续的次月到所属社会保险经办机构为失业人员（包括跨统筹地区变换工作单位的职工）办理失业待遇核定手续：为符合申领失业保险金条件的失业人员领取《通知书》；为不符合申领失业保险金条件的失业人员领取《告知书》；为农民合同制工代办审核一次性生活补助金的有关手续。领取《通知书》和《告知书》，单位经办人需办理签收手续。

（2）办理时需携带以下资料：

①《社会保险登记证》；

②《广州市劳动用工和社会保险增减员表》；

③《广东省就业失业手册》，如有《广州市职工劳动手册》或《广州市流动人员劳动手册》的一并提供，经社会保险经办机构盖章确认的《参保人员缴费情况明细表》；

④事业单位的非工勤人员还需提供职工最后一次《标准工资升级审批表》；

⑤中央、部队、省属驻穗单位需提供《养老保险个人账户对账单》（须加盖广东省社会保险基金管理局专用章）原件及复印件。

（2）单位应及时把《通知书》或《告知书》交给失业人员，并告诉失业人员按规定的时间申领。凡因单位的原因造成失业人员不能按时享受失业保险待遇的，所造成的损失由单位负责赔偿。

2. 失业人员

失业人员根据个人的实际情况，可选择申领或不申领失业保险待遇：

（1）选择领取失业保险待遇的，本人需在《通知书》规定的有效期内或劳动争议裁决、判决生效之日起60天内办理申领手续。无正当理由逾期办理的，每超过一个月减少一个月的失业保险待遇（不满一个月的按一个月计算）。

本市城镇户籍的失业人员到户籍所属区的失业保险发放机构办理申领失业保险手续；外地城镇户籍的失业人员选择在本市享受失业保险待遇的，到原单位所在区的失业保险发放机构办理申领失业保险手续。

（2）申领时需携带以下资料：

①《通知书》；

②《广东省就业失业手册》，如有《广州市职工劳动手册》或《广州市流动人员劳动手册》的一并提供；

③本人在本市工、农、建行开户的个人结算账户活期存折及复印件，或银行卡（原件及复印件）及开卡申请表（原件及复印件）；

④本市城镇户籍的提供本人《居民户口簿》；

⑤非本市城镇户籍的提供本人身份证；

⑥有劳动争议的提供裁决书或判决书。

【小贴士】

选择不申领失业保险待遇的，不需办理申领手续，其失业保险缴费年限自动与下次重新就业后的失业保险缴费年限合并计算。

3. 农民合同制工

农民合同制工领取一次性生活补助金的申领手续由原单位代办，需在办理减员手续的次月起60天内，携带以下资料办理：

①《社会保险登记证》；

②《非本市城镇户口参保人员申领一次性待遇表》（一式两份）；

③本人在本市工、农、建行开户的个人结算账户活期存折及复印件，或银行卡（原件及复印件）及开卡申请表（原件及复印件）；

④单位代办人身份证；

⑤社会保险经办机构盖章确认的《参保人员缴费情况明细表》。

【任务互动】

杜月在广州H公司工作了2年，参加失业保险共1年9个月。2012年5月因家中母亲生病，她辞职回家照顾母亲。

思考：杜月可否申领失业保险金？

四、工伤保险待遇

自工伤事故发生之日起30日内，用人单位要进行工伤认定申请。从工伤事故发生到工伤认定申请之日的工伤待遇由用人单位承担。职工因工伤死亡，在市医务劳动鉴定机构作出鉴定结论后60个工作日内，由用人单位到社会保险经办机构办理申领待遇手续。

根据《工伤保险条例》，工伤保险待遇项目和标准如下：

（1）医疗费（符合工伤保险诊疗费、药品费及住院服务费）。

（2）住院伙食补助费（本单位职工因公出差伙食补助标准的70%）。

（3）交通费、食宿费（本单位职工因公出差伙食补助标准）。

（4）康复治疗费（符合工伤保险诊疗费、药品费及住院服务费）。

（5）辅助器具费（各省、直辖市工伤辅助器具限额标准及因日常生活或者就业需要，经劳动能力鉴定委员会确认，安装假肢、矫形器、假眼、假牙和配置轮椅等辅助器具）。

（6）停工留薪。原工资福利待遇不变，由所在单位按月支付，停工留薪期一般不超过12个月；伤情严重或者情况特殊的，经设区的市级劳动能力鉴定委员会确认，可以适当延长，但延长期不得超过12个月。工伤职工在停工留薪期满后仍需治疗的，继续享受工伤医疗待遇。

（7）护理费。

（8）一级至四级伤残待遇：

①支付一次性伤残补助金标准为：一级伤残为24个月的本人工资，二级伤残为22个月的本人工资，三级伤残为20个月的本人工资，四级伤残为18个月的本人工资；

②按月享受伤残津贴标准：一级伤残为本人工资的90%，二级伤残为本人工资的85%，三级伤残为本人工资的80%，四级伤残为本人工资的75%。伤残津贴实际金额低于当地最低工资标准的，补足差额。

【小贴士】

本人工资，是指工伤职工因工作遭受事故伤害或者患职业病前12个月平均月缴费工资。本人工资高于统筹地区职工平均工资300%的，按照统筹地区职工平均工资的300%计算；本人工资低于统筹地区职工平均工资60%的，按照统筹地区职工平均工资的60%计算。

五、生育保险待遇

只要累计购买满一年，且生育期间一直在参保状态，女职工产假期间就可以享受到3至6个月的假期，同时，可以享受工资待遇和产前检查费、接生费、手续费、住院费和药费的报销等。参加生育保险的女职工应在生育小孩后的3个月内办理申领手续。

目前广州生育保险待遇主要包括：生育津贴（产假工资）、生育医疗费、一次性分娩营养补助费、男配偶看护假期工资、选择到一、二级医院分娩的一次性补贴、计划生育手术医疗费等。

1. 生育津贴

女职工产假期间享受生育津贴，以所属统筹地区上年度在岗职工月平均工资为基数，按上年度平均工资的100%发放，并按规定的产假期计发。生育津贴低于本人工资标准的，由用人单位补足。

2. 生育医疗费

女职工在孕期、产期内，因为妊娠、生育或者流产发生的符合规定的医疗费用。

3. 一次性分娩营养补助费

按所属统筹地区上年度在岗职工月平均工资的一定比例计发。具体比例由统筹地区人民政府确定。

4. 计划生育手术医疗费用

职工因为计划生育实施放置或者取出宫内节育器、流产术、引产术、绝育及复通手术所发生的医疗费用。

5. 男配偶看护假期工资

已参保的男职工按规定享受的看护假假期工资，以所属统筹地区上年度在岗职工月平均工资为基数，按规定的假期时间计发。

资料链接

生育保险报销之“最”：一双胞胎妈妈报销了45万元

根据广州市社保局工伤与生育处领导介绍，近几年，广州生育医疗费人均6 000元。其中，生育医疗费最高者达44万元，加上其他生育保险待遇共45万元。

据了解，这是一位双胞胎妈妈在宝宝提前降临后，得了一些比较严重的并发症，曾转院治疗抢救，住院时间长，医疗费用也相当大。按现行政策，凡在生育保险规定项目范围内的费用均由生育保险基金支付，不设封顶，最后她报销了45万元。

（资料来源：广州生育保险待遇指南．向日葵保险网，2011-01-12.）

实　训

一、选择题（将正确答案的序号填入括号内）

1. 关于基本养老保险、基本医疗保险和失业保险，下列说法错误的是（　　）。

A. 三个险种均由单位缴费和个人缴费

B. 三个险种缴费比例不尽相同

C. 三个险种覆盖范围不相一致

D. 三个险种均为参保人开立个人账户

2. 以下对社会保险基金表述不正确的是（　　）。

A. 社会保险基金是专项资金，必须专款专用

B. 社会保险基金是社会保险制度的物质基础

C. 社会保险基金管理机构必须是某一政府部门或是政府特别授权的专门机构

D. 社会保险基金是依据国家和地方政策规定设立的

3.《劳动法》规定，国家发展社会保险事业，建立社会保险制度，设立社会保险基金，使劳动者在（　　）等情况下获得帮助和补偿。

A. 年老、事故、失业、天灾、患病

B. 年老、患病、工伤、失业、生育

C. 医疗、生育、养老、下岗、残疾

D. 年老、工伤、退伍、生育、家庭困难

4. 工伤医疗待遇包括（　　）。

A. 工伤医疗费　　B. 住院伙食费　　C. 伤残补助金

D. 辅助器具费　　E. 停工留薪

二、分析与计算

1. 广州市吕秀的月工资为3 000元，请问：他每月应缴纳多少社保费？他所在的单位应该为其缴纳多少社保费？

2. 周建的月工资为 5 000 元，请问：他每月应缴纳多少社保费？他所在的单位应该为其缴纳多少社保费？

3. K 公司共有员工 100 人，员工月平均工资为 1 500 元，李康因为工资问题与公司发生纠纷，钱军因违反劳动纪律被开除，赵副厂长因工资低而辞职。请回答下列问题：

（1）计算出该企业职工个人每人每月应缴纳的各项社会保险费。

（2）计算出该企业每月单位应缴纳的医疗保险和养老保险费。

（3）李康的问题反映到劳动部门，应由哪个单位受理解决？

（4）如果该单位参加失业保险，钱军和赵副厂长是否可以享受失业保险待遇？

4. F 公司的 3 位员工最近分别遇到了社会保险方面的难题。具体情况如下：

（1）杜鹃，女，2010 年 3 月进入公司，6 月开始缴纳社会保险费，2011 年 4 月怀孕，2012 年 1 月生育小孩。请问：杜鹃可否申领生育保险待遇？什么时间前申领？

（2）刘国庆 2012 年 2 月和家人外出旅游时，发生了车祸。公司已经给他购买工伤保险 5 年了。请问：刘国庆可否申领工伤保险待遇？

（3）赵晓 2011 年 7 月大学毕业后应聘到 F 公司工作，公司从他上班的第一天开始，就给他购买了“五险一金”。但 2012 年 4 月公司因经营不善而破产。请问：赵晓可否申领失业保险待遇？

三、案例分析

案例 1：黄健是一名从湖南到广东打工的外来工，他和几位老乡一起在广州白云区一家电脑绣花厂工作。在签订劳动合同时，工厂解释说，只能给当地人购买社会保险，不能给他们购买。企业这种做法合法吗？你会给黄健什么建议？

案例 2：小张于当地职业学校毕业后，怀着梦想，来到陌生的广东，并在深圳宝安一家化工厂打工。在签订劳动合同时，该厂劳资方与其约定，每个月将本应该由工厂缴纳的社会保险费直接付给他本人。小张想这样每月能多拿一些钱，就同意了。可不久，小张因水土不服生了重病，花费了不少医疗费用，生活非常拮据。于是便拿着发票要求工厂报销，但工厂说，由于你没有参加医疗保险，因此医疗费得由个人全额负担。你对小张有什么好建议？

案例 3：三明市某县烟草企业于 20 世纪 80 年代招聘了一部分烟技员，从 1996 年 1 月起为他们缴纳养老保险，2000 年后对部分年龄偏大的烟技员陆续解除了劳动关系，部分烟技员就 1995 年前企业未按规定为其缴纳养老保险，导致其达到法定退休年龄时缴纳养老保险费不满 15 年，不能享受按月领取养老金一事申请劳动仲裁，要求企业为其补缴 1995 年前养老保险费。但由于超过规定的补缴时间，当地社保机构不予办理补缴，为此这部分烟技员要求企业在他们达到法定退休年龄时按月支付其养老金，他们的这一要求企业根本是做不到的，最终经劳动仲裁调解，由企业根据他们 1995 年前在本企业的工作年限，按 1995 年前年限给予一次性补偿，企业因此承担了几十万元补偿金。

思考：该烟草公司办理社会保险缴费有什么不当之处，你认为应如何规避这样的问题？

案例4：佛山某实业公司不给企业招用的农民合同工缴纳各项社会保险，企业与这些农民合同工解除劳动关系时，农民合同工要求企业为他们补缴各项社会保险费，但企业强调说原合同签订时已明确工资中含各项社会保险费且本人也签字同意了，所以不同意补缴。为此这些农民合同工申请劳动仲裁，最终劳动仲裁根据国家法律、法规规定裁定原企业与职工签订的合同中有关工资中含各项社会保险费部分无效，要求企业为他们补缴各项社会保险费并承担由此产生的损失补偿责任。

思考：你认为，案例中企业与农民工签订的劳动合同有效吗？试谈谈你的看法。

案例5：花都区某民营加工企业共有职工55人，没有按规定为职工办理相关社会保险。企业向所在地社保经办机构为职工申请办理相关社会保险登记手续，登记后向社保经办机构申报职工工伤事故，并企图通过瞒报方式要求从工伤保险基金中支付各类工伤待遇30多万元，经社保经办机构核实后发现该企业职工工伤事故发生在未办理工伤参保登记前，因此拒绝支付。

思考：该民营企业办理社会保险过程有什么不规范之处？你认为该如何处理此类问题？

案例6：四明市某医院为正式职工办理了各项保险，但对医院招聘的合同制护士只为其参加养老、医疗保险，没有参加工伤、生育保险。去年，医院派人护送病人转福州就诊回县里时发生汽车追尾事故，导致两名医院合同制护士死亡。因为医院没有为合同制护士参加工伤保险，为此医院承担了40多万元工伤死亡待遇。又如，尤溪新阳镇某纺织企业，为企业一线职工办理了工伤保险，但没有为企业后勤职工办理工伤保险，去年一位后勤职工在值夜班时不慎掉入企业生产用的水池死亡，为此企业承担了20多万元工伤死亡待遇。

思考：你能从这两个案例中，得到什么启示？

案例7：女职工A某被一家公司录用，双方签订劳动合同，期限为4年。签订合同的第3年A某开始休产假。原公司合同规定："女职工符合计划生育规定生育的，产假为56天。"A某没有按照公司的规定休产假，而是按照国家规定休息了90天。当A某上班时，公司根据内部规定，认定超出56天的假期为旷工，并给予除名处理。A某认为旷工一事不是事实，向有关部门提出申诉。

思考：你认为女职工A某的要求合理吗？说说你的理由。

案例8：老王在某国有企业工作20年，2000年1月企业破产，经审查符合申领失业保险金的条件，并确定可以领取24个月的保险金。当他领取3个月的失业保险金后，经朋友介绍，于2000年5月到新单位上班，并在该单位继续参加了失业保险。2004年5月，老王被公司解雇，再次失业。

思考：这次老王可以领取多长时间的失业保险金？

模块九　员工福利

【知识目标】

1. 了解员工福利的含义和作用
2. 了解员工福利的种类
3. 熟悉员工福利的特点
4. 了解福利发展的新趋势

【技能目标】

1. 掌握员工福利设计的原则
2. 熟悉员工福利设计的关键环节

【任务引导】

假如你是你所就读的职业学校的工会主席，你会为老师们设计哪些福利项目？

【案例引导】

2011年最佳雇主榜单——揭秘谷歌员工福利

在刚刚评选的2011年最佳雇主榜单中，谷歌高居榜首，那么谷歌究竟为其雇员提供了怎样的员工福利，又是怎样让那些谷歌人开心地工作呢？

户外健身　为了让其雇员保持健康的身体，谷歌从不吝惜在这方面进行投资。去年夏天，谷歌新开了一个大型的户外体育场，其中包括了一个足球场、一个篮球场、两个网球场、两个滚球场、两个门球场、一个高尔夫球场和一个曲棍球场。

室内运动　如果雇员们不想在室外玩滚球的话，可以回到谷歌总部的室内玩保龄球，一共4个保龄球道，可以让大家进行比赛。

舞蹈课程　在谷歌的舞蹈室里，雇员可以选择31种不同的舞蹈课程，从非洲的民族舞到实用的宴会舞。而上课的除了外聘的专业舞蹈老师，还有谷歌自己的志愿者们。

免费自助餐　谷歌为雇员们提供大量精美、免费的食物，这一点像神话一样被各大公司广为传诵，随着公司的扩张，这个福利没有任何的削减。从2007年谷歌荣登最佳雇主榜单之首至今，谷歌的员工已经增加了三倍多，而谷歌也在不断努力提高食品供应能力，以满足员工的需求。在谷歌总部，在4年间，自助餐厅的数量就从11个增加到了25个。选择也更加多样，从亚洲主题餐厅到美国流行的Cafe 150，所有的食材都取自距离谷歌总部150英里以内的农场，以保持新鲜。

名人访问　谷歌请名人来公司开讲座是常态，从奥巴马到麦凯恩，谷歌总部成为了总统候选人们必来的地方之一。从亚瑟小子到高级编剧人蒂娜·菲（Tina Fey），从《纽约客》的写手简·梅尔到Lady Gaga，从说唱乐手到小提琴家，他们通通走进了谷歌，与员工们“亲密接触”。

贴心关怀员工婴儿 谷歌还为刚刚成为父母的员工们提供了慷慨的假期——女性员工可以享受18周的假期，男性员工可以享受12周的假期，而且这些还是在国家规定的法定产假之外。

公司内的育婴指导课程每个月都会开，教给那些年轻的父母如何更好地育婴。除了发放各种谷歌专供的按摩优惠券和体验券外，谷歌还会给每个父母发放500美元的“婴儿抚养金”。

思考：你对谷歌公司的福利项目如何评价？

（资料来源：http：//blog. sina. com. cn/s/blog_ 5db0e42d0102eptm. html.）

项目1　员工福利基础知识

任务一　了解员工福利的含义和作用

员工福利是指组织为满足劳动者的生活需要，在工资之外，向员工本人及其家属发放和提供的货币、实物与服务。福利可以改善员工本人和家庭的生活质量，比如企业给员工提供的防暑降温用品、班车、免费旅游服务、福利房等。

良好的福利比高薪更能有效地激励员工。高薪对人才往往有很强的吸引力，但其并非持久性的，原因是其他企业可以用更高的薪水将人才挖走，尤其对于资金实力不足的中小企业而言，如果仅仅依靠高薪，将很难避免人才流失。员工福利却可以满足员工在情感上的特殊需要。例如带薪休假福利，能够更好地缓解员工的工作压力，让他们有更多时间陪伴家人，从而满足人们在爱情、亲情方面的需要；企业举办的各种集体出游活动、宴会活动可以使员工在工作之外有更多互相接触的机会，增进员工之间的了解，融洽公司内部成员间的关系，也有助于人们获得情感上的满足。随着企业竞争越来越激烈，员工福利已经成为各大企业抢夺和留住人才的重要法宝。员工福利在减少员工的后顾之忧、吸引优秀人才、稳定员工队伍、增进企业凝聚力等方面发挥着越来越重要的作用。

基于上述作用，西方发达国家企业越来越重视企业福利。外企的福利费用开支一般占工资总额的30%以上。根据美国商会的一项调研显示，2004年美国企业福利在员工收入中的比例甚至达到了40.2%。

资料链接

互联网行业面临着人才缺口，很自然地引发了人才争夺。这个行业的人才争夺以技术类、产品类岗位为主，但此类人才的跳槽意愿并不强烈，他们更追求安全感和稳定性，所以企业多关注人才的内心需求，确实是更着眼于长期的留才手段。

2011 年 6 月，腾讯公司宣布启动“安居计划”，计划在 3 年内投入 10 亿元人民币为首次购房员工提供免息借款。“安居计划”将免息借款金额上限分为 20 万元和 30 万元两档。其中，北京、上海、广州、深圳的员工可以申请最高 30 万元免息借款，其他城市则可以申请最高 20 万元免息借款。

腾讯和网易都在解决员工住房问题上下足了功夫，阿里巴巴在这方面也不落后，同时将对员工的福利待遇延伸到子女教育方面，2011 年 8 月 16 日，阿里巴巴集团宣布将推出 30 亿元的“iHome”置业贷款计划，并投入 5 亿元成立教育基金，解决员工子女的学前和小学教育问题。同时，给基层员工发放超过 4 000 万元的一次性物价和子女教育补贴。

（资料来源：中国产经新闻．比拼福利 互联网企业抢人大战升级，2011-08-22.）

微软是如何吸引人才的?

微软的高士气一直令很多企业羡慕。在微软，每个员工都非常专心地坚守他们自己的岗位，对自己的工作负责。这样的团队士气并不是与生俱来的，微软为此做了大量的努力。

微软经常公开表扬业绩卓越的员工，并给予他们更多股票作为奖赏。

在微软，每个员工都有自己一间单独的办公室，可以在里面听音乐、调整灯光，做自己的工作。可以在墙壁上随意贴自己喜欢的海报或在桌上摆置喜欢的东西，让办公室像自己的一个家。

在微软不需要穿制服，员工可以任意穿他们认为最适合的服装上班，短裤或汗衫都可以，有些人甚至光脚，就像在家里。公司是以人员的工作表现好坏做评估，而不是以穿着好坏做评估。

公司提供不限量的免费饮料，包括汽水、咖啡、果汁、牛奶和矿泉水，员工可以根据爱好自由选择。

公司的材料室公开，公司信任员工去拿他们所需的材料，包括文具、办公用品等，不必填表格或排队等待。

没有设定工作时间表。微软让员工自己选择工作时间，结果大多数人为了完成工作，都比规定上下班时间的公司工作时间长。微软要求的是完成工作，而非工作时间长短。

[资料来源：杨蓉．人力资源管理（第 3 版）．大连：东北财经大学出版社，2010.]

思考：微软公司的上述福利分别属于哪类福利？

任务二 了解员工福利的种类

一般来说，员工福利由法定福利和企业自主福利两部分组成。法定福利是国家通过立法强制实施的对员工的福利保护政策，主要包括社会保险和法定假期。企业自主福利，即企业为满足职工的生活和工作需要，自主建立的、在工资收入和法定福利之外、向员工本人及其家属提供的一系列福利项目，包括企业补充性保险（如企业年金）、货币津贴、实物和服务等形式。企业自主福利的形式多种多样，具体种类归纳如下：

（1）货币福利：节日补贴、生日礼金、结婚礼金、住房补贴、交通补贴、住房公积金、公司股票等；

（2）住房福利：单身宿舍、夜班宿舍等；

（3）饮食福利：工作餐、免费饮料和食品、就餐券等；

（4）教育培训福利：在职培训，含全日制和非全日制、单位内部和单位外部的多种形式的培训；

（5）医疗保健福利：员工体检、健康检查、保健品开支等；

（6）带薪休假：探亲假、婚假、产假、丧假等；

（7）文化旅游福利：电影票、阅览室、文体活动室、体育馆、旅游、包机看球等；

（8）服务性福利：免费班车、阅览室、公共澡堂、心理咨询等；

（9）健身福利：公司为员工提供健身俱乐部付费会员资格，健身俱乐部涉及游泳、瑜珈、滑雪、足球、羽毛球等多种项目。

近年来，员工福利中还出现了一项特别的福利，即越来越多的公司在内部推行的员工协助计划。具体做法是，员工和员工直系亲属，在需要的时候，可以享受由专业顾问公司提供的专业个人咨询服务。服务内容包括：职业生涯规划、员工关系、婚姻与家庭、调迁与文化适应、精神健康与心理、法律与财务援助等。员工协助计划的目的是协助员工从容地处理工作、家庭、生活和心理健康等问题。

【任务互动】

思考：以上福利项目中，哪些表现为实物形式，哪些表现为货币形式，哪些表现为服务形式？

任务三　熟悉员工福利的特点

员工福利的特点如下：

1. 补偿性

福利是员工工资之外的报酬，是一种间接报酬，更是组织对员工提供劳动的一种补偿。补偿的形式多种多样，可以发放货币，可以发放实物，也可以是提供各类员工需要的服务。

2. 平等性

组织内部的员工都有享受本单位福利的平等权利。比如单位的幼儿园、澡堂、体育馆等，不分等级，只要是本单位的员工，都可以平等地享受。这一点与工资分配的原则有根本的不同。工资分配强调的是按劳分配，多劳多得，少劳少得，不劳不得。福利的分配则在一定程度上起着平衡员工收入差距的作用。

3. 集体性

一些有较强经济实力的单位，会根据员工的共同需要，提供集体福利，如托儿所、阅览室、公共澡堂、免费班车等，由员工共同使用和消费这些福利。

【任务互动】

想想看，工资与福利有哪些共同点和不同点？

项目 2　员工福利设计

任务一　掌握员工福利设计的原则

福利是把双刃剑，好的福利能够满足员工需求，激励员工的工作积极性；糟糕的福利则会引起员工的不满，使企业得不偿失。企业对员工未来的福利进行规划设计时，应考虑员工福利的现状、企业的发展目标、企业的经济实力、企业在劳动力市场上的竞争力、企业内部的激励性和凝聚力等多种因素。在设计本企业员工福利项目时，需遵循以下基本原则：

1. 经济性

有多少钱，办多大事，这是福利设计的前提和基础。具体来说，经济性有两层含义：一是指在单位福利预算的基础上设计福利，福利开支尽量不要超出单位福利预算的范围，需要考虑企业的经济承受能力，否则福利设计方案在审批时就会被否决；二是福利项目的设计应该科学合理，尽可能让每一分福利投入都能产生最大的效益。

2. 针对性

企业的福利并不是越多越好，而是要能够个性化地满足员工的需求。各个福利项目应该是针对员工的实际而合理的需要来进行设计。重点考虑企业不同层级员工的需求差异，尽量做到个性化激励。福利项目的消费者和评价者是本单位的全体员工，如果不能从员工的需求出发来设计福利，福利将很难产生积极的效果。因此，针对性是福利项目设计中至关重要的原则。

现实工作中，经常容易出现两种情形：一是盲目跟风，别的企业实施了这项福利，我的企业也应该实施；二是拍脑袋决策，领导头脑一热，要求部下抓紧实施某项福利。这两种情形在福利设计的过程中都应该全力避免。

3. 竞争性

在吸引人才和留住人才方面，福利扮演着越来越重要的角色。福利设计的竞争性是指：福利项目应该具有区别于并优于其他企业的独特优势。一般情况下，企业的福利越优厚，越切合人才的实际需要，则该企业在人才市场上争夺所需人才的优势就越大，竞争力就越强。

4. 公平性

如前所述，组织内部的员工都具有享受本企业福利的平等权利和资格，但这并不意味着福利待遇的水平对全体员工都是毫无区别的。福利项目的设计应该适度考虑员工工作的实际需要和员工的贡献等因素。如为了留住高级人才，公司为其配备专车。这项福利待遇就不是所有员工都可以享受的。公平性不等于均等性或平均主义。只有保证福利的公平性，才能有效地避免员工的不满意。

5. 激励性

指的是福利项目应该对员工有着较大的吸引力，能在一定程度上调动员工的工作积极性，在激发和鼓励员工方面发挥较好的作用。这就要求设计者在福利项目的内容和标准等方面要多做研究，以设计出真正具有激励性效果的福利项目。

【案例分析】

公文包引来的争论

年终时，某公司为感谢员工一年来的辛勤工作，特地准备了一项福利：为每一位员工发放了一个价值1 500元的公文包。

公司本以为大家会喜欢这一份礼物，没想到却收到了很多抱怨。

有的员工说："我平时上班根本用不着公文包，发一个只好留在家里。"广大女性员工更加反对，她们讨厌用一样的包。"那样太没个性了。"

王女士说："如果能给我一个热水器就好了，我正需要。"

思考：为什么该公司的这项福利没有收到好的效果？

资料链接

●你工作的地方有汽车修理厂吗？如果你在德克萨斯州普莱诺市的EDS工作，就可以享受这一服务了。那里的车库、银行、商店、日常生活服务中心，还有干洗机每年为员工节省了大量的时间，从而使他们更加专心工作，也就更有工作成绩。

●罗纳普朗克罗尔制药集团为员工提供大量的便利服务，包括修鞋服务、干洗服务、汽车维修、珠宝修护、送花服务、往返公交车及搬运车服务，还有一个38平方米的商店。所有这些服务旨在使员工不用因为日常生活需要而在上班时间离开工作岗位。因为公司发现，如果员工不用跑出去就可以满足日常生活需要，他们会工作更长时间。

●百事可乐公司安排专人协助员工解决工作时间内的生活问题，例如，给车加油、打电话联络保姆看护孩子或者联系修理房屋。老板们发现，通过帮助员工料理这些生活问题（这些事情在过去通常是由家庭主妇来处理的），可以让他们集中精力去工作。得益于这一举措，百事公司拥有了一批把心思全部放在工作上的员工。

●在Fel-Pro公司第一轮班的时间是从早上7 24到下午3 54。为什么制定这么奇怪的上班时间表呢？公司经过调查所处地区的交通状况发现，这一时间安排可以使上第一轮班的员工避开堵车高峰期，减少乘车时间。实行后的效果怎么样呢？迟到现象明显减少，同时生产率大幅提高。以上这些不一定要大科学家爱因斯坦才能想到，我们普通人同样能想到。

（资料来源：中国经济网．）

思考：以上福利体现了福利设计的哪些原则？

需要说明的是，弹性福利、利润分享、心理援助等福利项目近年来越来越多地受到企业员工的欢迎。企业需要保持开放的视野，并倾听员工的心声，采取创新性的福利产品充分满足员工的需求。但这种创新，并不是要重新发明某项福利，而是要敢于和善于吸收外部的创新型福利产品，通过优化组合、完善内容、调整目标对象来更好地满足员工需求。

任务二 员工福利项目设计的关键环节——福利调查

为提高福利的效益，最为基础和关键的设计环节是福利调查。做好福利调查也是确保福利的针对性、竞争性、公平性和激励性的基本前提和手段。福利调查的主要内容：

（1）调查了解员工对福利项目的实际需求；

（2）调查了解员工对已有福利项目的反应和满意度；

（3）调查了解竞争对手或同行业的福利项目与福利标准。

福利调查可采用问卷调查法、访谈法、座谈法等方式进行。做好上述调查，就等于福利设计成功了一半，福利项目才能够有的放矢，事半功倍，充分发挥它应有的功能。具体的调查须通过设计并发放福利调查问卷来实现。福利调查问卷的设计模板如表9-1。

表9-1 某校教职工福利满意度调查问卷

尊敬的各位教职工：

你们好！

福利发放在我校已有多年的历史，在满足教职工生活需要、稳定教职工队伍方面起到了积极的作用。为进一步提高福利经费的使用效益，更好地为教职工服务，我们展开此次调查，希望广泛收集和了解教职工们对员工福利的意见和建议。大家的参与对我校未来的福利项目设计和福利制度的完善都非常重要。本次问卷以不记名方式进行，希望各位教职工给予大力支持，谢谢！

某校工会办公室

2011年12月1日

1. 您认为我校目前的福利制度：（　　）

A. 很好　　B. 无所谓　　C. 不好

2. 据您的了解，我校目前有哪些福利项目？（可多选）（　　）

①交通补贴　②车费补贴　③暑假省外旅游　④年终奖　⑤住房补贴　⑥节庆补贴

⑦每年一次的外出培训　⑧年节物资发放　⑨通信费

3. 您对我校的哪些福利项目比较满意？（可多选）（　　）

①交通补贴　②车费补贴　③暑假省外旅游　④年终奖　⑤住房补贴　⑥节庆补贴

⑦每年一次的外出培训　⑧年节物资发放　⑨通信费

4. 您对我校的哪些福利项目不满意？（可多选）（　　）

①交通补贴　②车费补贴　③暑假省外旅游　④年终奖　⑤住房补贴　⑥节庆补贴

⑦每年一次的外出培训　⑧年节物资发放　⑨通信费

请说明不满意的原因：________________________________

5. 您希望我校增加哪些福利项目？________________________________

6. 您最希望发放的生活福利用品是（请选择其中的五种）：（　　）

A. 食用油　B. 大米　C. 卫生卷纸　D. 盒装面巾纸　E. 洗衣粉

F. 洗衣液　G. 洗洁精　H. 洗手液　I. 其他（请写出具体物品名称）

7. 关于我校福利经费的使用（说明：政策规定不能发放购物卡和有价证券），您还有什么更好的意见和建议吗？

在福利调查中，我们不难发现，众多企业在福利项目的设计上个性化日益突出，但员工对于福利的需求是千差万别的，对同一福利项目的心理感受和价值使用也会有着很大的不同。

资料链接

111 家大公司年度福利调查结果（摘选）

1. 过去一年，您感觉公司提供的最贴心的一项福利是？

A 公司员工：出差补贴吧。原来海外出差每天补贴 80 美元。

B 公司员工：一年有 600 元的书报费，倒是可以促使自己去买些书阅读。

C 公司员工：有免费早餐，说明公司还挺细心。

D 公司员工：中秋节的时候征求了大家的意见，没有跟别的单位一样发鸡肋似的月饼而是改发哈根达斯券；另外每年夏天可以有 3 个周五提前下班（Summer Friday），在热死人的天气里，可以早走几小时，不用汗流浃背地跟人挤地铁，还是比较人性化的。

E 公司员工：除了每个人有一张 2 000 块的“卓越”的卡，年终奖金是 3 000—30 000 元不等。平时的基本福利除“三险一金”外，会给在野外从事电网维修的基层员工提供意外保险，给部分员工提供企业年金。员工每个月有 800 元的交通和通信费、500 元的餐费。平时会组织员工旅游，但主要在京郊泡温泉和采摘什么的。

F 公司员工：免费的电影票吧，基本上今年所有的大片的首映我们都组织去看了，《赤壁》首映我还看到了吴宇森。

G 公司员工：提供了双人双飞机票，可以带家人一起出国旅行。

H 公司员工：医疗保险很全，平时也用得到，家属就医也有保障。

……

2. 过去一年，您感觉公司提供的最令人不满意的一项福利是？

A 公司员工：住房补助，每个月才 200 元，还不如多补贴点交通费呢。

B 公司员工：Team Building，意义不大，而且耽误时间，占用休息日。

C 公司员工：提供携程卡，没有实际用处。

D 公司员工：发大米，哦不，是一箱苹果，结果室内暖气大，放了两三天，全坏了。

E 公司员工：发免费的健身卡。因为手头原本就有很多张，这种东西不感兴趣的人几乎从来都不会去用，不像超市购物券，一年里总归是要去几趟的。

F 公司员工：食堂的午饭，不如直接给现金补贴。

G 公司员工：健身的报销费用少了点，定期的心理辅导也很无聊，身边没一个去的。体检上限 200 元，对比业内其他公司，大都安排全套体检。而 200 元的话，除了 B 超什么都不能做，让人感觉非常不正规。

H 公司员工：中秋月饼，全公司 13 万人，每人吃同样的饼，你觉得会好吃么？成立了各类俱乐部，我很少参加，不感兴趣。

……

（资料来源：易维网 . www. EV123. com. 2009-01-16.）

任务三　了解福利发展的新趋势

一、个性化

为了吸引和留住人才，在福利项目的设计上，越来越多的公司开始打破传统做法，追求创新，把突出公司特色和满足员工需求结合起来。个性化已经成为福利制度发展的一种新趋势。以下几个案例就是福利项目个性化的具体体现。

【案例分析】

花样福利：大家一起来做运动

小宁是某运动产品公司的新成员，上班第一周，他就发现会计老吴忙得不亦乐乎。午饭时，小宁悄悄问他在忙什么。老吴乐呵呵地告诉他，周五要举办“趣味运动会”，他是负责人，正忙着筹备工作。老吴临走时还嘱咐小宁，周五一定记得参加，这是公司的“老传统”。

到周五下午，小宁和同事们准时在老吴指定的某大学体育馆集合，参加趣味运动会。项目有“腿夹球走路”、“单脚跳绳”、“跑步打羽毛球”等，活动稀奇古怪，充满趣味。这几个小时里，大家动得很彻底、很尽兴。小宁也结识了很多志趣相投的同事，新进公司的陌生感一下子烟消云散。运动会结束之后，工会主席告诉小宁下周的活动将由他来负责。

思考：你如何评价该项福利？

点评：

1. 小宁所在的公司是运动产品制造商，组织员工运动 Club 与公司文化、产品精神都吻合。

2. 这项福利表明企业没有把员工当作压榨的对象，而是将员工的健康放在首位，充分体现企业“以人为本”。

3. 所有的员工轮流担任活动负责人，体现企业对员工的信任，增强了员工的主人翁精神。集体活动又必然能增强团队合作精神，加强企业凝聚力，可谓“一举多得”。

思科公司（Cisco）的员工福利

为了让员工安心工作，公司在硅谷买来很贵的地皮盖了托儿所。

为了给公司员工上班提供便利，公司在办公室和员工住宅社区修了专用铁道。

思科公司还有一个非常有特色的服务，就是紧急医疗帮助，在全球所有国家的员工都能获得一家全球医疗服务机构的 24 小时紧急服务。有些服务甚至超出了医疗范围，包括急病和社会不安因素、人身意外等构成的危险，员工所遇的任何问题都能够通过打一个对方付费的电话获得帮助。

思考：你如何评价思科公司的员工福利？

高级经理人的“特权”福利——福利影响我的未来

对于一个经理人来说，工作与生活是密不可分的，工资收入决定的是目前的生活水平，而福利却同时影响了现在和将来的生活水准与品质。

如今，高级经理人除了享受一般员工都享有的福利外，还有无偿使用企业的车辆、报销招待费、报销带家属的旅游费用、弹性工作时间、俱乐部会员、经理餐厅、头等舱旅行、个人理财顾问、健康顾问等“特权”福利。

思考：你如何看待高级经理人的“特权”福利？

资料链接

个性福利：有话大声说

Dale拿着酒杯，径直向部门主管走去。主管微笑着和他碰杯，Dale举杯说道：“主任，你的头可以作溜冰场啦！呵呵……”在场的人听闻此言都哈哈大笑。主管拍着Dale的肩膀笑道：“好你个小子！”

秘书Cathy抬头发现上司Gracy正严肃地看着她，紧闭的嘴似乎又要爆发出斥责。Cathy“噌”地站起来：“你是不是又要骂我了？平时工作你老挑我毛病，现在喝酒你都嫌我？”Cathy连珠炮似地说了一大串，仰头喝完杯中的酒，放下杯子，掉头走人。

这些员工居然在上司面前如此放肆，因为这天是他们的Hop Day（发泄日）。他们可以随心所欲地对上司、同事、下级说出平时不敢说的话。

点评：“Hop Day”是日本企业发泄室的一种变形。在日本企业，因为企业文化较为压抑，企业会设置“发泄室”，员工可以在里面对“假老板”（模型）任意拳打脚踢，发泄心中的不满与怨气。

“Hop Day”给员工一个机会对上司、同事、下级直抒胸臆，给所有人更好的沟通机会，起到了调节气氛、减轻压力的作用。

“精神福利”：关爱员工的新方式

让员工找心理咨询师，毫无顾忌地宣泄对同事的抱怨、对工作的厌倦，甚至个人感情的变故……这些过去在企业里是最忌讳的事情，如今被一些温州民营企业当成福利提供给员工。

在温州，“精神福利”正成为民营企业关爱员工的新方式。红蜻蜓集团的“阳光咨询室”、康奈集团的“新温州人情感交流站”、正泰集团“阳光服务室”相继挂牌成立。心与心的交流如同心灵鸡汤，为他们疏导减压，调整心态。有关人士认为，为员工开展心理援助是民营企业建设和谐企业的一种新尝试。

（资料来源：http：//www. yh21job. com/rlzy/ShowArticle. asp？ArticleID＝3662.）

二、弹性福利

弹性福利即“自助餐”式的福利，是指让员工依照自己的需求从企业所提供的福利项目中来选择组合属于自己的一套福利“套餐”的福利形式。弹性福利也日益成为福利制度发展的新趋势。

【任务互动】

请从以下福利项目中任选几种福利进行组合，组合后的福利总额不得超过3 000元。

①餐券500元　②游泳套票500元　③健身卡1 000元　④足球赛票500元

⑤美容卡1 000元　⑥购物卡1 000元　⑦交通卡500元　⑧省内旅游1 000元

⑨体验式培训1 000元　⑩音乐会门票500元

思考：

1. 弹性福利有哪些优点？
2. 弹性福利设计的难点有哪些？

实 训

一、思考与练习

1. 以小组为单位，设计一份企业员工福利满意度调查问卷。

2. 选择学校附近的一家企业，以小组为单位，调查了解该企业员工福利的投入情况、福利项目的实施情况、福利制度中存在的问题，写一份调查报告。

3. 请帮你最熟悉的一家企业（如餐饮企业、百货超市等）设计福利项目，并说明理由。

二、案例分析

案例1：金星公司是以生产精密机械器具为主的公司，在草创之初、规模不大时，公司有一套完善、标准的员工福利制度，运作数年都很顺利，也很少传出员工对福利制度不满的情况。但随着组织规模的不断扩大，各式各样的专业性人才被引进后，这套福利制度就开始受到批评。

近年来金星公司因人才不足，导致产品质量和数量均逊于竞争对手，这种状况令老板深为担忧。于是他将掌管人力资源管理部门的王经理找来，要他调查公司无法吸引优秀人才的原因。经过一个月的调查后，王经理发现与竞争对手相比，公司在环境条件上差异不大，甚至在薪资方面，金星公司还略高于竞争对手，但是在福利措施上，不论在质量和弹性上，皆远不及对手，于是王经理向公司建议要改善公司福利制度。但是公司财务部门高层主管却认为在公司财务支持程度有限的情况下，要全面追赶对手，是有困难的。

但是公司福利确实遭受到公司内许多员工的抱怨，公司主管们抱怨，他们在以前所服务的公司中拥有主管特殊的福利，如今公司却一视同仁，他们没有得到应有的尊重；公司的职业妇女希望能有教育子女的津贴以及多些休假来照顾自己的子女；而其他大部分员工则是各有所需，年纪较大的员工希望公司提供健康检查与多一些保险福利，而年轻者则希望多一些经济上的实质福利。

思考：试分析该公司问题所在。假如你临危受命，接受这个改造福利计划，请说说你的做法。

案例2：美国一位护士发错药之后

这位护士叫玛丽，在纽约一家医院已经工作了三年。这年纽约气候异常，住院病人激增，玛丽忙得脚不沾地。一天给病人发药时，她张冠李戴地发错了药，幸好被及时发现，没有酿成事故。但医院的管理部门依然对这件事情展开了严厉的“问责”。

首先问责护理部。他们从电脑中调出最近一段时间的病历记录，发现“玛丽负责区域病人增加了30%，而护士人手并没有增加”。调查部门认为护理部没有适时增加人手，造成玛丽工作量加大，劳累过度，属于人员调配失误。

然后问责人力资源部门的心理咨询机构。玛丽的家里最近有什么问题？询问得知，她的孩子刚两岁，上幼儿园不适应，整夜哭闹，影响玛丽晚上休息。调查人员询问后认为“医院的心理专家没有对她进行帮助，失职！”

最后问责制药厂。专家认为“谁也不想发错药，这里可能有药物本身的原因”。他们把玛丽发错的药放在一起进行对比，发现几种常用药的外观、颜色相似，容易混淆。他们向药厂发函：建议改变常用药片外包装，或改变药的形状，尽可能减少护士对药物的误识。

那几天玛丽特别紧张，不知医院如何处理。医院心理专家走访了她，告诉她不用担心病人赔偿事宜，已由保险公司解决。还与玛丽夫妻探讨如何照顾孩子，并向社区申请给予她10小时义工帮助。玛丽上夜班，义工照顾孩子，以保证她能充分休息。同时医院特别批准她放几天假，帮助女儿适应幼儿园生活。

这以后，玛丽工作更加认真细致，医院里再也没有人发生类似错误。她和同事们都很喜欢自己的工作，想一直做下去。

护士工作辛苦是众所周知的，在美国，护理业成为非常受人尊敬的职业，除了护士较高的薪水和待遇外，相信还有很多其他原因。

思考：本案例中的医院给员工提供了哪些福利？这些福利对员工有哪些作用？

模块十　劳动关系管理

【知识目标】

1. 认识劳动关系的含义和特征
2. 了解我国劳动关系的现状
3. 了解处理劳动关系的原则
4. 了解改善劳动关系的方法
5. 熟悉劳动合同的签订
6. 熟悉劳动合同的变更、解除与终止
7. 了解劳动争议的范围和处理原则
8. 了解解决劳动争议的途径

【技能目标】

1. 掌握劳动合同内容主要条款的设计
2. 掌握违约金和经济补偿金的计算

【案例引导】

20世纪70年代，美国沃里科公司管理弗里斯特市的电视机厂，该电视机厂是希尔斯公司的协作厂家，其出产的电视机多由希尔斯公司经销。无论是产值、规模还是职工人数，该厂都是弗里斯特市的重要企业，在当地的企业界中拥有举足轻重的地位。但由于沃里科公司管理不善，频频出现质量问题，导致电视机厂陷入重重困境。厂里财政困难，迫于无奈只能大量裁员，此举一出，人心大乱；由于产品质量差，顾客怨声载道，造成产品大量积压，工厂已濒临倒闭。

为挽救希尔斯公司的声誉和扭转厂方的不利局面，希尔斯公司邀请日本三洋公司购买电视机厂的股权，希望让日本的管理人员和技术人员来管理该厂。

日本人到达电视机厂后，发现他们面临双重困难。除了文化、习惯方面的因素外，民族情感问题更为棘手。日本管理人员先后做了三件事，令美国人大开眼界。一、拉近管理层与工人之间的关系。管理人员主动邀请全厂员工聚会，一同吃喝，赠予每位工人一台半导体收音机。然后，由管理人员带头，大家一起打扫卫生，装饰厂房。二、重聘下岗工人。只要是工作态度好、技术上没有问题而又顺应潮流的人，厂方都欢迎他们回来应聘。三、与工会携手合作。公司总裁亲自会见工会代表，恳请双方共同合作，建立良好的关系。由于取得了工会的支持，管理这些工人，一切显得得心应手。在日本人管理该厂期间，工人们只举行过一次罢工，但问题很快得到解决。厂方和工会均表示此次罢工事件没有伤害双方间的感情。

日本管理人员很会照顾工人的情绪，生产上强调质量，强调清洁卫生。管理部门还征求工人们的意见，共同协商提高生产效率、改善产品质量和工作条件的办法，使工人们得到了应有的尊重。

到了1983年，厂里经营状况大大改观，产品合格率高达98%。工业委员会主席瓦卡罗感慨地说："电视机厂是我们弗里斯特市的经济命脉，而三洋公司则是我们的支柱。"

思考：结合本案例，谈谈应如何改善劳动关系？

项目1 劳动关系基础知识

任务一 认识劳动关系的含义和特征

劳动关系是劳动者与用人单位在实现劳动过程中建立的社会经济关系。从这个定义中可以看出，劳动关系的主体是特定的，劳动关系是劳动力与劳动力使用者（即用人单位）因就业或雇佣而产生的关系。

劳动关系具有以下特征：

（1）劳动关系主体之间既有法律上的平等性，又有客观上的隶属性。劳动关系主体双方在法律面前享有平等的权利，劳动者向用人单位提供劳动或服务，用人单位向劳动者支付劳动报酬，双方在平等自愿的基础上建立劳动关系。同时，劳动者作为用人单位的成员，在实现劳动过程中理所当然地应当遵守用人单位的规章制度，服从用人单位的管理，双方形成领导与被领导的隶属关系。

（2）劳动关系产生于劳动过程之中。劳动者只有与用人单位提供的生产资料相结合，在实现劳动的过程中才能与用人单位产生劳动关系，没有劳动过程便不可能形成劳动关系。

（3）劳动者与用人单位间的劳动关系具有排他性。劳动关系只能产生于劳动者与用人单位之间，劳动者与其他社会主体之间发生的社会关系不能称之为劳动关系。同时，作为自然人的劳动者，在同一时间只能与一个用人单位签订劳动合同、建立劳动关系。任何劳动者都不能与两个用人单位同时签订劳动合同、建立劳动关系；任何两个用人单位也不得同时与一个劳动者签订劳动合同、建立劳动关系，劳动关系具有排他性。

【关联法律】

《劳动法》第二条　在中华人民共和国境内的企业、个体经济组织（以下统称用人单位）和与之形成劳动关系的劳动者，适用本法。

国家机关、事业组织、社会团体和与之建立劳动合同关系的劳动者，依照本法执行。

【任务互动】

1. 父母帮子女照看孩子，是否构成一种劳动关系？

2. 有一名中学生在网上结识网友，对方称可介绍暑期工，日工资200元。该学生到达指定地点后，却被囚禁起来洗脑，被逼去骗更多的人加入该组织，且要求该学生去兜售昂贵的伪劣产品。学生和该组织的关系是一种劳动关系吗？

任务二　了解我国劳动关系的现状

随着我国社会主义市场经济的发展，近年来劳动关系中不和谐的因素越来越多，并引发了诸多社会问题。以下是目前我国劳动关系的现状：

（1）市场化劳动关系已形成并逐步占了主导地位。在市场主导部门即非公有制领域，劳动关系从一开始就是典型的市场化劳动关系。非公有制经济现在已成为推动我国经济发展的重要力量，其所吸纳的就业人数大大超过了国有企业。

（2）由再就业困难的下岗职工、失业人员和农民工组成的相对弱势的劳动关系群体初步形成。这些人员为了在竞争中获得一个普通的劳动岗位，通常不得不放弃自己的一些合法权益，甚至不敢对用人单位提出签订劳动合同等方面的要求，以至于出现了许多有劳动没关系的现象。

（3）就业形式日趋多样化，导致动态的、不稳定的劳动关系比重明显上升。第三产业迅速发展和就业形式的日益多样化、灵活化，使非全日制用工的就业人员大幅度增加。这类劳动通常时间性较强，工作成果易量化，用人单位和劳动者双方只在提供劳务期限内存在简单的权利义务关系，不需要长期固定的劳动关系。这致使灵活多样的就业形式下的劳动关系呈现出非正规、不稳定等特点，成为当前劳动关系整体格局中的一个显著特点。

资料链接

灵活用工模式渐成趋势

近日，科锐国际人力资源公司发布了最新的《2010年中国企业灵活雇佣策略及实施市场调查报告》。报告显示，金融危机后，灵活的雇佣模式正成为大多数企业逐渐认可的一种用工模式，71%的雇主正在使用灵活雇佣；49%的雇主表示一年内会考虑使用灵活雇佣模式。报告指出，当前灵活雇佣模式已经被大多数企业所认同并纳入到整体雇佣策略中，已经成为未来企业雇佣策略的一个潮流。

但与此同时，仍有38%的企业雇主存在顾虑，最主要是担忧临时性的派遣等灵活雇佣使员工的企业归属感不强。

（4）劳动力流动频率加快，劳动关系短期化趋势明显。随着企业改制力度加大，市场导向的就业机制逐步形成，劳动力跨地区、跨行业、跨所有制，甚至是跨国界的流动日益频繁。一方面，高素质劳动者由于供不应求，在高薪或其他优厚待遇条件的吸引下频繁跳槽；另一方面，低素质、低技能的劳动者供过于求，用人单位为了控制人工成本，减少由于长期雇佣此类人员需要加薪造成的成本支出，也往往与劳动者签订短期合同。这两方面的情况导致当前的劳动关系出现明显的短期化态势。

（5）劳资纠纷日益增多。劳资纠纷自20世纪80年代以来日益增多，近年来更是成倍地增长，集体纠纷尤为突出，涉及的职工人数剧增，处理难度不断加大。集体上访、围堵政府、阻碍交通、罢工、静坐，甚至非法拘禁企业领导者的恶性事件也不少见。

任务三　了解处理劳动关系的原则

劳动关系状况影响着企业的生存与发展，正确处理和不断改善劳动关系是企业管理的重要任务。良好的劳动关系能够调动员工积极性，保证企业正常的生产经营活动。处理劳动关系的原则有：

（1）以法律法规为依据的原则。在我国，处理劳动关系适用的是劳动法规，它是解决劳动纠纷和劳动争议的基本法律依据。

（2）兼顾双方利益的原则。用人单位和劳动者双方都有各自的立场和利益。这种利益有时是相互冲突的，在处理劳动关系时，需兼顾双方的利益，把对双方可能造成的伤害降到最低。

（3）平等协商解决劳动争议的原则。当发生劳动争议时，应先使双方当事人进行平等协商，避免矛盾扩大。

任务四　了解改善劳动关系的方法

改善劳动关系的方法有以下诸多方面：

（1）完善企业规章制度。根据我国《劳动合同法》的相关规定，企业规章制度也具有法律效用。一方面，企业自身应守法；另一方面，企业通过完善内部规章制度，来加强对自身的规范管理，做到合法合理、公开公正，以防范用工的各类风险发生。

（2）健全工会组织，完善职工权利保障体系。在企业内部建立工会和劳动争议协调委员会。健全工会组织，代表员工与企业协调劳动关系，有助于保障员工的权利。

（3）建立集体协商制度。劳动关系双方应进行经常性、多层次、内容广泛的相互协商，通过集体协商，营造融洽、稳定的劳动关系。

（4）培训企业主管人员。用人单位应加强对单位内部主管人员的培训与教育，使他们掌握处理劳动关系问题的原则和技能，开发调动员工的工作积极性，以促成和谐的劳动关系。

（5）加强人文关怀，改善用工环境。用人单位除了通过规章制度来改善劳动关系外，还应注重企业文化的建设，以丰富的精神激励与物质激励、内激励与外激励等多种形式来提高员工的工作满意度，以改善劳动关系。

资料链接

沃尔玛在中国全面组建工会

自1996年在华设立分店后，沃尔玛一直坚持其不组建工会的惯例。全国总工会与其进行了长达10年的博弈。2006年，经过全国总工会的不懈努力，沃尔玛终于打破了不组建工会的先例。7月29日，沃尔玛深国投百货有限公司晋江店工会成立暨第一次全员大会在泉州市举行。这标志着沃尔玛职工在中国建立了第一个工会组织。8月12日，沈阳沃尔玛百货有限公司党支部成立，由3名党员组成；同日，成立团支部，共有16名团员。这是全国成立工会组织的沃尔玛分店中首家成立党支部和团支部的。截至8月17日，共有晋江、深圳、南京、福州、济南、沈阳、大连、南昌、青岛、武汉、太原等11个城市19家沃尔玛分店建立了基层工会组织。9月29日，沃尔玛汕头南国店工会成立，这标志着两个月内全国30个城市中的62家沃尔玛分店全部建立了工会组织，共发展会员6 000余名，实现了中国工会与沃尔玛（中国）公司达成的依法、和谐、快速、全面组建工会的目标。

项目2　劳动合同条款设计

任务一　熟悉劳动合同的签订

一、劳动合同订立的形式

劳动合同在劳动关系管理中起着很重要的作用，企业与员工之间的权利义务主要是通过劳动合同来体现的。《劳动合同法》规定用人单位与劳动者建立劳动关系，必须以书面形式订立劳动合同，即书面协议。书面形式的劳动合同有利于通过规范的形式保障企业和劳动者的权利与义务，而且有利于在发生劳动争议后有据可查，便于处理。

【关联法律】

《劳动合同法》第七条　用人单位自用工之日起即与劳动者建立劳动关系。用人单位应当建立职工名册备查。

第十条　建立劳动关系，应当订立书面劳动合同。

已建立劳动关系，未同时订立书面劳动合同的，应当自用工之日起一个月内订立书面劳动合同。

用人单位与劳动者在用工前订立劳动合同的，劳动关系自用工之日起建立。

【案例分析】

口头劳动合同是否具有法律效力？

2003年4月，某市建筑公司为建设本市小区楼房，从本市各县招收民工200名，组成临时的建筑工队。王某等民工急于谋到一份工作以养家糊口，没有与建筑公司签订书面劳动合同，只是口头约定工期、工资等内容。

工程开始后的前5个月，建筑公司能按月及时发放工资，但之后就一直拖欠。年终之际，工人纷纷找到公司，要求其支付自己的工资以回家过年。公司答复，必须在工程完成后，才能支付工资。而且，建筑公司为了尽早完成工程，经常强迫民工加班加点，甚至每天工作13个小时，星期日和法定节假日也不让休息。

当王某等人向建筑公司提出发放工资的要求时，建筑公司拒不发放，并说如果再索要工资，民工们一分钱也别想得到。王某向该市劳动争议仲裁委员会提出仲裁申请。

思考：口头劳动合同具有法律效力吗？

二、签订劳动合同的原则

根据《劳动法》第十七条规定，订立劳动合同所必须遵循的基本原则有：

1. 平等自愿原则

平等自愿是指劳动合同双方地位平等，应以平等身份签订劳动合同。自愿是指签订劳动合同完全是出于当事人本人的意愿，不得采取强加于人、欺诈和威胁等手段签订劳动合同。

2. 协商一致原则

在签订合同前，劳动合同双方应该认真审视每一项条款，就权利、义务及有关内容进行协商，达成一致意见后才能签订劳动合同。

3. 依法订立原则

签订劳动合同要符合法律、行政法规的规定，这样签订的劳动合同才是有效的。

任务二　掌握劳动合同内容的设计

一、劳动合同的法定必备条款

劳动合同的内容是当事人双方经过平等协商所达成的关于权利与义务的条款，包括法定条款和约定条款。法定条款是指法律、法规规定必须协商约定的条款；约定条款是根据工作岗位的不同，以合同双方当事人各自的具体情况，由双方选择约定的具体条款。

【关联法律】

《劳动合同法》第十七条　劳动合同应当具备以下条款：

（一）用人单位的名称、住所和法定代表人或者主要负责人；

（二）劳动者的姓名、住址和居民身份证或者其他有效证件号码；

（三）劳动合同期限；

（四）工作内容和工作地点；

（五）工作时间和休息休假；

（六）劳动报酬；

（七）社会保险；

（八）劳动保护、劳动条件和职业危害防护；

（九）法律、法规规定应当纳入劳动合同的其他事项。

劳动合同除前款规定的必备条款外，用人单位与劳动者可以约定试用期、培训、保守秘密、补充保险和福利待遇等其他事项。

1. 劳动合同期限条款

《劳动合同法》第十二条规定，劳动合同分为固定期限劳动合同、无固定期限劳动合同和以完成一定工作任务为期限的劳动合同。选择怎样的合同期限要依据企业生产经营的实际情况以及员工劳动力因素来进行。一般来说，对大型企业而言，无论是人才储备还是发展需要，签订中长期或无固定期限劳动合同应该是首选；而对大多数中小型企业而言，3 年以下的劳动合同期限则是它们的首选。专业技能越高的人才，企业选择与之签订中长期劳动合同的概率越大。

【实例参考】

甲、乙双方就合同期限选择以下________类劳动合同。

1. 有固定期限合同：本合同期限自________起，至________止，其中试用期为____个月，自________起，至________止。

2. 无固定期限合同：本合同期限自________起履行，其中试用期为____个月，自________起，至________止。如终止条件出现，劳动合同即行终止。

3. 以完成一定工作任务为期限的合同：本合同自________起履行，至工作完成时止，并作为该工作任务完成及终止合同的标准。

表 10-1　劳动合同期限比较分析

种　类	适用范围	签订条件	选择策略
固定期限	无具体规定，适用范围广	双方协商一致	流动性强的行业、中小企业、新员工
无固定期限	保密性强、技术复杂、需要保持人员稳定的岗位	双方协商一致；法定情形出现	大型企业、成长型企业、核心员工、老员工
以完成特定工作为期限	难以确定工作时间的生产经营项目	协商确定	如建筑业等特定行业、如销售等特定工作任务

［资料来源：王桦宇．劳动合同法实务操作与案例精解（第 2 版）．北京：中国法制出版社，2011.］

2. 工作内容与工作地点条款

（1）工作内容。工作内容条款是劳动合同的核心内容。工作内容的约定一般应满足两点，一是岗位应具体，不能是抽象的技术职位或管理职位这样的表述；二是要明确，应在岗位说明书中找到相应职务职责。

（2）工作地点。在约定工作地点的时候，也应当遵循具体和明确的原则，因岗而异，不能把普通岗位的工作地点设置为不确定的多个地点。而对于销售和市场人员、跨地域职能部门管理人员等特殊岗位，可以在劳动合同中约定多个工作地点。

【实例参考】

工作内容和工作地点条款

1. 乙方同意根据甲方工作需要，担任________岗位（工种）工作。

2. 根据甲方的岗位（工种）作业特点，乙方的工作区域或工作地点为________。

3. 根据甲方经营需要和乙方工作能力、工作表现及身体状况等因素，双方可平等协商、依法合理变更本条款中规定的乙方工作部门、工作内容及工作地点。

3. 工时与休息、休假条款

（1）工作时间条款。工作时间主要是指工作时间和加班加点制度。就工时制度而言，目前我国内地主要有标准工时制、不定时工时制、综合计算工时制三种。企业可以根据具体情况选择。

【关联法律】

《劳动法》第三十六条　国家实行劳动者每天工作时间不超过八小时，平均每周工作时间不超过四十四小时的工时制度。

第三十七条　对于实行计件工作的劳动者，用人单位应当根据本法第三十六条规定的工时制度合理确定其劳动定额和计件报酬标准。

第四十一条　用人单位由于生产经营需要，与工会和劳动者协商后可以延长工作时间，一般每日不得超过一小时；因特殊原因需要延长工作时间的，在保障劳动者身体健康的条件下延长工作时间每日不得超过三小时，但是每月不得超过三十六小时。

第四十二条　有下列情形之一的，延长工作时间不受本法第四十一条规定的限制：

（一）发生自然灾害、事故或者因其他原因，威胁劳动者生命健康和财产安全，需要紧急处理的；

（二）生产设备、交通运输线路、公共设施发生故障，影响生产和公众利益，必须及时抢修的；

（三）法律、行政法规规定的其他情形。

第四十三条　用人单位不得违反本法规定延长劳动者的工作时间。

表 10-2　标准工时制、不定时工时制、综合计算工时制比较分析

比较种类	标准工时制	不定时工时制	综合计算工时制
性质特征	按工作时间定工作量	直接确定工作量	按工作时间定工作量
适用范围	一般劳动者	特定的人员	
时间要求	8 小时 / 天、40 小时 / 周	无固定时间要求	一个周期内平均 8 小时 / 天、40 小时 / 周
加班计算	按加班时间计算加班费	除法定节假日外，无加班费	按一个周加班时间，计算加班费
生效程序	不需要劳动局批准	需要劳动局批准	

（2）休息休假条款。休息休假权是劳动者的基本权利，劳动法规对休息休假制度作了明确的规定。企业应在自己的管理制度中作出详细说明，在劳动合同条款设计中，则可以简要约定。

【关联法律】

《劳动法》第三十八条　用人单位应当保证劳动者每周至少休息一日。

第三十六条　企业因生产特点不能实行本法第三十六条、第三十八条规定的，经劳动行政部门批准，可以实行其他工作和休息办法。

第四十五条　用人单位不得违反本法规定延长劳动者的工作时间。

【实例参考】

某公司劳动合同（部分）

工作时间和休息休假条款

1. 甲方安排乙方执行________工时制度。每天的劳动时间不包括午餐及休息时间。

执行标准工时制度的，乙方每天工作时间不超过 8 小时，每周工作不超过 40 小时。每周休息日为________。

甲方安排乙方执行综合计算工时制度或者不定时工作制度的，应当事先取得劳动行政部门特殊工时制度的行政许可决定。

2. 甲方对乙方实行的休假制度有____。

3. 甲方可以根据工作需要安排乙方加班，甲方将依法支付超时工作的劳动报酬，或给予调休。加班须根据相关规定办理加班申请手续。

4. 乙方所在工作岗位申请不定时工作制或综合计算工作制后，加班报酬按相关法律执行。

5. 乙方享有国家规定的法定节假日和婚丧假、产假等假期。

资料链接

国务院《全国年节及纪念日放假办法》

第一条　为统一全国年节及纪念日的假期，制定本办法。

第二条　全体公民放假的节日：

（一）新年，放假 1 天（1 月 1 日）；

（二）春节，放假 3 天（农历除夕、正月初一、初二）；

（三）清明节，放假 1 天（农历清明当日）；

（四）劳动节，放假 1 天（5 月 1 日）；

（五）端午节，放假 1 天（农历端午当日）；

（六）中秋节，放假 1 天（农历中秋当日）；

（七）国庆节，放假 3 天（10 月 1 日、2 日、3 日）。

第三条　部分公民放假的节日及纪念日：

（一）妇女节（3 月 8 日），妇女放假半天；

（二）青年节（5 月 4 日），14 周岁以上的青年放假半天；

（三）儿童节（6 月 1 日），不满 14 周岁的少年儿童放假 1 天；

（四）中国人民解放军建军纪念日（8 月 1 日），现役军人放假半天。

第四条　少数民族习惯的节日，由各少数民族聚居地区的地方人民政府，按照各民族习惯，规定放假日期。

第五条　二七纪念日、五卅纪念日、七七抗战纪念日、九三抗战胜利纪念日、九一八纪念日、教师节、护士节、记者节、植树节等其他节日、纪念日，均不放假。

第六条　全体公民放假的假日，如果适逢星期六、星期日，应当在工作日补假。部分公民放假的假日，如果适逢星期六、星期日，则不补假。

第七条　本办法自公布之日起施行。（2008 年 1 月 1 日）

4. 劳动报酬条款

在设计该条款时，须明确劳动报酬的具体数额、计算方法、支付日期，并注明该劳动报酬是否包含税收部分。此外，企业还可以与劳动者约定，由企业在工资之外为劳动者提供其他货币性的福利待遇。

需要注意两点：

一是劳动合同中约定的工资标准不得低于当地的最低工资标准。各地逐年提高最低工资标准，企业应密切关注并作出相应调整。

二是工资发放日期。为预防法律风险，企业可将发放工资的时间由日期改为期间，防止因非人为因素导致无法按期支付。如每月 20 日发放工资，可改为每月 20—25 日期间发放工资。

【关联法律】

《劳动法》第四十八条　国家实行最低工资保障制度。最低工资的具体标准由省、自治区、直辖市人民政府规定，报国务院备案。用人单位支付劳动者的工资不得低于当地最低工资标准。

第五十条　工资应当以货币形式按月支付给劳动者本人。不得克扣或者无故拖欠劳动者的工资。

第五十一条　劳动者在法定休假日或婚丧假期间以及依法参加社会活动期间，用人单位应当依法支付工资。

【实例参考】

劳动报酬条款

1. 乙方正常出勤并在规定的工作时间内保质保量完成甲方安排的工作任务后，有权获得劳动报酬。

甲方实行岗位绩效工资制度，乙方的绩效薪酬或奖金的计发方法为：________。乙方的津贴、补贴的发放标准和办法为：________。甲方根据乙方的工作岗位和实际技术业务水平，确定乙方的岗位月工资收入标准为____元。其中，试用期月工资为____元。

2. 甲方发薪期为次 / 当月____日至____日。甲方有合理解释延迟支付劳动报酬的，不属于拖欠乙方工资。工资支付方式按照甲方规定执行。

3. 奖金、津贴根据甲方内部章程制度执行。甲方有权根据需要制定、修改、完善或废止奖金、津贴制度。

4. 甲方生产工作任务不足致使乙方待工的，甲方支付乙方的生活费为____元或按______执行。

5. 乙方收入为税前收入，乙方应依法缴纳个人所得税。

5. 社会保险条款

“五险一金”是指“养老保险、医疗保险、工伤保险、失业保险、生育保险”和住房公积金，为员工缴纳“五险一金”是企业应尽的义务。

《劳动法》第七十二条规定，用人单位和劳动者必须依法参加社会保险，缴纳社会保险费。《劳动合同法》规定，用人单位应当依法为劳动者缴纳社会保险，否则劳动者有权解除劳动合同，并可以按照实际工龄要求用人单位支付经济补偿金。企业应做好“五险一金”的缴纳工作，防止法律风险的发生。

【实例参考】

社会保险

1. 甲方应按照国家和××市有关规定，按比例为乙方缴纳社会保险和住房公积金，乙方也应当按比例缴纳其应承担的部分，并由甲方在工资内代为扣除。甲方应将扣缴社会保险费的情况如实告知乙方。

2. 乙方因病或非因公负伤期间待遇按法律、法规及相关规定执行。并在规定的医疗期间内支付病假工资或疾病救济费，数额为________元/月（不低于当地最低工资标准的80%）。

3. 乙方因公负伤及女职工孕期、产假和哺乳期等待遇按法律、法规及相关规定执行。

4. 甲方将根据公司相关规定，结合乙方的工作岗位、工作地点向乙方支付或调整其他补贴及福利费用。具体标准由甲方制定。

6. 劳动保护、劳动条件和职业危害防护条款

国家为了保护劳动者在生产过程中的安全健康，根据生产的客观规律和生产实践经验的科学总结，规定了企业必须执行的各项安全生产管理制度。为了防止重大劳动安全卫生事故的发生，企业必须全面完善并严格执行各项劳动安全卫生管理制度。

劳动保护、劳动条件和职业危害防护条款覆盖面很广，且大部分为国家强制性规定。从企业设计劳动合同条款的角度来看，这些庞杂的规定也很难纳入一纸合同之中。建议企业在设计这些约定时可以简要叙述，并约定具体可参照国家有关法律法规。

【实例参考】

劳动保护、劳动条件和职业危害防护条款

1. 甲方为乙方提供符合国家规定的劳动安全卫生标准的工作环境，确保乙方在人身安全及人体不受危害的环境条件下从事工作。

2. 甲方根据乙方从事的工作岗位，按国家有关规定，发给乙方必要的劳动防护用品，并按劳动保护规定每（年/季/月）免费安排乙方进行体检。

3. 甲方将按照国家、省及当地政府的相关规定，做好女职工的劳动保护和保健工作，积极采取职业病防护措施，确保乙方的人身安全及身体不受危害。

二、劳动合同的约定条款

劳动合同除了上述法定必备条款外，双方当事人还可以根据实际需要在协商一致的基础上，签订其他补充条款。约定条款的内容只要合法，就同法定条款一样，具有法律约束

力。一般常见的约定条款有以下内容：

1. 试用期

试用期间，用人单位考察劳动者是否符合录用条件；劳动者考察用人单位所介绍的劳动条件是否符合实际情况。这是双方当事人相互了解、选择而约定的考察期。

【关联法律】

《劳动合同法》第十九条　劳动合同期限三个月以上不满一年的，试用期不得超过一个月；劳动合同期限一年以上不满三年的，试用期不得超过两个月；三年以上固定期限和无固定期限的劳动合同，试用期不得超过六个月。

同一用人单位与同一劳动者只能约定一次试用期。

以完成一定工作任务为期限的劳动合同或者劳动合同期限不满三个月的，不得约定试用期。试用期包含在劳动合同期限内。劳动合同仅约定试用期的，试用期不成立，该期限为劳动合同期限。

【任务互动】

思考：以下劳动合同的试用期期限是否合法？

1. 劳动合同期限 1 年，试用期 2 个月。
2. 劳动合同期限 2 年，试用期 2 个月。
3. 劳动合同期限 2 年，试用期 1 个月。
4. 劳动合同期限 2 年，试用期 3 个月。
5. 劳动合同期限 5 年，试用期 3 个月。
6. 劳动合同期限 3 年，无试用期。

2. 培训

双方当事人可以约定培训的项目、条件、培训期间的工资待遇、培训费用的支付方法、服务期等。

【关联法律】

《劳动合同法》第二十二条　用人单位为劳动者提供专项培训费用，对其进行专业技术培训的，可以与该劳动者订立协议，约定服务期。

劳动者违反服务期约定的，应当按照约定向用人单位支付违约金。违约金的数额不得超过用人单位提供的培训费用。用人单位要求劳动者支付的违约金不得超过服务期尚未履行部分所应分摊的培训费用。

用人单位与劳动者约定服务期的，不影响按照正常的工资调整机制提高劳动者在服务期期间的劳动报酬。

【任务互动】

公司派王某到美国接受为期1个月的专业技术培训，其中，培训费为36 000元，其他直接费用12 000元，工资10 000元。公司和王某签订了一个服务期协议，王某接受培训后必须为公司服务3年，否则要赔偿公司全部的费用。

如果王某培训后在公司工作满2年后想解除合同，请根据《劳动合同法》第二十二条规定，分析并计算他应该赔偿多少培训费。

3. 保守商业秘密条款

商业秘密是指不为公众所熟悉，能为用人单位带来经济利益，具有实用性的技术、经营、管理和其他信息。在劳动合同中，用人单位和了解本单位商业秘密的劳动者约定保守商业秘密，是对企业利益的合法保护。需要承担保密义务的人员有：高层管理者、技术研发人员、高级营销人员、人力资源人员、财务、法律人员、秘书及信息员等。

【关联法律】

《劳动合同法》第二十三条　用人单位与劳动者可以在劳动合同中约定保守用人单位的商业秘密和与知识产权相关的保密事项。

对负有保密义务的劳动者，用人单位可以在劳动合同或者保密协议中与劳动者约定竞业限制条款，并约定在解除或者终止劳动合同后，在竞业限制期限内按月给予劳动者经济补偿。劳动者违反竞业限制约定的，应当按照约定向用人单位支付违约金。

第二十四条　竞业限制的人员限于用人单位的高级管理人员、高级技术人员和其他负有保密义务的人员。竞业限制的范围、地域、期限由用人单位与劳动者约定，竞业限制的约定不得违反法律、法规的规定。

在解除或者终止劳动合同后，前款规定的人员到与本单位生产或者经营同类产品、从事同类业务的有竞争关系的其他用人单位，或者自己开业生产或者经营同类产品、从事同类业务的竞业限制期限，不得超过两年。

实施竞业限制的要点：①签订竞业限制协议；②明确竞业限制期限；③竞业限制的经济补偿。三者缺一不可。

【案例分析】

他是否需要承担竞业限制义务?

宋某与某高新技术公司签订了为期3年的劳动合同，在该公司专门从事软件开发工作。合同即将到期时，与该公司有竞争关系的另一家软件开发公司有意以高薪聘请宋某。合同到期后，宋某向原单位提出不再续签劳动合同，原单位拒绝了宋某的请求。宋某认为原单位无权干涉其自由择业权，于是到另一家软件开发公司上班。宋某的原单位向劳动争议仲裁委员会申请仲裁，要求宋某履行一定期限的竞业限制义务。

劳动争议仲裁委员会认为宋某与原单位的劳动合同已经到期，合同中没有关于竞业限制的条款，也没有相应的竞业限制协议，原用人单位不能要求宋某履行义务。

其他关于补充保险和福利待遇等内容，只要用人单位和劳动者双方协商一致，都可列为劳动合同的内容。这些约定只要不违反国家法律法规，则合法有效。

任务三　了解劳动合同的变更、解除与终止

一、劳动合同的变更

劳动合同的变更是双方当事人依法对已经生效但尚未履行或尚未完全履行的合同的内容或条款进行修改或增减的行为。劳动合同的变更仅限于劳动合同内容的变化，而不是主体的变更。变更劳动合同的原则与订立劳动合同的原则相同，当一些新的情况出现时，应及时变更合同的内容，且要保证变更后的合同内容具有合法性。

劳动合同变更的步骤：①一方当事人向另一方提出请求。②被请求方如期向请求方作出答复。③双方协商，达成书面协议。④备案或签证。

二、劳动合同的解除

劳动合同的解除是指在劳动合同签订以后，双方当事人提前终止劳动合同的法律效力，解除双方的权利义务关系。

1. 双方协商解除

劳动合同的双方当事人协商一致，可以解除劳动合同。在试用期内，劳动者应提前三日通知用人单位；试用期过后，劳动者应提前三十日以书面形式通知用人单位。由用人单位提出解除劳动合同的，应提前三十日以书面形式通知劳动者或者额外支付劳动者一个月工资。用人单位还应根据劳动者在本单位的工作年限，每满一年发给相当于一个月的工资作为经济补偿金，最多不超过 12 个月，工作六个月以上不满一年的按一年的标准发放，不满六个月的按半个月的标准发放。

2. 用人单位单方解除劳动合同

根据情况不同，可分为三种：①随时提出，不承担经济补偿的条件；②提前三十日书面形式通知，承担经济补偿责任的条件；③经济性裁员。

【关联法律】

《劳动合同法》第三十九条　劳动者有下列情形之一的，用人单位可以解除劳动合同：

（一）在试用期间被证明不符合录用条件的；

（二）严重违反用人单位的规章制度的；

（三）严重失职，营私舞弊，给用人单位造成重大损害的；

（四）劳动者同时与其他用人单位建立劳动关系，对完成本单位的工作任务造成严重影响的，或者经用人单位提出，拒不改正的；

（五）因本法第二十六条第一款第一项规定的情形致使劳动合同无效的；

（六）被依法追究刑事责任的。

第四十条　有下列情形之一的，用人单位提前三十日以书面形式通知劳动者本人或者额外支付劳动者一个月工资后，可以解除劳动合同：

（一）劳动者患病或者非因工负伤，在规定的医疗期满后不能从事原工作，也不能从事由用人单位另行安排的工作的；

（二）劳动者不能胜任工作，经过培训或者调整工作岗位，仍不能胜任工作的；

（三）劳动合同订立时所依据的客观情况发生重大变化，致使劳动合同无法履行，经用人单位与劳动者协商，未能就变更劳动合同内容达成协议的。

第四十一条　有下列情形之一，需要裁减人员二十人以上或者裁减不足二十人但占企业职工总数百分之十以上的，用人单位提前三十日向工会或者全体职工说明情况，听取工会或者职工的意见后，裁减人员方案经向劳动行政部门报告，可以裁减人员：

（一）依照企业破产法规定进行重整的；

（二）生产经营发生严重困难的；

（三）企业转产、重大技术革新或者经营方式调整，经变更劳动合同后，仍需裁减人员的；

（四）其他因劳动合同订立时所依据的客观经济情况发生重大变化，致使劳动合同无法履行的。

裁减人员时，应当优先留用下列人员：

（一）与本单位订立较长期限的固定期限劳动合同的；

（二）与本单位订立无固定期限劳动合同的；

（三）家庭无其他就业人员，有需要赡养的老人或者抚养未成年人的。

用人单位依照本条第一款规定裁减人员，在六个月内重新招用人员的，应当通知被裁减的人员，并在同等条件下优先招用被裁减的人员。

【案例分析】

王小姐与某公司签订为期三年的劳动合同，在履行劳动合同期间，王小姐因上班时间打电脑游戏被单位领导发现，单位遂以王小姐严重违纪为由与其解除劳动合同。王小姐不服，便将该争议提交劳动争议仲裁委员会。

劳动争议仲裁委员会受理后，经查，公司的规章制度中规定，上班期间打电脑游戏属于禁止行为，但是这种禁止行为是否属于严重违纪行为，单位的规章制度中并没有明确说明。最后裁决公司据此解除劳动合同的行为不当。

思考：对于“大错没有，小错不断”的行为，该公司应该怎么做？该如何合法、合理地与这样的员工解除劳动合同？

3. 劳动者单方解除劳动合同

根据《劳动合同法》第三十七条　劳动者提前30日以书面形式通知用人单位，可以解除劳动合同。劳动者在试用期内提前三日通知用人单位，可以解除劳动合同。

第三十八条　用人单位有下列情形之一的，劳动者可以解除劳动合同：

（一）未按照劳动合同约定提供劳动保护或者劳动条件的；

（二）未及时足额支付劳动报酬的；

（三）未依法为劳动者缴纳社会保险费的；

（四）用人单位的规章制度违反法律、法规的规定，损害劳动者权益的；

（五）因本法第二十六条第一款规定的情形致使劳动合同无效的；

（六）法律、行政法规规定劳动者可以解除劳动合同的其他情形。

用人单位以暴力、威胁或者非法限制人身自由的手段强迫劳动者劳动的，或者用人单位违章指挥、强令冒险作业危及劳动者人身安全的，劳动者可以立即解除劳动合同，无须事先告知用人单位。

4. 不得解除劳动合同的条件

根据《劳动合同法》第四十二条　劳动者有下列情形之一的，用人单位不得依照本法第四十条、第四十一条的规定解除劳动合同：

（一）从事接触职业病危害作业的劳动者未进行离岗前职业健康检查，或者疑似职业病病人在诊断或者医学观察期间的；

（二）在本单位患职业病或者因工负伤并被确认丧失或者部分丧失劳动能力的；

（三）患病或者非因工负伤，在规定的医疗期内的；

（四）女职工在孕期、产期、哺乳期的；

（五）在本单位连续工作满十五年，且距法定退休年龄不足五年的；

（六）法律、行政法规规定的其他情形。

资料链接

基于离职的法律误区

误区一：员工辞职需经单位批准。

劳动合同的解除遵循的是法定原则。《劳动合同法》第三十七条规定，劳动者提前三十日以书面形式通知用人单位，可以解除劳动合同。可见，劳动者解除劳动合同，只需要提前三十日以书面形式通知用人单位就可以了，而非征得用人单位的同意或批准。

误区二：员工违约，公司可以通过扣留档案，留置工资、奖金或者不办理退工手续等手段来制裁员工。

员工违约，企业要维权，杀手锏之一就是扣留员工的档案、工资、奖金、社保手续、退工手续等，试图“以恶制恶”，也有HR把它称为“正当防卫”。殊不知，法律不认可企业的这种“正当防卫”行为。

公司如果要求员工支付培训时约定的违约金，首先取决于双方违约金及其他经济损失的约定是否合法；其次要看员工是否构成违约；第三，还有一个仲裁时效的问题。如果发生在员工与公司劳动合同解除后的一年后，就超过了劳动仲裁法规定的一年的仲裁时效。而针对退工单、档案、社保手续等方面的纠纷，不属于经济性纠纷，而是属于劳动争议范围。

［资料来源：商界评论．2010（7）］

三、劳动合同的终止

劳动合同的终止，是指劳动合同关系自然失效，双方不再履行。《劳动合同法》对劳动合同的终止规定了两种情况：一是劳动合同期限届满，合同即告终止，这里主要是针对有固定期限的劳动合同和以完成一定工作为期限的劳动合同；二是当事人约定的劳动合同终止条件出现，劳动合同即告终止，这种情况既适用于有固定期限的劳动合同和以完成一定工作为期限的劳动合同，也适合无固定期限劳动合同，属于约定终止。

【关联法律】

《劳动合同法》第四十四条　有下列情形之一的，劳动合同终止：

（一）劳动合同期满的；

（二）劳动者开始依法享受基本养老保险待遇的；

（三）劳动者死亡，或者被人民法院宣告死亡或者宣告失踪的；

（四）用人单位被依法宣告破产的；

（五）用人单位被吊销营业执照、责令关闭、撤销或者用人单位决定提前解散的；

（六）法律、行政法规规定的其他情形。

第四十五条　劳动合同期满，有本法第四十二条规定情形之一的，劳动合同应当续延至相应的情形消失时终止。但是，本法第四十二条第二项规定丧失或者部分丧失劳动能力劳动者的劳动合同的终止，按照国家有关工伤保险的规定执行。

项目 3　劳动争议及解决

任务一　了解劳动争议的范围与处理原则

一、劳动争议的含义

劳动争议又称劳动纠纷，指用人单位和劳动者之间因实现劳动权利和履行劳动义务等方面所发生的争议和纠纷。

劳动纠纷是现实中较为常见的纠纷。用人单位与劳动者建立劳动关系后，一般都能相互合作，认真履行劳动合同。但由于各种原因，双方之间产生纠纷也是难以避免的事情。劳动纠纷的发生，不仅使正常的劳动关系得不到维护，还会使劳动者的合法权益受到损害，不利于社会的稳定。因此，应当正确把握劳动纠纷的特点，积极预防劳动纠纷的发生。

资料链接

深圳富士康迁厂发生纠纷，员工楼顶对峙26小时

2012年4月11日至4月12日，深圳富士康华南培训基地20余名员工因不满工厂搬迁至惠州，爬上7楼楼顶表达不满，要求公司要么安排其在深圳工作，要么将其解雇。富士康方面拒绝解雇，表示对愿意继续工作的员工将尽快安排其在深圳其他分厂工作，执意要解除合同的将进一步协商处理。

当事员工表示，他们是富士康从事烤漆、金加工等工作的老员工，该分厂于去年开始迁往惠州，但有59名不愿搬迁的工人未得到妥善安排。当事员工表示公司安排面试的工作与原岗位不同，无法胜任新工作，从去年12月份起每个月只领1 800元左右的底薪。

……

［资料来源：人力资源开发与管理，2012（5）］

二、劳动争议的范围

劳动争议按其性质和影响范围分为个体争议和集体争议。个体争议，是指劳动者个人与用人单位之间在劳动合同上所发生的争议，其焦点往往集中在个体劳动者的具体利益上。集体争议，是指劳动者一方当事人三人以上有共同理由的劳动争议；或是指用人单位和员工团体之间发生的在集体合同上的争议。

根据我国《劳动争议调解仲裁法》第二条规定，劳动争议的范围是：

（1）因确认劳动关系发生的争议；

（2）因订立、履行、变更、解除和终止劳动合同发生的争议；

（3）因除名、辞退和辞职、离职发生的争议；

（4）因工作时间、休息休假、社会保险、福利、培训以及劳动保护发生的争议；

（5）因劳动报酬、工伤医疗费、经济补偿或者赔偿金等发生的争议；

（6）法律、法规规定的其他劳动争议。

三、解决劳动争议的基本原则

解决劳动争议的基本原则主要有：

（1）着重调解，及时处理。

（2）在查清事实的基础上，依法处理。

（3）当事人在适用法律上一律平等。

任务二　了解劳动争议的解决途径

《劳动法》第七十七条规定：用人单位与劳动者发生劳动争议，当事人可以依法申请调解、仲裁、提起诉讼，也可以协商解决。我国将劳动争议的处理程序分为调解、仲裁和诉讼三个阶段。与此相应的解决劳动争议的机构是：用人单位设立的劳动争议调解委员会、劳动争议仲裁委员会以及人民法院。这是解决劳动争议的三条渠道。

（1）劳动争议调解委员会进行劳动争议调解。《劳动法》第八十条规定，在用人单位内，可以设立劳动争议调解委员会。劳动争议调解委员会由职工代表、用人单位代表和工会代表组成。劳动争议调解委员会主任由工会代表担任。劳动争议调解委员会所进行的调解活动是群众自我管理、自我教育的活动，具有群众性和非诉性的特点。通过这种方式解决劳动争议，能最大限度地减少企业和员工的损失。

（2）劳动争议仲裁委员会进行裁决。劳动争议仲裁委员会是一个带有司法性质的行政执行机关，其出具的仲裁决定书和调解书具有法律强制力。仲裁也称公断，是一个公正的第三者对当事人之间的争议作出评断。《劳动法》第八十一条规定，劳动争议仲裁委员会由劳动行政部门代表、同级工会代表、用人单位方面的代表组成。劳动争议仲裁委员会主任由劳动行政部门代表担任。劳动争议申请仲裁的时效期间为一年。仲裁时效期间从当事人知道或者应当知道其权利被侵害之日起计算。

（3）通过法院处理劳动争议。劳动争议诉讼是人民法院按照民事诉讼法规的程序，以劳动法规为依据，按照劳动争议案件进行审理的活动。当事人对劳动争议仲裁委员会裁决不服的，可以自收到仲裁裁决书之日起 15 日内向人民法院提起诉讼。

任务三　掌握经济补偿金的计算

经济补偿金是指用人单位和劳动者在某些情形下解除或终止劳动关系，用人单位应向劳动者给付的作为相应补偿的一定数额的货币。

经济补偿金的法定支付情形：①用人单位提出解除劳动合同；②劳动合同期满，劳动者要求续订的；③《劳动合同法》第三十八条、第四十条所规定的情形；④经济性裁员解除劳动合同的；⑤用人单位被依法宣告破产的或被吊销营业执照等导致劳动者失业的；⑥法律、行政法规规定的其他情形。

经济补偿金的补偿办法：按劳动者在本单位工作的年限，每满一年支付一个月工资的标准向劳动者支付。六个月以上不满一年的，按一年计算；不满六个月的，向劳动者支付半个月工资作为经济补偿。

劳动者月工资高于用人单位所在直辖市、设区的市级人民政府公布的本地区上年度职工月平均工资三倍的，向其支付经济补偿的标准按职工月平均工资三倍的数额支付，向其支付经济补偿的年限最高不超过 12 年。此处所称月工资是指劳动者在劳动合同解除或者终止前 12 个月的平均工资。

2007 年 12 月 31 日以前	2008 年 1 月 1 日以后
按照当时有关规定办理	按劳动合同法办理

图 10-1　支付经济补偿金计算方式示意图

【任务互动】

1. 员工小张2006年4月1日到公司任职，2008年3月31日劳动合同期满后，公司不再与小张续签合同。小张合同终止前12个月平均工资为2 000元。

解答：由于双方当事人是因为劳动合同期满，才终止劳动合同的。所以，小王2006年4月1日至2007年12月31日之间的工作年限用人单位不予支付经济补偿金。

经济补偿金=2 000×0.5=1 000元

2. 员工小赵2000年2月1日到公司任职，因故于2008年9月1日与公司协商一致解除合同，其经济补偿金计算如下。小赵2007年和2008年的月平均分别为8 000元、8 500元。2008年社会平均工资2 000元。

解答：由于用人单位因故与劳动者协商一致解除劳动合同，并非劳动合同期满。根据《违反和解除劳动合同的经济补偿办法》规定，用人单位应按劳动者在本单位工作的年限，工作时间满一年，发给相当于一个月工资的经济补偿金。且根据本法规定，经济补偿金的工资计算标准是指企业正常生产情况下劳动者解除合同前十二个月的月平均工资。而2008年1月1日实行新劳动合同法后，2008年后的补偿金计算方案则按新劳动合同法的规定。

2008年前的补偿金为8 000×8=64 000元

2008年的补偿金为2 000×3×1=6 000元

补偿金总额为64 000+6 000=70 000元

公司依国家规定将补偿金代上税后发放给当事人。

在实践中，人们很容易把经济补偿金和经济赔偿金混为一谈。经济赔偿金是指企业或员工因违反合同约定或因自己的故意或过失，给对方造成实际损失时，承担给予对方一定数额的货币赔偿。比如，《劳动合同法》第八十二条规定：用人单位自用工之日起超过一个月不满一年未与劳动者订立书面劳动合同的，应当向劳动者每月支付两倍的工资。这个两倍的工资就是经济赔偿金。《劳动合同法》中第七章“法律责任”对需要支付经济赔偿金的情形进行了明确的界定，在此不再一一赘述。

实　训

一、以下是RF商场的劳动合同，请思考这份劳动合同有哪些条款需要修改，为什么？

RF商场劳动合同

第一条：本合同期限为__________________________。

第二条：乙方为甲方的工作人员，专门负责__________________________。

第三条：工作时间为早10点到晚10点，节假日不休息。

第四条：工作报酬酌情而定，食宿自理。

第五条：福利按劳动部门的规定发放，社会保险费由乙方个人负担。

第六条：本合同自签字之日起生效，任何一方不得擅自变更。任何一方违约造成另一方损失的，要依法承担赔偿责任。

第七条：乙方在工作期间内发生事故，甲方概不负责。

甲方：　　　　　　　　　　　　乙方：

二、判断：以下劳动合同的试用期期限是否合法？

1. 劳动合同期限8年，试用期8个月。
2. 劳动合同期限7年，试用期6个月。
3. 劳动合同期限3年，试用期6个月。
4. 劳动合同期限3年，试用期3个月。
5. 劳动合同期限半年，试用期1个月。
6. 劳动合同期限3个月，试用期1个月。
7. 劳动合同期限2个月，试用期半个月。

三、计算题

1. 小苏于2008年10月1日到某公司工作，与用人单位签订了3年的劳动合同，2011年9月30日劳动合同到期，用人单位不与其续签劳动合同。其解除合同前12个月的平均工资为4 500元。请问用人单位应如何支付经济补偿金？

2. 小林于2005年7月1日入职某公司，2008年6月30日劳动合同期满，公司决定不再与其续订劳动合同。请问如果2008年6月30日合同终止，公司如何支付经济补偿金？如果2008年5月30日公司强行解除劳动合同，该如何支付经济赔偿金？

3. 公司派赵某到美国接受为期6个月的专业技术培训，培训费用为36 000元，公司和赵某签订了服务期协议，赵某接受培训后必须为公司服务3年，否则，要向公司支付违约金。如果赵某培训后在公司工作满1年后想解除合同，那么赵某应该支付多少违约金？

四、案例分析

案例1：2008年1月10日，小王入职时，公司告知他有3个月的试用期，但是没有与小王签订书面的劳动合同。2008年3月15日，公司通知小王，由于他在试用期表现不佳，所以公司决定辞退他。小王觉得很委屈，因为在试用期内他确实努力工作而且自认为表现得很好。在这种情况下，小王应该怎么办？

案例2：2008年6月，张某等三人到某公司应聘。公司提出，如果员工坚持要求办理社会保险，公司将每月从职工工资中扣除300元。张某等觉得还是多拿点工资好，至于办不办社会保险，也没什么关系。于是双方签订了两年的劳动合同，在合同中规定每月工资2 500元，对社会保险事宜公司不予负责。

思考：请问在劳动合同中互相约定后，用人单位就可以不为职工办理社会保险吗？

部分参考答案

模块二

【任务引导】

A 班班长职位说明书

工作概述：带领班委会，完成 A 班各项班级管理工作。

工作职责：

（1）在班主任指导下，组织并完成各项班级管理任务。

（2）草拟每学期班委会工作计划，报班主任批准后，予以组织执行。

（3）组建并带领班委会开展各项工作，对班委会成员提出的问题及时予以反馈和协助。

（4）定期向班主任汇报班委会各项工作的开展情况。

（5）对每学期班委会工作予以全面分析和总结。

（6）对班委会成员有考核权。

（7）协助班主任进行班级文化建设。

任职资格：

（1）热爱班集体，热心公共服务，富有奉献精神。

（2）学习成绩优良，品德好，综合素质优秀。

（3）全局意识强，果断，有魄力，责任心强。

（4）擅长沟通与表达，有较强的组织与管理能力。

（5）有 2 年以上的学生干部任职经验。

模块三

【实训】案例分析：

案例 4： 1. 未对所招职位进行全面分析。该职位空缺的问题完全可以通过内部招聘的方式解决。

2. 在外部招聘中存在的问题主要有：

（1）面试候选人过少，至少应挑出 10 名应聘者参加面试；

（2）简历筛选所占比重过大，应通过多轮面试考察应聘者；

（3）没有进行详细的背景调查；

（4）筛选人才的技术不够科学，没有进行能岗匹配分析；

（5）两位面试官较为主观。

案例 5：　原因分析。

1. 缺乏该招聘职位的职位说明书。

（1）对该职位没有进行科学合理的分析，未能明确该职位的工作内容，使得前后两个助理的工作范围不一致。

（2）未能对应聘者说明该职位的工作职责。

（3）该职位任职资格缺乏，也因此导致了面试中筛选标准的主观性和随意性。

（4）新员工的工作岗位、职责、薪资、入职时间都由总经理定，这一做法是错误的。

2. 发布招聘信息的渠道单一、狭窄。可以适度考虑人才市场、报纸招聘等渠道。

3. 简历筛选程序错误，应该由人力资源部门和用人部门筛选简历。

4. 面试程序不科学：

（1）考官人选单一，主观性过强。针对该职位，无须总经理面试；

（2）人力资源部门在面试中未能发挥应有的作用；

（3）用人部门在面试中未能发挥应有的作用。

模块八

【实训】案例分析：

案例 3：从这一案例看，企业由于未按规定时间为职工购买养老保险，职工要求企业为其补缴 1995 年前养老保险费的诉求是合理的，企业因未按规定为职工尽缴纳养老保险的义务付出了巨大代价也是必然的。

案例 5：从这一案例看，若企业按规定参加工伤保险，每年应缴纳的工伤保险费约 11 880 元（1 500 元/月×55 人×12 个月×1.2%），一年缴纳的工伤保险费不及其工伤待遇的 1/30。特别是对于一些私营、民营、商贸、餐饮企业而言，大多数规模小、抗风险能力差，企业一旦发生较大工伤事故，很难承担相关费用，甚至出现倒闭、破产的后果。

案例 6：从这案例看，目前有相当部分私营、民营、商贸、餐饮企业采取有选择性的参保，也就是自行认为职工工伤风险大的办理参保，职工工伤风险小的则不参保,。事实上职工发生工伤事故不以企业意志为转移，结果企业为此付出了巨大代价。企业应吸取教训，积极主动为全部职工办理工伤保险。

模块九

【任务引导】

可为教师们设计以下福利：

（1）培训。教师们的业务能力需要不断提升，学生管理能力也需不断提高。

（2）声带与咽喉保健。声带与咽喉是教师谋生的基本工具。咽喉炎和声带破损是教师们的常见职业病，与预防和治疗这些职业病有关的任何福利都会受到教师们的大力欢迎。

（3）心理咨询。中职学生部分厌学情绪严重，学生越来越不好管理；新开设专业越来越多，备课压力日益加大；再加上生活和家庭中的压力，教师们积累的心理压力势必越来越大。因此，不仅学生需要心理咨询，教师们也需要心理辅导和咨询。

（4）运动健身卡。做好教师工作，既耗脑力又耗体力；为人师表还得注意自己的形象。给老师们发放运动健身卡，可达到促进其锻炼身体和保持健康的目的。

参考文献

［1］安鸿章．工作岗位的分析技术与应用．天津：南开大学出版社，2001.

［2］陈天祥．人力资源管理．广州：中山大学出版社，2001.

［3］成华．薪酬的最佳方案．北京：中央编译出版社，2004.

［4］程恒堂．人力资源管理（第2版）．北京：化学工业出版社，2009.

［5］董克用，叶向峰．人力资源管理概论．北京：中国人民大学出版社，2004.

［6］龚基云．转型期中国劳动关系研究．合肥：安徽人民出版社，2006.

［7］顾文静．人力资源管理仿真综合实习教程．北京：经济科学出版社，2010.

［8］黄维德，刘　燕．人力资源管理实务．上海：立信会计出版社，2004.

［9］劳动和社会保障部，中国职工教育和职业培训协会．企业培训师培训教材：高级企业培训师．北京：新华出版社，2008.

［10］劳动和社会保障部，中国职工教育和职业培训协会．企业培训师培训教材：助理、企业培训师（下）．北京：新华出版社，2008.

［11］刘大卫．人力资源管理案例精选：从入门到精通．上海：上海交通大学出版社，2011.

［12］刘　葵．招聘与录用实务．大连：东北财经大学出版社，2012.

［13］刘晓洪．人力资源岗位就业实训教材．北京：中国计量出版社，2009.

［14］刘　昕．薪酬管理（第3版）．北京：中国人民大学出版社，2011.

［15］陆国泰．人力资源管理．北京：高等教育出版社，1999.

［16］秦　璐，王国颖．人力资源管理．广州：中山大学出版社，2006.

［17］任　皓．激励和批评艺术．北京：国家行政学院出版社，2011.

［18］宋长生，韩　淼．人力资源管理实验教程．北京：中国经济出版社，2010.

［19］宋玉娟．激励不用钱．北京：企业管理出版社，2008.

［20］孙健敏，高日光．人力资源测评理论与技术．北京：首都经济贸易大学出版社，2010.

［21］王桦宇．劳动合同法实务操作与案例精解（第2版）．北京：中国法制出版社，2011.

［22］王惠琴．人力资源管理．北京：中国经济出版社，2009.

［23］王金水，黄天凭．和谐社会中的劳动关系．厦门：厦门大学出版社，2008.

［24］王　挺，寇建涛．员工招聘．北京：北京大学出版社，2012.

［25］闻效仪．人力资源管理的历史演变．北京：中国社会科学出版社，2010.

［26］夏　光．人力资源管理案例·习题集．北京：机械工业出版社，2006.

［27］姚裕群，文跃然．人力资源管理教学案例精选．上海：复旦大学出版社，2009.
［28］余凯成，陈维政．人力资源开发与管理．北京：企业管理出版社，1997.
［29］张　倜．劳动关系管理．北京：电子工业出版社，2006.
［30］赵日磊．轻松做绩效：让员工和组织一起成长．北京：中国电力出版社，2012.
［31］中国就业培训技术指导中心．企业人力资源管理师（四级）．北京：中国劳动社会保障出版社，2007.
［32］周朗天，吴少华．人力资源管理．南京：南京大学出版社，2009.
［33］左祥琦．劳动关系管理．北京：中国发展出版社，2007.